中国国家博物馆 编

中国国家博物馆馆藏文物研究丛书

青铜器卷

商

上海古籍出版社

总　序

中国国家博物馆馆长　王春法

　　中国国家博物馆的前身，最早可以追溯到1912年成立于北京国子监的国立历史博物馆筹备处，当时收藏各类文物5万余件。1918年，馆址迁至故宫端门与午门，藏品数量也逐渐增加，到1924年正式开馆时，文物总数达到20万件，分为26类。在新中国成立以前，国立历史博物馆对馆藏文物的研究主要反映在编辑出版《国立历史博物馆丛刊》三期、《国立历史博物馆讲演会讲演录》第一辑，编纂《国立历史博物馆物品目录》《国立历史博物馆存储物品目录》《馆藏文物分类说明目录》《国立历史博物馆陈列室物品目录》等藏品目录方面。尤其是出版《国立历史博物馆丛刊》三期，作为中国第一份文博类学术期刊，具有划时代和开创性的重要意义。

　　1949年新中国成立之后，特别是1978年改革开放以来，中国历史博物馆和中国革命博物馆的专家学者进一步加强馆藏中国古代文物与近现代文物研究，推出了一批具有较大影响力的学术成果,包括《简明中国历史图册》十册、《中国历史博物馆藏法书大观》十五卷、《华夏之路》四册、《中国古代服饰研究》《汉代物质文化资料图说》《中国古代铜镜》《中国近代史参考图录》《"一大"前后》三册、《吴虞日记》上下册等等，受到业内专家学者的普遍好评和广大读者的热烈欢迎。2003年，中国历史博物馆与中国革命博物馆合并组建中国国家博物馆，馆藏文物大幅度增加，迄今已达140万余件，年参观流量达到800余万人，成为名副其实的世界一流大博物馆。与此同时，如何深入发掘馆藏文物的历史、艺术及科学价值，让这些数以百万计、沉睡百余年的国宝说话，让文物活起来，讲好中国故事，传播好中国声音，既是我们面临的紧迫挑战，也是国家博物馆专家学者们义不容辞的学术任务和社会责任。

　　正是基于这一考虑，2003年以来，国家博物馆在原《中国历史博物馆馆藏文物研究丛书》的基础上，启动实施了《中国国家博物馆馆藏文物研究丛书》大型出版项目，努力在以下方面有所突破：其一，全面系统地整理展示馆藏中国古代文物精华，以图文并茂的形式，形象生动地记录华夏文明的悠久历史与文化传承，用直观的实物资料回答中华文化何以能够屹立世界东方5000余年而未中断这一历史命题；

其二，把资料性、学术性、普及性有机结合起来，如实反映国家博物馆学者整理研究馆藏古代文物的最新水平，进一步凸显国家博物馆作为国家历史文化基因库的重要地位，锻炼专家队伍，提升研究水平；其三，把深藏在文物库房里的各类代表性文物信息完整准确地公布于众，促进社会各界共享国博馆藏文物资料信息，推动学术界持续关注、积极参与国家博物馆馆藏文物研究，进而为持续不断推出馆藏文物展览提供强有力的学术支撑；其四，从古代物质文化的角度充分展示中华民族的悠久历史、源远流长的中华文明以及博大精深的中华文化，充分反映出中国古代优秀传统文化对世界文明发展的重要贡献。

自这一出版项目开始实施到现在，前后历时十余载，经过众多专家学者的不懈努力，已经完成了整套丛书的初步编纂，付梓出版工作亦实施过半，取得了令人欣慰的阶段性成果。接下来，国家博物馆的专家学者们将继续以严谨求实的治学态度，认真校改其余各卷，努力向学术界和广大读者奉献质量水平高、制作精美的优秀丰硕成果。习近平总书记在2013年8月19日召开的全国宣传思想工作会议上突出强调，宣传阐释中国特色，要讲清楚每个国家和民族的历史传统、文化积淀、基本国情不同，其发展道路必然有着自己的特色；讲清楚中华文化积淀着中华民族最深沉的精神追求，是中华民族生生不息、发展壮大的丰厚滋养；讲清楚中华优秀传统文化是中华民族的突出优势，是我们最深厚的文化软实力；讲清楚中国特色社会主义植根于中华文化沃土、反映中国人民意愿、适应中国和时代发展进步要求，有着深厚历史渊源和广泛现实基础。完成这样一套重要图书的出版任务，就是贯彻落实习近平总书记重要指示精神、服务社会主义文化强国建设、增强文化自信的具体实践，其学术价值和历史意义是不言而喻的。

回顾一百多年来中国国家博物馆文物的收藏历史与学术研究历程，我们既感自豪，更感幸运。生逢一个伟大的时代，遇上一个博物馆事业蓬勃发展的千载良机，我们应该有所作为，也一定能够有所作为。回首过去，珍惜现在，展望未来，我们不忘初心、牢记使命、执着前行。

前　言

中国国家博物馆副馆长　丁鹏勃

《中国国家博物馆馆藏文物研究丛书》是一套馆藏重要文物著录与专题研究相结合的学术研究图录。全书分甲骨、玉器、陶器、瓷器、青铜器、金银器、木器家具、玺印、瓦当、铜镜、钱币、陶俑、佛造像、墓志、杂项、绘画、书法、古籍善本、明清档案、历史图片等卷，基本涵盖了中国国家博物馆馆藏文物的重要部分。

其中，《青铜器卷》分为商、西周、春秋、战国、秦汉五个分册。本册是为商代分册，收录馆藏商代青铜器精品159组（165件），不仅有旧藏，还有近年新入藏的器物，是研究先秦史的珍贵资料，具有重要的历史、艺术和科学价值。例如，河南郑州张寨南街出土的大方鼎，为迄今所发现的商代前期形体最大的青铜器，应是当时王室贵族使用的礼器。商代后期的后母戊大方鼎，器形雄浑，是我国现已出土的最大、最重的古代青铜器。2006年"海归"的子龙鼎，体型巨大，是商末周初最大的圆鼎。再如湖南宁乡出土的四羊方尊、安徽阜南月儿河出土的龙虎尊等，将浮雕、线雕、圆雕相结合，体现了殷商时期高超的青铜铸造工艺。河南安阳殷墟妇好墓出土的青铜礼器，四川广汉三星堆出土的铜面具、铜人头像等造型奇特，纹饰精巧。作册般鼋造型写实，是商末具有长铭的记功之器，等等。

中国国家博物馆是世界范围内收藏中国古代青铜器的重镇，所藏商周青铜器不仅数量丰富，而且重器迭出，经百余年积累，蔚然大观。青铜器是中国古代文物最重要的门类，是中国古代文明的物质菁华，是研究中国上古史不可或缺的资料。商代前期是青铜器趋于成熟的发展阶段，出现了许多新的器类，以食器、酒器为主的组合形式初步建立，饕餮纹成为青铜器上的流行纹饰。商代后期是青铜器发展的高峰时期，器类与器形已基本齐备，纹饰繁缛细密，出现了所谓"三层花"，铭文以族氏铭文为主，出现了纪事体长铭。

本书体例与丛书其他分卷基本一致，包括两个部分。一是图版和文字说明，图版包括文物的整体图片及必要的细部、纹饰、铭文和拓片，最大程度展现文物的真实现状；文字说明包括名称、馆藏编号、时代、规格、来源、著录、铭文释文等基本情况，还有对形制特征、纹饰特点、铭文释读、历史内涵等内容的描述，试图从多角度揭示器物的各类信息，阐释与之相关联的历史问题，是在前人研究成果基础上形成的新见。二是研究论文，系对该册馆藏文物涉及的有关学术问题所作的专题研究，由馆内外同行专家执笔撰写。

中国国家博物馆通过《中国国家博物馆馆藏文物研究丛书》项目，对馆藏文物进行了全面清点、分类整理和系统研究。我们期待各卷的陆续问世能够让更多公众了解中国国家博物馆的馆藏，为更多学者提供学术参考，让人们通过这些文物承载的历史信息，记得起历史沧桑，看得见岁月留痕，留得住文化根脉，坚定我们的文化自信。

2020年7月

青铜器卷序

北京大学中国古代史研究中心教授　朱凤瀚

　　中国国家博物馆所藏魏晋以前的青铜器，大部分是承继原中国历史博物馆（以下简称"历博"）（1959—2002年）的旧藏，2003年中国国家博物馆（以下简称"国博"）建立后，在近十余年间又有所充实。

　　原历博所藏青铜器的来源主要有以下几个渠道：一是20世纪50年代初国家文物局调拨给国立北京历史博物馆（历博前身）的器物；二是1958年末至1959年在中宣部领导下，全国各大博物馆、各地文物考古机构积极支援历博建馆，通过国家文物管理部门调拨至馆；三是20世纪70年代后半叶与80年代末至90年代上半叶历博"中国通史陈列"两次改陈时，在国务院、文化部的领导下与国内文物考古部门的大力支持下，入藏了一些在1959年以后陆续发掘出土的青铜器；四是在20世纪五、六十年代自振寰阁、通古斋、韵古斋等文物商店及收藏家个人购得；五是来自国内收藏家个人的慷慨捐赠。

　　在国博成立后，国家文物局又曾将部分从海外征集所得的青铜器珍品调拨至馆。此外，在国家财政大力支持下，国博依据国家文物政策，在海内外通过各种渠道也征集到一批重要青铜器。

　　由以上馆藏青铜器入藏时间即可知道，在20世纪90年代后半叶之后迄今，国博的馆藏中再也没有从国内各遗址考古发掘出土的青铜器。这当然也与大多数省馆在藏品征集方面的境遇是相同的。

　　但是，仅就上述国博入藏的青铜器来说，其文物价值与学术价值已足可谓举世瞩目的。

　　为1959年开办"中国通史陈列"与此后两次改陈而陆续入藏的青铜器中，有堪称"国之重器"的姤戊（或称"婟戊"、"司母戊"、"后母戊"）大方鼎、大盂鼎、虢季子白盘，以及相当多的著称于青铜器与金文研究史的商周有铭青铜器。更有在1950年后许多重要的考古发掘（其中多数已成为中国当代考古学史上的经典范例）中出土的珍品，如属商前期的郑州张寨南街出土的大方鼎、郑州白家庄出土器、黄陂盘龙城遗址出土器；属商后期的殷墟武官大墓出土器、安徽阜南润河出土的龙虎尊、广汉三星堆出土的酒器与独特的面具、人头像，特别是还有1976年发掘的殷墟5号墓（即妇好墓）出土器中有代表性的重器；在西周铜器中，有西周初年的天亡簋与陕西临潼出土的利簋，属西周早期的丹徒烟墩山出土的宜侯夨簋；有在三门峡上村岭以及洛阳中州路东周墓、寿县蔡侯墓、随州曾侯乙墓、信阳长台关楚墓、辉县赵固一号墓、唐山贾各庄战国墓出土的春秋战国铜器。有出土于鄂尔多斯、巴蜀、滇池、岭南各区域时值东周至秦汉异彩纷呈的精美铜器。这些器物造型与纹饰之优美、工艺之精湛，足以反映出中国青铜时代多元性青铜文化的辉煌，也正是这些器物与其他代表中华文明精华的文物撑起了历博作为国家历史博物馆的局面。

在国家博物馆建立以来新入藏的青铜器中，海外回归的器物格外引人注目。其中，子龙鼎是商末周初体形最大的圆鼎，被视为"镇馆之宝"之一。还有铭文中记载西周初封晋侯的晸公簋、有助于西周金文历谱研究的历日"四要素"俱全的䜌簋，造型仿真、被学者称为"庸器"（记功之器）的商末长铭器作册般鼋等，亦皆是具有突出文物与学术价值的珍品。

由上述概述可知，国博馆藏青铜器多有宏大的商周重器，多有经考古发掘出土而成为考古器型学与随葬礼器制度的典型器，多有铭文具历史学与古文字学研究价值的有铭器，多有工艺精湛而能反映中国青铜工艺进程的精品。

以上对国博青铜器之意义所作的概述，相信读者在看到本套书后不会认为所云无据。当然，希望在今后，在国家与大众的支持下，能有更多的中国青铜器精华入藏国博，使中国悠久的青铜文化在这座位居首都中心的国家历史文化殿堂中放射出更加灿烂的光辉。

这套《中国国家博物馆馆藏文物研究丛书·青铜器卷》分为商、西周、春秋、战国、秦汉五个分册，大致包涵了国博藏青铜器的主体。每一分册所收录的器物一般均包括器物形制照片、铭文照片及拓本。过去在考古报告或文物图录中未能展示清晰的器物图像，希望能由这套书得以弥补。按照"馆藏文物研究丛书"体例，对每件器物除尽可能详尽地介绍其相关的各种信息外，在说明文字部分均有较详实或扼要的具研究性质的解说，在本套每一册书后附有聘请的馆外专家与编撰者讨论馆藏青铜器及相关问题的论文。

承担这套书编撰工作的均是馆内对青铜器有较丰富专业知识与独立研究能力的年轻学者，他们多年来为编撰这套书费了不少精力，文字解说更曾几易其稿。相信他们会在这一过程中获得很多收益，为他们成为中国青铜器的专家进一步奠定学术基础。当然，囿于编撰者（包括我作为本分卷主编）学识之局限，书中肯定会有若干疏误，有认识上的差距，凡此，均诚恳地希望在这套书面世以后能得到同行专家与广大读者的指教。

2019年12月8日

目　录

总序　王春法
前言　丁鹏勃
青铜器卷序　朱凤瀚

凡例
中国国家博物馆馆藏商代青铜器概述

凡　例

一、本书收录的中国国家博物馆所藏商代青铜器，入馆时间截止至2014年12月底。

二、本书所收器物的编排顺序参照朱凤瀚著《中国青铜器综论》（上海古籍出版社，2009
年）第三章、第四章"青铜器的分类与定名"，分为食器、酒器、水器、乐器、兵器、
其他六类。每类器物按照具体用途分为若干器类，同器类下依器形依次编排。同形器物
的先后按时间次序编排。

三、本书所录青铜器的时代参照朱凤瀚著《中国青铜器综论》（上海古籍出版社，2009年）
第十章"商代青铜器"，分为商代前期、商代后期。商代前期以商代二里冈文化时期为
代表，分为二里冈下层期与二里冈上层期。商代后期以殷墟青铜器第一、二、三期为
代表，大致相当于殷代早期（约盘庚至小乙时期）、中期（约武丁至祖甲时期）、晚期
（约廪辛至帝辛时期）。

四、每件器物依次登录器名、馆藏编号、时代、规格、来源及入藏时间、著录情况、铭文字
数、铭文释文，并对器物形制、纹饰进行描述，有铭器对铭文内容进行说明。对部分器
物涉及到的学术问题附有较详实的或扼要的论述。

五、书中所收器物，此前并无著录过，则省去"著录情况"这个义项。书中所收无铭文的器
物，则省去"铭文字数"、"铭文释文"这两个义项。

六、文中引用的青铜器、金文著录书籍凡用简称者，其书名详见书末"引书简称"。

七、为行文方便，文中所引用前彦时贤的观点，作者均径称姓名，省去"先生"之称，敬请
见谅。

中国国家博物馆馆藏商代青铜器概述

苏　强

中国国家博物馆（以下简称"国博"）收藏有600余件商代青铜器，不仅数量可观，而且种类丰富，包括食器、酒器、水器、乐器、兵器等，每类均收藏有典型器物，体系比较完整。

一、来源

国博馆藏商代青铜器大多是承继20世纪50年代至2002年原中国历史博物馆（以下简称"历博"）的藏品，其中既有考古发掘品，又有传世品，来源复杂多样，主要有以下几个渠道：

（一）调拨

1958年为筹建历博及完善"中国通史陈列"、1988年历博为修改"中国通史陈列"，由原文化部文物事业管理局、国内各级博物馆、考古研究所、文物工作队等单位向历博先后调拨了大批商代青铜器，其中既有后母戊（或称"姤戊"、"姤戊"、"司母戊"）大方鼎、四羊方尊这样著称于世的青铜重器，更有新中国成立近四十年以来重要考古发掘出土的代表性精品，如属商前期的1974年河南郑州张寨南街出土大方鼎、1974年湖北黄陂盘龙城遗址出土器等；属商后期的1957年安徽阜南月儿河出土的龙虎尊、1986年四川广汉三星堆出土的独特面具、人头像等。2003年国博建立后，国家文物局又将部分从海外回归的青铜器调拨至馆，如2006年入藏的子龙鼎，体型巨大，气势雄伟，是商末周初最大的圆鼎。

（二）捐赠

1949年至20世纪80年代，由著名爱国人士及其后代、著名收藏家、古董商等无私捐赠而来的。如周德蕴先生捐赠的夔纹簋，形制特殊，不见于殷墟出土铜簋。霍明志先生捐赠的Ⅱ尊与同铭卣、章立凡先生捐赠的鬲，铭文均未见于著录。此外，黄静涵先生、程仲鸣先生等四人、崔耀亭先生、徐梦华先生、罗伯昭先生、孙鼎先生、李汉民先生、陈大年先生、章乃器先生、王书庭先生、姚鉴先生等，纷纷把自己收藏的文物捐赠给博物馆，从而充实了库房和陈列展览。

（三）征集购买

20世纪50年代以来，从文物商店、收藏家个人等处征集购买而来。如1957年购藏的一件铜鬲，是极少数商前期有铭器之一，弥足珍贵。2003年购藏的作册般鼋，造型仿真，是商末铸有长铭的"庸器"。此外，1956年购藏的夔纹壶、1959年购藏的饕餮纹鬲、2014年购藏的龟鱼纹盘等均为难得的商代青铜器珍品。

（四）寄陈

1977年中国社会科学院考古研究所将1976年河南安阳小屯M5（即妇好墓）出土的三联甗、偶方彝、方罍、鸮鸮尊等代表性青铜器，在历博进行寄陈展览。

二、类型与分期

本书所选录的159组（165件）商代青铜器，

以青铜容器为主。其中有不少曾经在"古代中国"、"中国古代青铜器艺术"等展览中陈列展出，或曾著录于《殷周金文集成》《商周青铜器铭文暨图像集成》等书，也有一部分尚未公诸于世。为了向学术界提供较为系统和完整的资料，本书按照时代分期先后依类别编排，每种类别中的器物造型多样，纹饰精美，铭文内容丰富，具有重要的历史和艺术价值。

公元前16世纪初，是文献中记载的成汤灭夏，建立商王朝的时间。郑州商城是商代前期的重要都城。20世纪50年代在郑州二里冈发现了商代前期遗存，根据地层叠压情况和出土陶器特征变化情况，分为二里冈下层期与二里冈上层期[1]。

（一）二里冈下层期

馆藏此期青铜容器较少，有酒器爵、斝二种。其中考古发掘品包括1955年郑州商城C8M7出土器。青铜容器的形制特征是：

1. 爵

下腹部外鼓。窄长流，尖尾，口边沿有一道凸棱，流口间有双矮柱，半月形柱帽，腰部近直，平底，细三棱锥形足，半圆形鋬。标本郑州商城C8M7:3（本书编号：32），属二里冈下层二期。

2. 斝

下腹部外鼓。敞口，口沿边有一道凸棱，三棱形钉状矮柱，束腰，底微圜，瘦长空心袋足，半圆形扁平鋬（本书编号：44），约属二里冈下层二期。

（二）二里冈上层期

馆藏此期青铜容器的器类比下层增多，除见于上一期的酒器爵、斝外，尚有食器鼎、鬲，酒器尊、罍、瓿。其中考古发掘品包括1955年河南郑州白家庄C8M3、1974年河南郑州张寨南街、1954年郑州杨庄以及1950年河南辉县琉璃阁、1974年湖北黄陂盘龙城李家嘴等墓葬或窖藏出土器。青铜容器的形制特征是：

1. 食器

（1）鼎 依腹部形制不同可分为盆鼎、方鼎二类。

①盆鼎 圆形深腹。口微敛，宽折沿，内里有一道阶。圜底，三中空的圆锥形足。一耳立于一足上，另一耳立于两足间，耳、足相对位置呈"四点配列式"[2]。标本盘龙城李家嘴M2:36（本书编号：1），属二里冈上层一期第Ⅱ阶段。

②方鼎 斗形方腹。口沿外折，沿内呈台阶状。平底，拱形立耳，耳外壁作凹槽状，四圆柱形空足。标本郑州张寨南街杜岭一号方鼎（本书编号：13），属二里冈上层二期，通高100厘米，口长62.5厘米，口宽61厘米，重86.4千克，为迄今所发现的商代前期形体最大的青铜器，应是当时商王室贵族使用的礼器。

（2）鬲 深腹分裆。敛口，口沿外侈，双立耳内倾。大袋足，下有尖锥形空足跟，耳足位置呈"四点配列式"。标本郑州杨庄出土鬲（本书编号：17），属二里冈上层二期。

2. 酒器

（1）爵 腹部与二里冈下层期的爵相比变化明显，呈上腹长，下腹深的瘦长形。长流，尖尾，流口间又立一矮独柱，柱帽残缺。底部近平，三棱锥形足，半圆形鋬。标本辉县琉璃阁M148:1（本书编号：33），属二里冈上层二期。

（2）斝 圆腹，下腹壁倾垂，敞口束腰，下腹与上腹间形成明显折棱，底微凸，菌形方柱，半圆形扁平鋬。三角四棱锥形空尖足。标本盘龙城李家嘴PLZM1:10（本书编号：45），属二里冈上层二期第Ⅰ阶段。

（3）尊 圆鼓腹。敞口，口径小于肩宽。束颈，肩斜宽，圜底，圈足较矮。标本郑州白家庄C8M3:9（本书编号：53），属二里冈上层二期偏晚，已近于殷墟文化第一期。该尊在发掘简报和发掘报告中均被称作罍[3]，造型上虽与同一时期的罍有相近处，但此期的罍作直颈，且颈显得比较长，腹较深，故被称作尊较为适宜。

（4）罍 圆腹。敛口，折沿，短颈，折肩，腹壁向下斜收成底，底近平，矮圈足微外撇。标本（本书编号：78），属二里冈上层二期第Ⅱ阶段至殷墟文化第一期。

（5）觚 按形制不同可分为三型：

A型 形体粗矮。喇叭形敞口，束颈，直筒形腹，平底，圈足较矮而外撇。标本辉县琉璃阁M148:2（本书编号：92），属二里冈上层二期第Ⅱ阶段。

B型 细体觚。腰、腹呈直筒形。喇叭形敞口，束颈，圈足外撇，下呈阶状。标本安徽阜南月儿河出土觚（本书编号：93），属二里冈上层二期第Ⅱ阶段，亦可晚至殷墟文化一期。

C型 下腹扁圆外鼓。敛口，口部半封，有倾斜向上伸出的流。束颈，圈足外撇，底部作阶状。标本（本书编号：91），属二里冈上层一期第Ⅱ阶段至二期第Ⅰ阶段。这件觚的造型与商代常见的敞口、直筒形腹的青铜觚不同，十分特殊。

商代后期（或称殷代），始自公元前14世纪盘庚迁殷，以河南安阳殷墟为都城，据朱右曾《汲冢纪年存真》："自盘庚迁殷，至纣之灭，二百七十三年更不徙都。"[4] 殷商时期是中国青铜文化发展的第一个高峰时期，以安阳殷墟出土青铜器为主要代表。此外，相当于此期的青铜器在安徽、江西、湖南、四川、山西、山东、北京等地均有出土，造型、纹饰多受殷墟风格影响，部分青铜器亦具有地方特色。

（三）殷代早期（约盘庚至小乙时期）[5]

馆藏此期青铜器主要沿袭二里冈上层期青铜器的器形与风格，数量较少。容器类有食器鼎、鬲，酒器斝、尊、瓿、觚，兵器类有戈、钺。考古发掘品中包括1957年安徽阜南月儿河出土器。青铜容器的形制特征是：

1.食器

（1）鼎 圆形鼓腹略浅。敛口，宽折沿，圜底，三空锥足，足根较粗，足端圆钝。两耳立于三足间，耳、足相对位置呈"五点配列式"[6]。标本（本书编号：2），属殷墟文化第一期。此鼎的锥形足，高而外撇，应源出于商前期末叶时的盆鼎形制。

（2）鬲 按形制不同可分为二型：

A型 宽腹分裆。侈口，拱形立耳，窄肩，三圆锥状短尖足跟。耳足位置呈"四点配列式"。

标本传1944年安徽阜南月儿河出土（本书编号：18），属殷墟青铜器一期或二期第Ⅰ阶段。

B型 深腹分裆。侈口，厚唇，拱形立耳，直颈，三圆锥形高空足跟，底部明显圆钝。耳足位置呈"五点配列式"（本书编号：19），属殷墟青铜器一期或二期第Ⅰ阶段。

2.酒器

（1）斝 体形较高，下腹略鼓。喇叭形侈口，束腰，平底，三棱锥形足外撇，足断面呈"丁"字形。伞形方柱。半圆形鋬。标本安徽阜南月儿河出土斝（本书编号：46），不晚于殷墟青铜器一期。

（2）尊 腹部圆曲向底部内收。喇叭形敞口，束颈，折肩，高圈足。肩部三龙，腹部三虎，均作浮雕状，虎口下有人形。标本即安徽阜南月儿河出土龙虎尊（本书编号：54），属殷墟文化第一期。

（3）瓿 腹部宽扁近扁椭圆形。敛口，折沿，短直颈微内弇，斜肩，矮圈足微外撇，上有方孔。标本（本书编号：82），属殷墟青铜器一期至二期第Ⅰ阶段。

（4）觚 中腰不外鼓，仍保留有二里冈时期的旧制。腹壁近直。喇叭形敞口，束颈，粗腰，圈足外撇，下部呈阶状。标本（本书编号：94），属殷墟青铜器一期。

（四）殷代中期（约武丁至祖甲时期）

馆藏此期青铜器的器类比殷代早期明显增多，青铜容器有食器鼎、甗、簋，酒器爵、斝、方尊、鸮鸮尊、觥、方彝、卣、罍、瓿、方缶、壶、觚，水器盘、盉、盂，乐器有铙，兵器有戈、钺、刀。其中觯、方彝、觥、壶均为新出现的器类。考古发掘品中以1976年河南安阳小屯M5（即妇好墓）出土铜器为代表。妇好为商王武丁的配偶，身份高于一般贵族。墓中随葬青铜礼器200余件，器类齐全，工艺水平高超，而且其中多方形器、大型器。此外，尚有1950年河南安阳武官大墓陪葬墓W8、E9以及1975年江西清江、1957年安徽阜南月儿河、1957年山西石楼二郎坡、1959年河南新乡、1986年四川广汉三星堆等出土器。

青铜容器的形制特点是：

1.食器

（1）鼎　按腹部形制不同可分为盆鼎、鬲鼎、方鼎三类：

①盆鼎　圆口方唇，口沿斜折，圆腹较浅，圆底。拱形立耳，耳上各伏一虎，二虎同向。标本江西清江出土鼎（本书编号：7），相当于殷墟文化第二期偏晚。此鼎器耳上伏虎，具有鲜明的以江西新干大洋洲商墓铜器为代表的区域特征。

②鬲鼎　鼓腹分裆。口沿外折，三圆柱形实足，拱形双立耳。标本武官村大墓W8出土鼎（本书编号：10），属殷墟青铜器二期第Ⅱ阶段。

③方鼎　长方形深腹。口沿外折，厚方唇。拱形双立耳（其中一耳为后配），平底，四中空柱足。标本即著名的后母戊鼎（本书编号：14），属殷墟青铜器二期第Ⅱ阶段。其通高133厘米，口长112厘米，口宽79.2厘米，重832.84千克，是我国现已出土的最大、最重的古代青铜器。

（2）甗　按形制不同可分为连体、分体二类：

①连体甗　甑、鬲连体合铸。甑口沿外折作阶状，外视如一凸起的宽边。拱形双立耳。甑腹甚深，腹壁斜直，束腰。鬲为分裆实足，足下端作圆柱形。标本（本书编号：21），属殷墟青铜器二期第Ⅱ阶段。

②分体甗　甑、鬲分体。按形制不同可分为二型：

A型　形近似于三件甗联成一体。由并列的三个大圆甑和一长方形承甑器组成。标本小屯M5:790、M5:768、M5:769、M5:770妇好三联甗（本书编号：24），属殷墟青铜器二期第Ⅱ阶段。此甗体型巨大，形制特殊，为目前商代青铜器中仅见。

B型　甑敛腹，敞口，平底。鬲，圈口外侈，短直颈，平肩，鼓腹分裆，三圆柱形实足。标本小屯M5:797、M5:798妇好分体甗（本书编号：25），属殷墟青铜器二期第Ⅱ阶段。

（3）簋　按腹部形制不同可分为二型：

A型　盆形深腹。口沿较宽，外折呈台阶状。高圈足，底作直阶状。标本（本书编号：30），属殷墟青铜器二期第Ⅰ阶段。该簋形制较为特殊，其形不见于殷墟出土的铜簋。

B型　圆形鼓腹。口沿外侈，束颈，矮圈足。标本小屯M5:832（本书编号：27），属殷墟青铜器二期第Ⅱ阶段。

2.酒器

（1）爵　皆筒形深腹，卵底。长流，尖尾，半圆形扁平鋬，三棱锥形足外撇。按柱的不同可分为二型：

A型　口与流的连接处伞形单柱叉立。标本安徽阜南月儿河出土爵（本书编号：34），属殷墟青铜器二期第Ⅱ阶段。

B型　流口处立菌形短方柱。标本（本书编号：36），属殷墟青铜器二期第Ⅱ阶段。

（2）斝　按腹部形制不同可分为圆斝、方斝二类：

①圆斝　按形制不同可分为二型：

A型　下腹略外鼓，圈底，三棱锥形空足，足侧有凹槽。菌形方柱。标本（本书编号：47），属殷墟青铜器二期第Ⅰ阶段。

B型　圆鼓腹，喇叭形敞口，束颈，粗腰，平底，三棱锥形足。口部立两伞形高方柱，兽首半圆形鋬。标本山西石楼二郎坡出土斝（本书编号：48），属殷墟青铜器二期第Ⅱ阶段。

②方斝　长方形深腹。敞口，束颈，颈腹间有明显分段。平底，四棱锥尖形足，足内侧有锥形浅槽。口上有对称的屋顶形钮方立柱，兽首半圆形鋬。标本小屯M5:855（本书编号：52），属殷墟青铜器二期第Ⅱ阶段。

（3）尊　按腹部形制不同可分为圆尊、方尊二类：

①圆尊。圆形深腹。喇叭形敞口，方唇，束颈，折肩，高圈足。肩部浮雕三牛首，牛首间有六鸟相间而立。标本三星堆K2②:146（本书编号：55），属殷墟青铜器二期第Ⅱ阶段。此尊圈足特高的特点，不见于殷墟出土铜尊，具有南方风格。

②方尊。方形浅腹。敞口，口沿平侈，长颈，折肩，高圈足。肩中部圆雕龙首，四隅浮雕卷角

羊头。标本即著名的四羊方尊（本书编号：57），约属殷墟二期第Ⅱ阶段至三期第Ⅰ阶段。

（4）鸮鸺尊　形似昂首站立的鸮鸺，颈后有半圆形盖。标本小屯M5:785（本书编号：61），属殷墟青铜器二期第Ⅱ阶段。

（5）觥　均由盖、器身两部分组成，以子母口相合。按形制不同可分为二型：

A型　整体作兽形。盖前端为马头形首，有二大卷角。器身为扁长体，下有四足，前二足为兽形奇蹄，后二足如鸟足，兽首半圆形鋬。标本小屯M5:1163（本书编号：63），属殷墟青铜器二期第Ⅱ阶段。

B型　矮圈足。器身为短流，椭圆形腹，羊首半圆形鋬。盖前端作龙首形，头上有两钝角。标本小屯M5:843（本书编号：64），属殷墟青铜器二期第Ⅱ阶段。

（6）方彝　器身为长方形，方圈足，圈足中间有缺口。皆有盖，盖顶为四阿式屋顶形，面微鼓，顶有四阿式钮。盖器以子母口相合。按形制不同可分为二型：

A型　深直腹，平底。标本小屯M5:823（本书编号：65），属殷墟青铜器二期第Ⅱ阶段。

B型　形似两件方彝的联体。器身截面呈长方形，鼓腹，腹壁近直。口部内敛，方唇，折肩，平底，长方形高圈足微外张，圈足四面中间各有一缺口。腹两侧有对称的附耳。器身长边两侧各有七个方形槽和七个尖形槽。盖为四阿式屋顶形，盖顶两端有对称的四阿式屋顶形柱钮。盖长边各有七个方形盖和七个尖形盖，与器身槽口相合，盖下短边两端各有一条长条形子口可与器口相合。标本小屯M5:791（本书编号：68），属殷墟青铜器二期第Ⅱ阶段。

（7）卣　按形制不同可分为二型：

A型　葫芦形圆鼓腹，腹下部倾垂。侈口、细长颈，直圈足。腹上部两侧有耳连接扁平提梁，提梁两端作蛇首形。圆盖，盖顶有菌状钮，钮柱有蝉形链与提梁相连。标本武官大墓E9出土卣（本书编号：69），属殷墟青铜器二期第Ⅱ阶段。

B型　形似两只相背而立的鸮鸺。失盖。椭圆

形口，束颈，双鸮鸺身合为器腹，双鸮鸺各二足合成蹄足。颈、腹两侧各有对称的环耳，耳内套绚索状提梁。标本大司空村M239:1（本书编号：76），属殷墟文化第二至三期。

（8）罍　按腹部形制不同可分为三型：

A型　圆形深腹。侈口，短颈，斜折肩，矮圈足。肩外缘浮雕四个卷角羊首。标本三星堆二号坑K2②:70（本书编号：79），属殷墟青铜器二期第Ⅱ阶段。

B型　腹较深，腹壁斜收。小口微侈，短直颈，圆肩，平底。肩部左右两侧有对称的兽首半圆形耳，下腹近底处有兽首半圆形钮。标本（本书编号：80），属殷墟青铜器二期第Ⅱ阶段。

C型　圆鼓腹。敞口，口沿外折，短颈，圆肩，矮直圈足，圈足上有三个长方形孔。肩、腹上部铸有浮雕卷角羊首（本书编号：81），不早于殷墟青铜器二期第Ⅱ阶段。

（9）瓿　按器形不同可分为二型：

A型　腹部宽扁。敛口，口沿外折，短颈，圆肩，矮圈足。标本（本书编号：83），属殷墟青铜器二期第Ⅰ阶段。

B型　扁椭圆形鼓腹。敛口，短颈，圆肩，底近平，高圈足，圈足上有三个长方形孔。盖似半球形，盖顶隆起，上有菌状钮。标本小屯M5:796（本书编号：85），属殷墟青铜器二期第Ⅱ阶段。

（10）方缶　腹部略呈长方形。方口，口沿外折，斜肩，底微凹。肩部饰浮雕的蝉。标本小屯M5:805(本书编号：87)，时代属殷墟青铜器二期第Ⅱ阶段。

（11）壶　按腹部形制不同可分为二类：

①扁圆形腹，下腹鼓张。侈口，束颈，矮圈足外撇。颈部两侧有对称的圆柱形贯耳。标本（本书编号：89），属殷墟青铜器二期第Ⅱ阶段。

②圆形深腹，腹壁斜直，腹下部侈大如弧形。敛口，矮圈足。颈部两侧有对称的贯耳。标本（本书编号：90），约殷墟铜器二期第Ⅱ阶段至三期第Ⅰ阶段。

（12）觚　皆喇叭形敞口，束颈，圈足外撇，底作阶状。按形制不同可分为二型：

A型　粗体觚。腰较粗，腹部稍外鼓，已呈现三段的形式。标本（本书编号：95），属殷墟青铜器二期第Ⅰ阶段。

B型　细体觚。细腰，腹部略外鼓，平底。下腹与圈足有扉棱，圈足上有十字镂孔。标本小屯M5:601（本书编号：96），属殷墟青铜器二期第Ⅱ阶段。

3.水器

（1）盘　圆形浅腹。侈口，平沿外折，平底，高直圈足微外撇。圈足上部有三个方形镂孔。标本（本书编号：112），属殷墟文化第一、二期。

（2）盉　按形制不同可分为二型：

A型　下体作分裆鬲形。敞口，封顶，有斜立的短管状流。高颈，略内收。深袋形足，高柱形足跟。牛首半圆形鋬。标本小屯M5:858（本书编号：115），属殷墟青铜器二期第Ⅱ阶段。

B型　深腹。上腹向顶部斜收成尖顶，顶一侧有短管状流，正中有半圆双首龙形提梁式钮，宽折肩，腹壁向下渐内收成底，底微凹。标本小屯M5:838（本书编号：118），属殷墟青铜器二期第Ⅱ阶段。

（3）盂　深腹，近底部内收。敞口，高直圈足微外撇，上有四个长方形小孔。颈部有双小半环牛首形耳，下腹部两侧有对称的一对绚索状附耳。标本小屯M5:811（本书编号：120），属殷墟青铜器二期第Ⅱ阶段。

（五）殷代晚期（约廪辛至帝辛时期）

馆藏此期青铜容器有食器鼎、鬲、甗、簋，酒器爵、角、斝、尊、卣、觚、觯，水器盘、盂，兵器戈、矛、钺。这些青铜容器以传世品为主，考古发掘品中包括1953年河南安阳大司空村M267出土器。青铜容器的形制特点是：

1.食器

（1）鼎　按腹部形制不同可分为盆鼎、罐鼎、鬲鼎、方鼎四类：

①盆鼎　按足部不同可分为二型：

A型　圆柱形实足。敛口，平沿外折，圆形鼓腹，圜底。拱形双立耳，耳足位置呈"五点配列式"。标本（本书编号：5），属殷墟青铜器三期第

Ⅱ阶段。

B型　半空状三蹄足。口微敛，折沿，圆腹较深，下腹微鼓，平底微圜。双立耳略外撇，耳外部有双沟槽。耳、足位置呈"五点配列式"。标本即子龙鼎（本书编号：8），当在商晚期偏晚，下限或可能已进入西周初年。

②罐鼎　罐形圆鼓腹。敛口，口沿外侈，束颈，圜底。三圆柱足，拱形双立耳，耳足位置呈"五点配列式"。标本（本书编号：9），属殷墟青铜器三期第Ⅰ至第Ⅱ阶段。

③鬲鼎　鼓腹分裆。圆口，平沿外折，腹较浅，三圆柱形足，双拱形立耳，耳足位置呈"五点配列式"。标本（本书编号：11），属殷墟青铜器三期第Ⅰ阶段至第Ⅱ阶段。

④方鼎　覆斗状长方形腹。平口沿外折，双拱形立耳，耳外侧有双沟槽，四圆柱形实足。标本（本书编号：15），属殷墟青铜器三期第Ⅱ阶段。

（2）鬲　袋腹分裆。侈口，直颈，拱形双立耳，三短柱足。标本（本书编号：20），属殷墟青铜器三期第Ⅱ阶段。

（3）甗　形制较殷代中期有所变化，甑口沿不再外折形成宽边状，而是转变为外侈。腹壁斜直，腰部较细，绳纹双耳。鬲为鼓腹分裆，三圆柱形足，上端中空。腹内有十字孔箅置于三箅尺上，有一铜环将箅与甗体相连。标本（本书编号：22），属殷墟青铜器三期第Ⅱ阶段。

（4）簋　皆侈口，束颈，圆形鼓腹。可分二型：

A型　无耳。高直圈足，下有一周高阶。标本（本书编号：28），属殷墟青铜器三期第Ⅰ阶段。

B型　腹两侧有半环状兽首耳，下有钩状小珥。斜直圈足。标本（本书编号：29），属殷墟青铜器三期第Ⅱ阶段。

2.酒器

（1）爵　筒形深腹。长流上翘，尖尾，卵底。三棱锥形实足外撇。伞形矮方柱，牛首半圆形鋬。标本（本书编号：39），属殷墟青铜器三期第Ⅰ阶段。

（2）角　粗筒形腹。器口弧曲，口沿两端皆

形似爵尾而上翘，卵底。牛首半圆形鋬，三棱形尖足外撇。标本（本书编号：43），属殷墟青铜器三期第I阶段至第II阶段。

（3）斝 按腹部形制不同可分为二型：

A型 罐形鼓腹。侈口，束颈，圜底。三棱锥形足，足内侧有凹槽，足断面呈"丁"字形。伞形矮方柱，半圆形鋬。标本（本书编号：50），属殷墟青铜器第三期第I阶段。

B型 鬲腹分裆。撇口，高直颈，浅袋足，柱形足跟。菌形扁方柱，兽首半圆形鋬。标本（本书编号：51），属殷墟青铜器三期第I阶段。

（4）尊 筒形圆腹。喇叭形敞口，束颈，粗腰，下腹微鼓，圜底，高圈足，下部外侈。标本（本书编号：59），属殷墟青铜器三期第II阶段。此型尊近似于二里冈上层期与殷墟文化第一期粗体瓿，惟腹身远粗于粗体瓿。学者或认为"两者很可能有承袭、演变的关系"[7]。

（5）卣 按形制不同可分为圆卣、方卣二类：

①圆卣 按腹部形制不同可分为二型：

A型 椭圆形鼓腹。敛口，短直颈，矮直圈足，底边作台阶状。肩部环耳内套铸兔首扁提梁。盖顶隆起，上有瓜棱形钮。标本（本书编号：70），属殷墟青铜器三期第I阶段。

B型 葫芦形圆鼓腹。小口，长颈微束，圜底，高圈足斜张。肩部有圆环套铸绳纹提梁。盖顶隆起，直壁，圈足形钮。标本（本书编号：75），属殷墟青铜器三期第II阶段。

②方卣 长方形腹。敛口，直颈，下腹外鼓，矮圈足，底边为台阶状。肩部两侧环耳内套铸兽首扁提梁。盖直壁内凹，顶为梯形，上有长方形钮，钮顶为四阿式屋顶形。标本（本书编号：77），属殷墟文化第四期。

（6）瓿 器身明显分为三段。按形制不同可分为二型：

A型 粗体瓿。喇叭形敞口，束颈，下腹微外鼓，高圈足外撇。标本（本书编号：107），属殷墟青铜器三期第II阶段。

B型 细体瓿。喇叭形敞口，束颈，腰、腹较

细，高圈足外撇，有十字形镂孔，足跟作竖阶状。标本安阳大司空村M267:2（本书编号：101），属殷墟青铜器三期第I阶段。

（7）觯 椭圆形深鼓腹。敞口，束颈，腹壁呈弧状外张，圜底，高圈足外撇。标本（本书编号：109），属殷墟青铜器三期第II阶段。

3. 水器

（1）盘 浅腹下敛。侈口，平沿外折，平底，高圈足下部作坡形，底有较高的直阶。标本（本书编号：113），属殷墟青铜器三期第I阶段。

（2）盉 腹部下垂鼓出。侈口，束颈，圜底，三棱锥形足，平面作"丁"字形。管状流向上斜伸，有兽首半圆形鋬。隆盖，盖顶有半环形钮，通过环链与鋬相连。标本（本书编号：116），属殷墟青铜器三期第II阶段。

三、铸造工艺

馆藏商代青铜器在铸造工艺方面具有以下几个特点：

其一，二里冈下层期继承了二里头文化的青铜铸造工艺，青铜容器使用多范分铸，器壁较薄。二里冈上层期青铜器铸造工艺有了进一步发展。鼎、鬲的凹槽状耳和中空的器足，可以避免在铸造时这些部位因实心而容易开裂。鼎、鬲、爵、斝等器物口沿加厚的做法，可使耳部与口部稳固地结合。青铜器铸造的分铸技术和复合范技术在这时已被娴熟应用，大型青铜容器的铸造也比较普遍。例如上举郑州杜岭出土的大方鼎，采用多次分铸铸接工艺成形。但在青铜器制作上通常较为粗糙，仍体现出一定程度的原始性。例如由于铸造时腹壁外范结合不够紧密，范的接口处痕迹明显，多未做修整。器表纹饰有重叠的现象。

其二，殷代中期青铜制造业达到了辉煌的鼎盛时期。青铜手工业规模宏大，分工明确细致、组织严密。青铜礼器胎质较厚重，范铸法已发展到臻于完美的地步，浑铸、分铸、铸接、铸焊等为铸造技术的主要手段。大型熔炉和大型陶范的出土，则表明制作大型青铜重器的熔铸技

术已经得到解决。例如上举后母戊鼎采用了复合陶范法和分铸铸接法成形技术，其造型、纹饰、工艺均达到极高水平，是商代青铜文化高度发达的代表作。又例如上举四羊方尊集中了线雕、浮雕、圆雕等多种技巧，形体端庄典雅，纹饰铸造精细，是造型设计与艺术装饰的完美结合，是传统泥范法铸造的巅峰之作。

四、纹饰特点

馆藏商代青铜器在纹饰上具有以下几个特点：

其一，二里冈下层期青铜器纹饰较为简单，无地纹。主要为乳钉纹，上下以凸弦纹为边框，呈条状装饰于器物的腹部。

其二，二里冈上层期青铜器纹饰的种类逐渐增多，以饕餮纹为主，无地纹。圆目鼓出，躯体向两侧展开，尾部上卷或作分歧的鱼尾形。表现形式有两种：一种由流畅的细线勾勒而成，例如上举杜岭大方鼎腹部正面的饕餮纹；另一种则由宽线条组成，例如上举白家庄出土尊（C8M3:9）上的饕餮纹，具有浅浮雕效果。此外，亦出现有首无身的减省形饕餮纹，例如上举杜岭大方鼎的腹部四角与四足上部均饰此种纹饰。此期其他纹饰尚有凸弦纹、夔纹、涡纹、象纹、雷纹、联珠纹等。凸弦纹除以带状装饰于器物的颈部外，还作双线人字纹或单线X纹装饰于鬲的袋足上。夔纹、涡纹、象纹通常作为辅助纹饰。联珠纹多作为边框饰于主题纹饰的上下。二里冈上层期偏晚，器物表面出现由简趋繁的装饰手法。例如上举罍的颈部饰弦纹，肩部、上腹、圈足饰不同形态的夔纹，腹部饰饕餮纹。

其三，殷代早期青铜器纹饰基本沿袭二里冈上层期的形式与风格。以细线或宽线勾勒而成饕餮纹为主题纹饰，卷角、T形角或牛角形角，以突起的短棱为鼻梁，无地纹。上下多以联珠纹为边框。此时亦有纹饰工艺极复杂的器物，例如上举龙虎尊，将浮雕、线雕、圆雕相结合。此期出现的虎噬人纹亦十分有特色，类似的纹饰构造还见于1986年四川广汉三星堆一号器物坑（K1）

出土的龙虎尊K1:258[8]、河南安阳殷墟小屯M5（即妇好墓）出土的大型钺M5:799[9]、后母戊大方鼎的鼎耳上等。这类纹饰中的人物形象显得毫无生气，可能属杀殉牺牲。

其四，殷代中期青铜器纹饰仍以饕餮纹为主，上一期流行的以联珠纹为边框，无地纹的饕餮纹仍存在。出现了眉、目、口、耳、鼻分离形饕餮纹。此期饕餮纹的装饰面积逐渐扩大，层次更加丰富，开始流行所谓"三层花"。即以细密的云雷纹为地纹，饕餮纹凸起于地纹上，其上又饰有阴线纹，而饕餮纹的目部鼓出，凸出于主纹饰上，整体显示出一种狞厉之美。新出现了蝉纹、小鸟纹、大鸟纹、蛇纹、虎纹、蚕纹、三角形蕉叶纹、倒三角纹、乳钉雷纹、"舟"字形纹等辅助纹饰。夔纹除作为辅助纹饰外，亦开始成为主题纹饰。也有一些纹饰传达了轻松的生活情趣，例如上举青铜盘（本书编号：112），盘内铸有一龟三鱼。盘是水器，注水后龟、鱼在水中有一种游动的感觉。在器物上开始装饰扉棱，饕餮纹通常以此为鼻梁。而尊、方罍的口部装饰的三角形蕉叶纹与长扉棱相配，显得器体挺拔飞扬。此外器物的口沿、鋬部、提梁两端开始以兽首作为装饰。

随着青铜铸造技术的繁荣发展，青铜器表面的装饰工艺更加丰富。镶嵌绿松石是目前所知最先出现的青铜器装饰工艺。早在二里头文化时期，已经出现镶嵌绿松石圆形铜器及多件镶嵌绿松石牌饰。商代前期镶嵌绿松石的青铜器很罕见。商代后期镶嵌绿松石工艺多用于青铜兵器等小型器物上[10]。例如馆藏一件铜钺，内末端饰由绿松石镶嵌而成的简省形饕餮纹（本书编号：147）。馆藏一件铜戈，内后部以绿松石镶嵌成夔纹（本书编号：131）。此外，镶嵌绿松石工艺也被用以装饰青铜容器，例如馆藏一件铜方缶，肩部、腹部及肩部正中的浮雕羊首上均镶嵌绿松石（本书编号：88）。这件方缶体形甚小，从绿松石脱落处可见较深的嵌槽，说明当时青铜铸造与镶嵌水平已经很高。

其五，殷代晚期延续了上一期的纹饰风格，

"三层花"装饰已更为普遍。饕餮纹仍多作主纹饰，大面积施于器腹，分离形或简省形饕餮纹盛行。夔纹对称施于器口沿下或圈足上。新出现的纹饰有斜角云纹、目云纹、长冠鸟纹、菱格雷纹、四瓣目纹、乳钉雷纹等。此外，部分器物腹部未饰主题纹饰，仅在颈下、圈足饰一圈纹带，表现出简朴之风。

青铜器表面髹漆是商代后期另一种装饰工艺，一方面是为使器表更加美观，另一方面也为防止金属锈蚀。例如馆藏卿宁亚寰鼎在腹部纹饰的阴线部位填髹黑漆（本书编号：11），从而使纹路更加清晰。

五、铭文特点

馆藏商代青铜器的铭文具有以下几个特点：

其一，目前经考古发掘出土的商代前期和殷代早期的青铜器中，尚未有带铭文的。但少数传世的青铜器却铸有铭文，例如馆藏一件属二里冈上层期的鬲（本书编号：16），口内侧铸有铭文，此字各家所释不一，或释"岁"、"亘"、"耳"等字[11]。馆藏一件属商代前期的觚，圈足内壁铸有阳文铭文"史"字（本书编号：94）。馆藏一件属商代前期的戈，内末端一面立羽状纹间铸有阴文铭文"皇"字（本书编号：129），均为作器者的族氏名称。

其二，殷代中期开始，考古发掘出土与传世的有铭青铜器的数量显著增多。铭文在器物上的位置，因器类不同而有所差别，例如食器鼎、簋多在器腹内壁，酒器爵多在鋬内侧腹壁，觚多在圈足内壁等。有盖的器物，例如方彝、卣、盉等通常在盖内与器腹内铸有相同铭文。这一时期铭文的字数通常较少，一般只有几个字。内容主要为表明作器者族属的族氏铭文，例如亚吴、亚邑、尹舟等。或为作器者名号，例如子鼎等。或为受祭者的亲称与日名的结合，例如后母戊等。此外，存在铭文与纹饰相呼应的现象，例如尹舟簋铭文中的"舟"字与口沿下的"舟"字形纹饰相呼应（本书编号：31）。

其三，殷代后期青铜器铭文除保留上一期的特点外，常见族氏名号与本家族死去先人的日名、亲称的结合，例如戈父辛、父丁、丁、作母癸等。字数较多的记事体铭文开始出现，铭文的内容多涉及重要战事、商王的祭祀与仪礼活动、商王对贵族的赏赐等。例如戍嗣鼎有铭文3行26字，记述了宜子与西方会合及戍嗣受赏赐的情况（本书编号：5）。作册般鼋有铭文3行20字，记述了商王用夷方首领无敄进行宜祭及作册般受赏赐的情况（本书编号：22）。作册般鼋有铭文4行33字（一说32字），记载了商王到洹水获得此鼋，王四射皆中，记功于庸器的情况（本书编号：157）。

综上所述，国博馆藏商代青铜器时代特色鲜明，器类丰富，造型别致，且有一批罕见的珍品。纹饰种类有20余种，优美精致。铭文种类多达80余种，其中有些是尚未见于著录的。这些青铜器为学界同仁研究商代青铜文化提供了重要的实物资料。

[1] 朱凤瀚：《中国青铜器综论》（中），上海古籍出版社，2009年，第853页。

[2] 郭宝钧：《商周铜器群综合研究》，文物出版社，1981年，第7页。

[3] 河南省文物工作队第一队：《郑州市白家庄商代墓葬发掘简报》，《文物参考资料》1955年第10期。河南省文物考古研究所：《郑州商城——1953~1985年考古发掘报告》，图五五二：5，图版二二九：1，文物出版社，2001年。

[4] [清]朱右曾辑：《汲冢纪年存真》卷上，清归砚斋刻本。

[5] 本文商代后期青铜器分期参照朱凤瀚：《中国青铜器综论》（中），上海古籍出版社，2009年，第1008页。

[6] 同[2]。

[7] 张长寿：《殷商时代的青铜容器》，《考古学报》1979年第3期。

[8] 四川省文物管理委员会等：《广汉三星堆遗址一号祭祀坑发掘简报》，《文物》1987年第10期。

[9] 中国社会科学院考古研究所：《殷墟妇好墓》，图六六：
    1，图六七，彩版一三：1，文物出版社，1980年。

[10] 朱凤瀚：《中国青铜器综论》（上），上海古籍出版
    社，2009年，第782—783页。

[11] 《保利藏金》编辑委员会：《保利藏金》，岭南美术出
    版社，1999年，第12页。

1. 饕餮纹鼎

  馆藏编号：Y1992

  时代：商代前期

  规格：通高55厘米，口径31.6厘米，重9.5千克

  来源及入藏时间：1974年湖北黄陂盘龙城李家嘴M2出土，编号PLZM2:36，1989年由湖北省博物馆调拨

  著录情况：《盘龙城》图一一一：1、2，彩版一四，图版四八：1

该鼎为圆形深腹，腹壁近平直而下部略内收。口微敛，宽折沿，内里有一道阶。双拱形立耳，耳外侧有两道凹槽。圜底，下有三中空的圆锥形足，略外撇。耳、足相对位置呈四点配列式。腹上部口沿下饰细阳线饕餮纹带，椭圆形双目凸起，头、身、尾俱全，躯体向两侧展开，尾部分歧如鱼尾。这类饕餮纹"流行于二里冈上层时期，在殷代早期仍可见"[1]。器身外壁有浇铸痕，腹底接缝起凸棱，足中下部留有二层修补铸接痕，器身有补丁六处[2]。腹外壁留有烟熏痕，应经过实际使用。此鼎形制、纹饰与1965年河南郑州铭功路M2出土铜鼎（M2:2）[3]相近，后者属二里冈上层一期偏晚的铜器[4]，故此鼎的时代亦应属这一时期。值得注意的是，此鼎的空足和槽耳在铸造工艺上，可以避免这些部位因实心容易产生的开裂。此外，关于此鼎口沿的加厚现象，过去学术界多认为此阶段青铜器器壁较薄，这种工艺方式可起到加固口部的作用。近年来有学者指出这种说法不够准确，口沿加厚做法的目的应是使耳部稳固地与口部结合[5]。

盘龙城遗址位于湖北省武汉市黄陂区境内盘龙湖中的半岛上。此遗址于1954年发现。1974年至1994年，在盘龙城内进行了较大规模的发掘，确定盘龙城是商代二里冈上层时期的古城。李家嘴位于盘龙城遗址东南部的一个半岛式台地上，南临府河，北与杨家嘴遗址、西与王家嘴遗址隔湖汉相望。1974年秋发掘的李家嘴二号墓（PLZM2）位于李家嘴台地中部偏南侧，方向20°。该墓为长方形土坑竖穴墓，是盘龙城已发现的最大的人殉墓。墓口距地表0.2米，南北长3.67米、东西宽3.24米，口略小于底。墓室面积12平方米，有棺、椁。随葬器物77件，其中铜器50件，器类有鼎、爵、斝、盉、盂、尊、簋、鬲、甗、盘、钺、矛、戈、镞、刀、凿、锯、锛、泡等。陶器9件，器类有鬲、瓮、罐、盆、饼、硬陶尊等。玉器17件，器类有戈、花头构件、柄形器等。其中出土锥足鼎3件，此鼎为其中最大的一件。

[1] 朱凤瀚：《中国青铜器综论》（上），上海古籍出版社，2009年，第541页。

[2] 湖北省文物考古研究所：《盘龙城——1963~1994年考古发掘报告》（上），文物出版社，2001年，第169页。

[3] 郑州市博物馆：《郑州市铭功路西侧的两座商代墓》，《考古》1965年第10期。

[4] 朱凤瀚：《中国青铜器综论》（中），上海古籍出版社，2009年，第871页。

[5] 张昌平：《盘龙城商代青铜容器的初步考察》，《江汉考古》2003年第1期。

2. 饕餮纹鼎

馆藏编号：C5.17

时代：商代后期

规格：通高26厘米，足高13厘米，口径18.1厘米

来源及入藏时间：1959年购藏

该鼎浅腹圆鼓，口微敛，宽折沿，上立高大的双拱形耳。圜底，下有三条甚高的空锥足，高度占通高的50%。足根较粗，足端圆钝。三足略显外撇，耳、足相对位置呈五点配列式。腹部饰饕餮纹，两眼为"臣"字形，T形角，躯体向两侧展开并上卷。除双目外，纹饰的其余部分均由单线条云雷纹组成。此鼎的锥形足，高而外撇，应源出于商前期末叶时的盆鼎形制，例如1982年河南郑州北二七路M1出土鼎（M1:3）[1]。又，至殷墟早期时也有此形鼎，如1964年河南安阳洹北三家庄东南窖藏出土铜鼎（G1:1、2）[2]。此外，

1938年山西忻县庄磨乡（今忻州市忻府区庄磨镇）连寺沟村牛子坪发现铜鼎[3]及上海博物馆藏饕餮纹鼎[4]亦与这件鼎形制相近。牛子坪所出铜鼎虽为柱足，但上粗下细，仍保留锥形足的遗迹，似不晚于殷墟铜器一期[5]，即相当于殷墟文化一期，故此鼎的时代亦应属这一时期。

[1] 河南省文物研究所：《郑州北二七路新发现三座商墓》，《文物》1983年第3期。

[2] 孟宪武：《安阳三家庄发现商代窖藏青铜器》，《考古》1985年第12期。

[3] 沈振中：《忻县连寺沟出土的青铜器》，《文物》1972年第4期。

[4] 陈佩芬：《夏商周青铜器研究》（夏商篇），图四二，上海古籍出版社，2004年。

[5] 朱凤瀚：《中国青铜器综论》（中），上海古籍出版社，2009年，第1110页。

3. 饕餮纹鼎

馆藏编号： Y2088

时代： 商代后期

规格： 通高54厘米，口径38厘米，重18千克

来源及入藏时间： 1981年内蒙古赤峰市翁牛特旗解放营子头牌子出土，1990年由内蒙古博物馆调拨

著录情况： 苏赫：《从昭盟发现的大型青铜器试论北方的早期青铜文明》，《内蒙古文物考古》1982年第2期；《辞典》（青铜卷），图14

该鼎为圆腹，腹较深，下部微鼓，口沿外侈，方唇，圜底。口沿上立宽大的双拱形耳。腹下有三柱足，足跟粗大，已近于蹄足。足为中空状，腹内底在足部对应处各有一个圆形空洞。耳足位置呈五点配列式。腹上部饰由三组饕餮纹与云雷纹组成的纹带一周，饕餮纹以短棱背为鼻梁，圆形凸目，阔口，躯体伸展，尾部上卷。足根部饰饕餮纹，以口沿至足端的范痕为中线，"臣"字形目，双角上竖，躯体向两侧展开，尾

部上卷。与此鼎同时出土的尚有1件大铜甗及1件弦纹大鼎，有学者认为这三件青铜器是夏家店下层文化发展到一定阶段的产物[1]。或认为夏家店下层文化的年代下限是在晚商或商周之际，这三件青铜器是在中原地区同期文化影响下，在辽西地区铸造出的具有晚商风格的大型青铜礼器[2]。此鼎纹饰粗犷，鼎腹上装饰的云雷纹是由夏家店下层文化陶器上纹饰变化而成[3]。此鼎器型硕大，器壁较薄，全器范痕明显，补铸痕迹很多，内外范的定位方法使用原始的柱状物来固定，铸造工艺较同时期中原地区略显简陋，是研究西辽河流域商代青铜文化的重要资料。

[1] 苏赫：《从昭盟发现的大型青铜器试论北方的早期青铜文明》，《内蒙古文物考古》1982年第2期。

[2] 田广林：《关于夏家店下层文化燕北类型的年代及相关问题》，《内蒙古大学学报（人文社会科学版）》2003年第2期。

[3] 刘观民：《内蒙古东南部地区青铜时代的几个问题》，《中国考古学会第四次年会论文集》，文物出版社，1985年。

4. 亡终鼎

馆藏编号：C5.16

时代：商代后期

规格：通高23.9厘米，口径19.8厘米

来源及入藏时间：传河南安阳出土，1958年由文化部文物事业管理局调拨

著录情况：《历博刊》1982年4期91页图2，《集成》1450，《铭图》619

铭文字数：2字

铭文释文：

亡终

该鼎圆鼓腹，腹较浅，腹壁近直，折沿方唇，拱形双立耳，圜底。三圆柱形足，耳足位置呈五点配列式。腹部以细雷纹为地纹，饰三组饕餮纹，以凸起的扉棱为鼻梁，"臣"字形目，卷角，躯体向两侧展开，尾部向下卷曲。此鼎形制、纹饰与1982–1992年河南安阳郭家庄M1出土铜鼎（M1:3）[1]、1969年河南安阳殷墟西区M907出土共鼎（M907:3）[2]及1994年河南安阳刘家庄北地M637出土铜鼎（M637:1）[3]相近。郭家庄M1及殷墟西区M907所出铜鼎的时代均属殷墟青铜器三期第Ⅰ阶段[4]，即相当于殷墟文化三期。刘家庄北地M637出土铜鼎属殷墟铜器第三期[5]，故此鼎的时代亦应属这一时期，即相当于殷墟文化三期。

腹内壁一侧铸有铭文"亡终"2字。裘锡圭认为：上方的∩屡见于殷墟甲骨文，是"终"字的初文[6]。下方一字，是在刀形的锋刃部分加

一圆圈而成的，亦见于甲骨文，圆圈具有示意的作用，此字即"亡"，本意当为"锋刃"，"亡""无"古通，"亡终"就是见于《左传》的戎狄族名"无终"。此族早在商代（不晚于殷墟一期）就已存在[7]。据《左传》，无终在春秋时代曾成为一部分北狄族的领袖，但在鲁昭公元年（前541）为晋所败[8]。《集成》收录的有"亡终"铭文的青铜器尚有鼎（1451—1452）、觯（6418）、瓿（7023—7024）、爵（7611—7612）及1965年陕西绥德县墕头村出土铜戈（《集成》10881）。此外《中日欧美澳纽所见所拓所摹金文汇编》收录有同铭爵（1786）。

---

[1] 中国社会科学院考古研究所：《安阳殷墟郭家庄商代墓葬》，图25:1，图26:1，彩版1:1，中国大百科全书出版社，1998年。

[2] 中国社会科学院考古研究所：《殷墟青铜器》，图版七二，文物出版社，1985年。

[3] 中国社会科学院考古研究所、安阳市文物考古研究所：《殷墟新出土青铜器》，图版143，云南人民出版社，2008年。

[4] 朱凤瀚：《中国青铜器综论》（中），上海古籍出版社，2009年，第986页。

[5] 同[3]。

[6] 裘锡圭：《释"无终"》，《裘锡圭学术文集》（第三卷），复旦大学出版社，2012年。

[7] 同上。

[8] 同上。

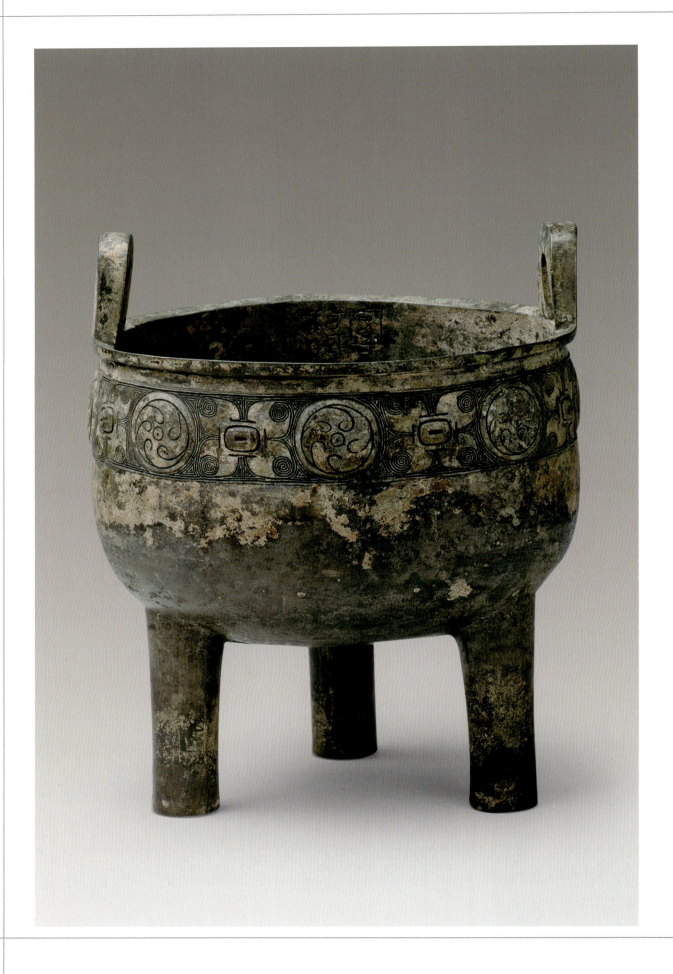

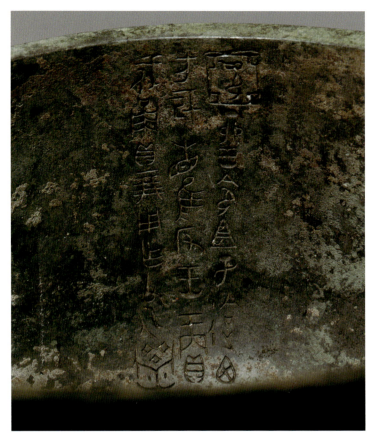

5. 戍㘡鼎

馆藏编号：Y5

时代：商代后期

规格：通高28.8厘米，口径23.7厘米

来源及入藏时间：1959年故宫博物院调拨

著录情况：《三代》4.7.2，《集成》2694，《铭图》2296

铭文字数：26字（合文1）

铭文释文：

亚印，丁卯，王令宜子逌（会）西方于省，隹（唯）反（返），王商（赏）戍㘡贝二朋，用乍（作）父乙鼎（鼎）。

该鼎为圆形鼓腹，敛口方唇，平沿外折，上立双厚实的拱形耳。圜底，下有三条较粗的圆柱形实足，耳足位置呈五点配列式。口沿下以螺旋形云雷纹为地，饰圆涡纹与四瓣目纹组成的纹带一周。此鼎形制、纹饰与1982年河南安阳小屯82M1出土父壬鼎（82M1:11）[1]相近，后者属殷墟青铜器三期第Ⅱ阶段[2]，即相当于殷墟文化第四

期，故此鼎的时代亦应属这一时期。

腹内壁铸铭文3行26字。铭文记述丁卯日，王命宜子与西方会合。返回后，王赏赐戍㘡二朋贝，戍㘡制作了祭祀父乙的铜鼎。

铭文句首"亚"字形中的，甲骨文中习见，从爪从卩，象以手抑人而使人跪踞之形，即"印"字[3]。铭文中的"亚印"应为作器者的族氏名称。""字，从且从肉，象肉在俎上之形，甲骨金文中常见。郭沫若、孙稚雏等均释作"宜"字。徐中舒认为"且、宜、俎实出同源"[4]。"宜"在此为地名，亦见于1954年江苏丹徒烟墩山出土的西周早期的宜侯夨簋铭文（《集成》4320），宜地的地望一说大致位于今山东莱芜境内[5]。"子"为商代族长之尊称[6]，故"宜子"为商人贵族。"逌"当读作"会"，古文作"徻"，从彳与从辵同义[7]。《说文解字》："会，合也。"[8]"西方"是宜子会合的对象，或认为其含义当与甲骨卜辞中所记邦国名"西方"同，即商末征讨阴美方过程中的途经地洒，应坐落于泰山以南、汶水迤北的"汶阳之田"的

范围内[9]。"省"字有多种解释，于省吾认为是地名[10]。闻一多认为"省"的本义是视察、察看，在此有征伐之意[11]。吴雪飞认为即《周礼·大司马》、《司马法·仁本》所谓"眚"、"伐"、"坛"、"削"、"侵"、"正"、"残"、"杜"、"灭"九种讨伐叛逆的方法之一[12]。在此从于省吾之说。陈絜认为省地与宜地比邻，应该坐落在汶水与淄水的源头附近[13]。"戍䧹"为作器者，"戍"字的用法亦见于1959年河南安阳殷墟后冈圆形祭祀坑出土的戍嗣子鼎铭文（《集成》2708），郭沫若认为铭文中的戍当是殷代国族名[14]。"䧹"字旧多隶定作"甬"，陈剑释为"求"，读作"柔"[15]。铭文中的🔵字，从齐在冎中，其旁有匕，金文一般都作䰞，从鼎[16]。

---

[1] 中国社会科学院考古研究所：《殷墟青铜器》，图版八四，图八五：2，图八七：1，文物出版社，1985年。

[2] 朱凤瀚：《中国青铜器综论》（中），上海古籍出版社，2009年，第1003页。

[3] 中国科学院考古研究所编辑《甲骨文编》，中华书局，1965年，第377页。

[4] 古文字诂林编纂委员会：《古文字诂林》（第六册），上

海教育出版社，2003年，第824页。

[5] 陈絜：《戍甬鼎铭中的地理问题及其意义》，《中国国家博物馆馆刊》2019年第9期。

[6] 朱凤瀚：《商周家族形态研究》（增订本），天津古籍出版社，2004年，第43页。

[7] 容庚：《金文编》，中华书局，1985年，第95页。

[8] 吴雪飞认为"会"指会礼，为先秦宾礼之一，举行无固定时间，当有诸侯叛逆时，商王会合诸侯军队以进行讨伐，具有军事会盟的性质，似可备一说。参见吴雪飞：《戍求鼎铭文与商代会礼》，《史学集刊》2017年第6期。

[9] 同[5]。

[10] 于省吾：《双剑誃吉金文选》，中华书局，1998年，第237页。

[11] 闻一多：《释省𥚹》，《闻一多全集》（第十册），湖北人民出版社，1994年。

[12] 同[8]。

[13] 同[5]。

[14] 郭沫若：《安阳圆坑墓中鼎铭考释》，《考古学报》1960年第1期。

[15] 陈剑：《金文字词零释（四则）》，《古文字学论稿》，安徽大学出版社，2008年。

[16] 唐兰：《论周昭王时代的青铜器铭刻》，《古文字研究》（第二辑），中华书局，1981年。

6. 戈父辛鼎

   馆藏编号：C5.4

   时代：商代后期

   规格：通高20.6厘米，口径16.5厘米

   来源及入藏时间：1952年文化部文物事业
管理局拨交

   著录情况：《三代》2.27.4，《集成》
1639，《铭图》908

   铭文字数：3字

   铭文释文：

   戈父辛

该鼎为中腹，腹壁近直，靠下部圜转内收，平口沿外折，拱形双耳呈绳索状，略外撇。圜底，下有三长柱足。腹上部口沿下饰由三组变形饕餮纹组成的纹带，范铸精细。饕餮纹以凸起的短棱脊为鼻梁，角直立，上端向两侧延伸而内卷，圆目，躯体分三列由云纹组成，向两侧相对伸展，尾部上卷，背部呈列刀状纹。此鼎纹饰与1970年河南安阳殷墟西区M1102号墓出土父丁鬲（1102:1）[1]的纹饰基本相同，是饕餮纹的图案化变形，流行于殷代晚期至西周早期[2]。西区M1102属殷墟青铜器三期第Ⅱ阶段[3]，即相当于殷墟文化第四期，故该鼎的时代亦应属这一时期。

鼎腹内壁铸有铭文"戈父辛"3字。"戈"字习见于殷墟甲骨卜辞和商金文中[4]，象商周兵器中安柲之戈形，为作器者的族氏名称，故此鼎是戈

氏为祭祀父辛而作。本书收录的戈族器尚有戈西觚（本书编号：97）。"戈"为殷代大族，《集成》收录的戈族器有200余件，其中与此鼎同铭的有鼎（1638）、觯（6303—6304）、爵（8656—8657）等。

[1] 中国社会科学院考古研究所安阳工作队：《1969—1977年殷墟西区墓葬发掘报告》，《考古学报》1979年第1期。

[2] 朱凤瀚：《中国青铜器综论》（上），上海古籍出版社，2009年，第542页。

[3] 朱凤瀚：《中国青铜器综论》（中），上海古籍出版社，2009年，第1004页。

[4] 高明、涂白奎：《古文字类编》，上海古籍出版社，2008年，第691页。

7. 饕餮纹鼎

　　馆藏编号：K9958

　　时代：商代后期

　　规格：通高30厘米，口径20厘米

　　来源及入藏时间：1975年江西清江出土，
1989年由江西清江县博物馆调拨

　　著录情况：清江县博物馆：《清江县新出
土的两件商代铜鼎》，《文物工作资料》1975
年第6期

该鼎圆腹，腹较浅，口沿斜折，方唇，圜底。口沿上立双拱形耳，耳上各伏一虎，二虎同向。腹下有三夔龙形扁足。耳足位置呈五点配列式。器腹饰由三组饕餮纹组成的纹带，上下以联珠纹带为栏。饕餮纹以突起的扉棱为鼻梁，"臣"字形目，角直立，上端向两侧延伸而内卷，躯体向两侧展开，尾部上卷，背有列刀形纹。耳上伏虎为"臣"字形目，张口，口内有三角形利齿，粗颈直腰，虎尾上卷。虎身饰云纹，尾饰变形鳞纹。夔龙形足为"臣"字形目，眼珠鼓出，张口托住鼎体，展体、曲背、屈足，尾部上卷为足底，躯体饰云纹及T形纹。该鼎形制、纹饰与1989年江西新干大洋洲商墓出土的虎耳虎形扁足圆鼎（XDM:14）[1]相近，但后者在口沿外装饰燕尾纹一周，耳外侧饰对龙纹。新干大洋洲商墓的年代相当于殷墟文化二期偏晚，即殷代中期偏晚[2]，故该鼎的时代亦应属这一时期。1975年江西清江出土了2件扁足鼎，该鼎为二者之一[3]。新干大洋洲商墓出土了14件扁足鼎，扁足分为虎形、夔形、鱼形三类，而中原地区多为夔形。此外，器耳上饰伏虎或立兽，是以大洋洲商墓铜器为代表的该区域青铜器在造型上的一个鲜明特征。

[1] 江西省博物馆等：《新干商代大墓》，图九、一三，1；图版五，1，文物出版社，1997年。

[2] 朱凤瀚：《中国青铜器综论》（中），上海古籍出版社，2009年，第1201页。

[3] 清江县博物馆：《清江县新出土的两件商代铜鼎》，《文物工作资料》1975年第6期。

8. 子龙鼎

馆藏编号：C5.3822

时代：商末周初

规格：通高103厘米，口径80厘米，重230千克

来源及入藏时间：传20世纪20年代河南辉县出土；原藏日本千石唯司氏，2006年购藏

著录情况：朱凤瀚：《子龙鼎的年代与铭文之内涵》，《中国历史文物》2006年第5期；

王冠英：《子龙鼎的年代与子龙族氏地望》，《中国历史文物》2006年第5期；陈佩芬：《说子龙鼎》，《中国历史文物》2006年第5期；吴镇烽：《谈子龙鼎》，《中国历史文物》2006年第5期；《中国王朝之粹》展览图录，日本北星社印刷，2004年；《铭图》465

铭文字数：2字

铭文释文：

子龙

　　该鼎圆腹，口微敛，折沿方唇，腹较深，下腹微鼓，平底微圜，双立耳略外撇，耳外部有双沟槽。三蹄足，足均为半空状，腹内底在足部对应处各有一个圆形空洞。耳、足位置呈五点配列式。腹上部饰三组卷尾饕餮纹，以云雷纹为地纹，躯体以扉棱为中线向两侧展开，"臣"字形目，卷角。三组饕餮纹中间夹有三个仅有首部的简省形饕餮纹，以扉棱为鼻梁，瓶形角，"臣"字形目，阔口。三足根部均饰有首无身的简省形饕餮纹，以扉棱为鼻梁，"臣"字形目，阔口。头上有卷曲的尖角，双角尖部外侈凸出器表。腹

部三个减省饕餮纹的鼻部扉棱与三足根部扉棱对应在同一条线上。鼎腹外底有三角形铸缝，足内侧亦有合范之范痕，故此鼎应是用浑铸法将器身一次浇铸成形。双耳内侧有沿至上腹部的凸起，则鼎耳可能是先铸好，再在浇铸鼎身时连接为一体的。

　　与子龙鼎形制、纹饰相近的青铜鼎，可举出以下几例：

　　1.1959年河南安阳殷墟后冈圆形祭祀坑出土的戍嗣子鼎（HGH10:5）[1]。通高48厘米，口径39.5厘米。与子龙鼎相比较，戍嗣子鼎亦为圆

腹，但腹壁较直，而子龙鼎腹部则倾垂程度已较大；戍嗣子鼎三足相对于腹高较矮，内侧略外弯曲，而子龙鼎三足显得较长且挺拔。此外，戍嗣子鼎口沿下的饕餮纹带由六组完整的饕餮纹构成，不夹带简省形无身的饕餮纹。戍嗣子鼎属殷墟青铜器三期第Ⅱ阶段[2]，即相当于殷墟文化四期，约帝乙、帝辛时期。

2.1998年山东滕州市前掌大墓地南区出土的史鼎（M11:94）[3]。通高51.6厘米。与子龙鼎相比较，腹部倾垂程度不如子龙鼎，纹饰亦不相同。史鼎的年代亦在商晚期晚叶，但绝对年代可能稍晚于戍嗣子鼎，而比子龙鼎略早。

3. 中国国家博物馆收藏的大盂鼎、1972年甘肃灵台洞山出土圆鼎（M1:6）[4]、1966年陕西岐山贺家村出土圆鼎[5]、上海博物馆收藏的德鼎[6]、1972年陕西眉县杨家村出土旟鼎[7]。这几件鼎与子龙鼎相比较，腹部显得更加宽扁，倾垂程度亦略大于子龙鼎。灵台洞山出土圆鼎、岐山贺家村出土圆鼎、德鼎、旟鼎均属西周青铜器一期，即西周早期。大盂鼎是康王时器，在西周早期中叶。

故子龙鼎的年代当在商晚期偏晚，其下限或可能已进入西周初年。子龙鼎体型巨大，气势雄伟，是迄今所知商代青铜器中最大的圆鼎。此鼎纹饰精细、优美，反映了商代后期高超的青铜铸造技艺，堪称商周青铜器中的瑰宝。

腹内壁一侧铸有铭文"子龙"2字。"子"字较小，在左上方，"龙"字作双勾形。"龙"字上部之角作瓶形，与口沿下三减省形饕餮纹首部角的形状相近，这种铭文与纹饰相呼应的情况，还见于本书收录的尹舟簋（本书编号：31）。

《集成》收录的"子龙"器尚有觚（6906）、觯（6349）、壶（9485）等。上海博物馆则收藏有子龙爵（《集成》8100）[8]。殷墟卜辞中所见"子某"是商人贵族一种习惯称谓方式，习见于殷墟甲骨卜辞和商末周初的青铜器铭文中，本书尚收录有子鼎爵（本书编号：38）、子妥觚（本书编号：104）。殷墟卜辞中所见"子某"有两种身份，一是指王子，但不限于时王之子。二是王族以外的与王有较近亲属关系的同姓家族内家族长之子等。但从其表示亲属关系这一点看，"子某"在当时也未必皆是子姓贵族，所以子龙应属商人贵族。

[1] 中国社会科学院考古研究所：《殷墟青铜器》，图版八三，图八九：1，图九〇：1，文物出版社，1985年。

[2] 朱凤瀚：《中国青铜器综论》（中），上海古籍出版社，2009年，第1004页。

[3] 中国社会科学院考古研究所：《滕州前掌大墓地》，图一四七，图一四八：1、2，彩版三二：1、2，图版八五，文物出版社，2005年。

[4] 甘肃省博物馆文物工作队、灵台县文化馆：《甘肃灵台两周墓葬》，《考古》1976年第1期。

[5] 长水：《陕西岐山贺家村西周墓葬》，《文物》1972年第6期。

[6] 陈佩芬：《夏商周青铜器研究》（西周篇），图一九五，上海古籍出版社，2005年。

[7] 史言：《眉县杨家村大鼎》，《文物》1972年第7期。

[8] 陈佩芬：《夏商周青铜器研究》（夏商篇），图九四，上海古籍出版社，2005年。

9. 冉父丁鼎

馆藏编号：C5.23

时代：商代后期

规格：高21.2厘米，口径16厘米

来源及入藏时间：传河南安阳出土，1958年文化部文物事业管理局调拨

著录情况：《历博刊》1982年第4期92页图3，《集成》1586，《铭图》827

铭文字数：3字

铭文释文：

冉父丁

该鼎属罐形鼎，中腹圆鼓，敛口，口沿外侈，束颈，颈较长，双拱形立耳，圜底。三较高圆柱足，耳足位置呈五点配列式。颈部以云雷纹为地纹，饰由夔凤纹组成的纹带一周，鸟首作直角勾喙，首后有上勾的羽冠，龙躯平直，臂爪前伸，尾部上卷。夔凤两两相对，中间以凸起的六条短扉棱分隔。腹部饰一周蕉叶纹，内饰蝉纹。三柱足上部饰云纹带，下饰三角纹，内饰变形饕餮纹。该鼎形制、纹饰与1982年河南安阳殷墟西区M875出土铜鼎（M875:3）[1]、1985年山西晋中市灵石县旌介村M1出土邑鼎（M1:36）[2]及上海博物馆藏矴鼎[3]相近，但邑鼎口沿下饰卷尾蛇纹，与此鼎纹饰不同。殷墟西区M875属殷墟青铜器三期第Ⅰ阶段[4]，灵石县旌介村M1属殷墟青铜器三期第Ⅰ至第Ⅱ阶段[5]，故这件鼎的时代也应属这一时期，即相对于殷墟文化三至四期。

腹内壁铸有铭文"冉父丁"3字，"冉"字上为鸟形，下作⋒，可暂隶作"冉"，是作器者的族氏名称。这件鼎是冉族为祭祀父丁而作器。《集成》收录的冉族器尚有卣（4928）、觯（6288）、瓿（7079、7119）等。

---

[1] 中国社会科学院考古研究所：《殷墟青铜器》，图版六八，图七二：1，文物出版社，1985年。

[2] 山西省考古研究所：《灵石旌介商墓》，图24，科学出版社，2006年。

[3] 陈佩芬：《夏商周青铜器研究》（夏商篇），图四六，上海古籍出版社，2004年。

[4] 朱凤瀚：《中国青铜器综论》（中），上海古籍出版社，2009年，第987页。

[5] 同[4]，第1105页。

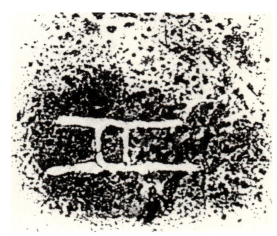

10. 舟鼎

    馆藏编号：K1106

    时代：商代后期

    规格：通高21.8厘米，口径17.8厘米

    来源及入藏时间：1950年河南安阳武官村大墓M1内椁室西侧陪葬墓W8出土，1959年由中国科学院考古研究所调拨

    著录情况：《中国考古学报》第5册图版拾捌之二、肆伍之五，《河南铜》（一）图版二六七，《集成》1148，《铭图》192

    铭文字数：1字

    铭文释文：

    舟

　　该鼎作鼓腹分裆。口沿外折，腹较深，下有三条圆柱形实足。口沿上立拱形双耳。腹上部以云雷纹为地纹饰对称的夔纹带一周。武官大墓W8属殷墟青铜器二期第Ⅱ阶段[1]，即相当于殷墟文化二期，故该鼎的时代亦应属这一时期。

　　1950年发掘的河南安阳殷王陵东区武官大墓（WKGM1）为长方形，分墓室、南墓道、北墓道三部分。W8为武官大墓M1内椁室西侧最重要的陪葬墓，有棺痕，该墓出土青铜器30余件，有鼎、爵、瓤、戈、铜泡、镞、弯刀、犬铃、马铃，该鼎为其中之一[2]。由于该墓自身出有成套铜礼器（特别是有成组的铜瓤、爵）及兵器，可知作为大墓随葬者的W8墓主人本人的身份也属于贵族，这对于研究商后期随葬者的身份有重要意义。

　　该鼎腹内壁铸有铭文"舟"字，为作器者的族氏名称。"舟"字亦见于殷墟甲骨卜辞，《说文解字》："舟，船也。古者，共鼓货狄，刳木为舟，剡木为楫，以济不通。象形。"本书收录的有"舟"字铭文的青铜器尚有尹舟簋（本书编号：31）、仢舟瓤（本书编号：95）。《集成》收录的殷代"舟"族器尚有觯（6474）、爵（7744）、盘（10017）、戈（10747—10748）、胄（11890）等。殷或西周早期器有卣（4907）、尊（5663）、爵（8430、8562、9012—9013）等。西周中期器有鼎（1953—1954）、簋（3375、3867）等。

―――――――――――――

[1] 朱凤瀚：《中国青铜器综论》（中），上海古籍出版社，2009年，第962页。

[2] 郭宝钧：《一九五○年春殷墟发掘报告》，《中国考古学报》第五册，1951年。

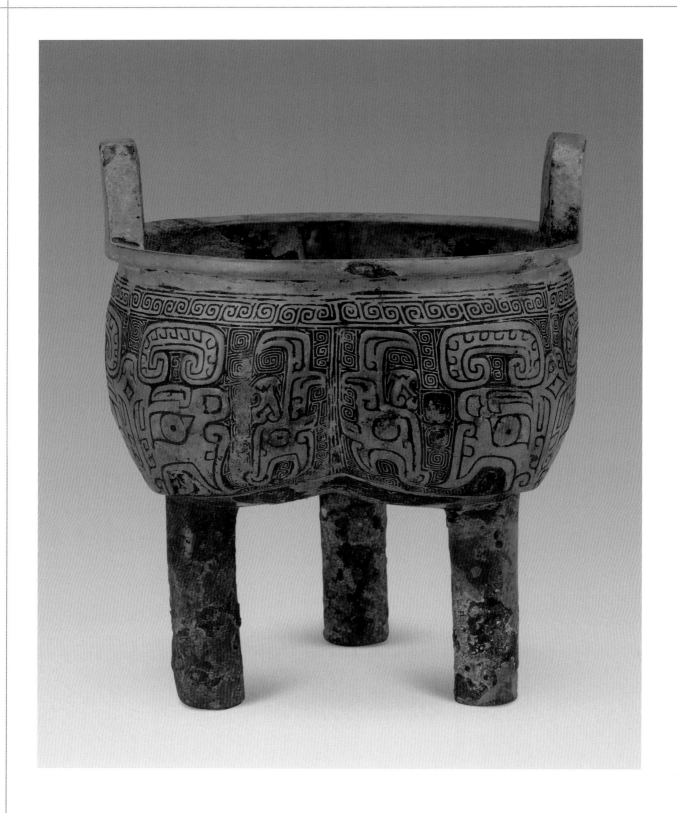

11. 卿宁亚夐鼎

馆藏编号：C5.3146

时代：商代后期

规格：通高20.5厘米，口径17厘米

来源及入藏时间：1958年购藏

著录情况：《集成》2362，《铭图》1693

铭文字数：9字

铭文释文：

卿宁

亚夐竹宝姌光鐓

　　该鼎为鬲鼎，浅腹分裆，腹微鼓，圆口，平沿外折，双拱形立耳。三圆柱形足。口沿下饰云纹带一周。腹部以云雷纹为地纹，饰三组有首无身的减省形饕餮纹，鼻梁与柱足上下对齐，大卷角，"臣"字形目，口、耳、鼻、眉俱全。饕餮纹两侧饰倒置的夔纹，圆目，瓶形角，尾身呈直角形。该鼎纹饰之底纹填漆，使纹饰更清晰美观。

　　该鼎形制、纹饰与1980年河南罗山蟒张乡天湖村M28出土的息鼎（M28:11）[1]、2006年河南安阳殷墟赛格金地基建工地M13出土的保父癸鼎（M13:1）[2]等基本相同。罗山蟒张天湖村M28所出铜容器中的多数年代相当于殷墟青铜器三期第Ⅱ阶段，但可能在此阶段中偏早[3]，即相当于殷墟文化第四期，故该鼎的时代亦应近于这一时期。值得注意的是，此类鬲鼎在西周早期仍有出

土，例如1978年陕西长安河迪村西周早期墓出土饕餮纹鼎[4]、1967年陕西沣西张家坡出土铜鼎（M54:2）[5]，但是鼎的袋足状腹已不明显，裆内凹甚浅。

　　器口下内壁一侧铸有铭文"卿宁"2字，相对的一侧铸有铭文"亚夔竹宝姤光徹"7字。"卿宁"之"卿"字，或释作"乡"，习见于殷墟甲骨卜辞，与"宁"组成复合氏名。"亚夔"之"亚"字表示的是"次也"的意思。"亚"与"某"结合，表示"某"是其所属宗族的分支，即次级族氏。"亚某"也可作为其族长之称[6]。"亚夔"之"夔"字与"馘"是一个字，战国时写作"胡"字[7]。"亚夔"亦为族氏名称。"竹"字习见于殷墟甲骨卜辞，一说即文献中所记北方的"孤竹"[8]。"宝"字在此当读如"铸"，有

"作器"之意。"矧"即"智"字，在此似当是人名[9]。"光"在此读如"贶"，赏赐之意。繳是受赐者。故该鼎的作器者是寰氏，"亚寰"很可能是孤竹的分支。"卿宁"可能是更高一级的族氏。"智"与"繳"均属于"寰"氏。该鼎即为"寰"氏所做，由智赏赐给繳（该鼎铭文考释详见本书收录的《卿宁亚寰鼎探析》）。

[1] 信阳地区文管会、罗山县文化馆：《罗山县蟒张后李商周墓地第二次发掘简报》，《中原文物》1981年第4期。

[2] 中国社会科学院考古研究所、安阳市文物考古研究所：《殷墟新出土青铜器》，图版103，云南人民出版社，2008年。

[3] 朱凤瀚：《中国青铜器综论》（中），上海古籍出版社，2009年，第1034页。

[4] 郑洪春：《长安县河迪村西周墓清理简报》，《文物资料丛刊》第5辑，文物出版社，1982年。

[5] 中国社会科学院考古研究所沣西发掘队：《1967年长安张家坡西周墓葬的发掘》，《考古学报》1980年第4期。

[6] 朱凤瀚：《商周金文中"亚"字形内涵的再探讨》，《甲骨文与殷商史（新六辑）——罗格斯商代与中国上古文明国际会议论文专辑）》，上海古籍出版社，2016年。

[7] 张亚初：《从古文字谈胡、胡国与东胡》，《文博》1992年第1期。

[8] 李学勤：《试论孤竹》，《新出青铜器研究》，文物出版社，1990年。

[9] 或即孤竹君之子，伯夷之弟叔齐。《史记·伯夷列传》索隐说："叔齐，名智，字公达。"《论语·公冶长》："伯夷叔齐不念旧恶，怨是用希。"邢昺疏引《春秋少阳篇》说："伯夷姓墨，名允，字公信。伯，长也；夷，谥。叔齐名智，字公达，伯夷之弟，齐亦谥也。"

12. 🜚父丁鼎

馆藏编号：C5.10

时代：商代后期

规格：通高18.8厘米，口径15.5厘米

来源及入藏时间：1959年购藏

著录情况：《集成》1580，《铭图》845

铭文字数：3字

铭文释文：

🜚父丁

该鼎为鬲鼎，腹部分裆，腹较浅，圆口，平沿外折，双拱形立耳。下有三圆柱形足。耳足位置呈五点配列式。口沿下饰云纹带一周。腹部以云雷纹为地纹，饰三组有首无身的减省形饕餮纹，鼻梁与柱足上下对齐，大卷角，"臣"字形目。饕餮纹两侧饰倒置的夔纹。该鼎形制、纹饰与本书收录的卿宁亚囊鼎（本书编号：11）相近，主要流行于殷墟青铜器三期第I至第II阶段，即相当于殷墟文化第三至四期，故该鼎的时

代亦应属这一时期。

　　腹内壁铸有铭文"⊟父丁"3字[1]。"⊟"应为作器者的族氏名称，此鼎是⊟族为祭祀父丁而作。本书尚收录有⊟瓿（本书编号：105）。《集成》收录的殷代⊟族器尚有鼎（1191、1578—1579、1680）、簋（3016）、卣（4949）、尊（5632）、觯（6294）、瓿（6757、6841）、爵（7594—7597）、罍（9749）、盘（10042）、戈（10750—10752）等。殷或西周早期器有爵（7598—7599、8326、8488、8489、8728）、觯（6342）等。西周早期器有簋（3017）等。

[1] 唐兰先生认为⊟象巨口狭颈之容器，为"覃"字、"厚"字所从，其字实当作𠱾，读若覃。参见唐兰：《殷虚文字记》，《唐兰全集》（六），上海古籍出版社，2015年，第54页。

13. 乳钉纹方鼎

馆藏编号：Y2022

时代：商代前期

规格：通高100厘米，口长62.5厘米，口宽61厘米，重86.4千克

来源及入藏时间：1974年河南郑州张寨南街杜岭出土，1989年河南省博物馆调拨

著录情况：河南省博物馆：《郑州新出土的商代前期大铜鼎》，《文物》1975年第6期

该鼎腹近正方形，深腹，直壁，整体呈斗状，平底。直口，口沿外折，沿内呈台阶状。双拱形立耳，耳外壁作凹槽状，槽内有三道凸棱。四圆柱形空足，根部较粗，足跟亦略粗。腹内底与四足对应处各有一个圆形空洞。腹上部饰由单线勾勒而成的饕餮纹，"臣"字形目，卷角，躯体向两侧展开，尾部呈鱼尾形。鼎腹四角与四足上部均饰饕餮纹。腹外侧周边饰规则排列的乳钉纹带。足下部饰凸弦纹三道。该鼎腹底、器表有

烟熏痕，可见曾被使用过。

该鼎在铸造上采用多外范合铸而成。即先由两范合铸鼎耳，铸鼎腹时再把两个耳铸接在鼎腹口沿上。鼎腹采用四块中部外范和四块转角外范合铸而成。鼎足是在鼎腹铸成之后加铸上去的，为了使鼎足顶部与鼎底铸接牢固，在粘接处的鼎足周围将胎壁加厚。由于铸造时腹壁外范结合不够紧密，范与范接口处痕迹明显[1]。部分饕餮纹和乳钉纹，有重叠情况。

1974年在郑州张寨南街出土了两件大方鼎，分称为杜岭一、二号方鼎，该鼎为杜岭一号方鼎。出土时两鼎东西并列，口沿平齐，端正地放置在一起。同出的杜岭二号方鼎通高87、口长61厘米，重约64.25千克，形制、纹饰与一号方鼎基本相同。类似的铜方鼎还可举出以下几件：

1.1982年河南郑州向阳回族食品厂窖藏出土的两件大方鼎（H1:2、8）[2]。这两件大方鼎通高皆为81厘米，H1:2口长55、宽53厘米，重75千克。H1:8口长、宽各53厘米，重52千克。这两件方鼎的形制、纹饰与杜岭方鼎基本相同。

2.1996年河南郑州南顺城街窖藏（96ZSNH1）出土的四件方鼎（H1:上：1、2、3、4）[3]，1号方鼎通高83厘米，口部长51.5、宽51.2厘米，重52.9千克。2号方鼎通高72.5厘米，口部长44.5、宽43.5厘米，重26.7千克。3号方鼎通高64厘米，口部长42.5、宽42厘米，重21.4千克。4号方鼎通高59厘米，口部长38、宽36厘米，重20.3千克。这四件方鼎形制均与杜岭方鼎相近。其中1号方鼎的纹饰与杜岭方鼎相近。2、3、4号方鼎的纹饰与杜岭方鼎不同，如2号方鼎四角无饕餮纹，足部饰正倒相间的三角纹。3、4号方鼎上腹部均饰乳钉纹带。

向阳回族食品厂H1属二里冈上层二期第Ⅱ阶段[4]，南顺城街窖藏的年代在二里冈上层二期偏晚，时已在商代前期末叶[5]。杜岭方鼎的形制、纹饰特征与以上诸鼎相比较，则其时代亦应属于二里冈上层二期。杜岭出土的两件方鼎造型美观，纹饰线条流畅，为迄今所发现的商代前期形体最大的青铜器，应是当时商王室贵族使用的礼器。

[1] 安金槐：《再论郑州商代青铜器窖藏坑的性质与年代》，《华夏考古》1997年第1期。

[2] 河南省文物研究所、郑州市博物馆：《郑州新发现商代窖藏青铜器》，《文物》1983年第3期。

[3] 河南省文物考古研究所、郑州市文物考古研究所：《郑州商代铜器窖藏》，图六、图八、图一〇、图一二，科学出版社，1999年。

[4] 朱凤瀚：《中国青铜器综论》（中），上海古籍出版社，2009年，第887页。

[5] 同[4]，第889页。

14. 后母戊方鼎

　　馆藏编号：Y279

　　时代：商代后期

　　规格：通高133厘米，口长112厘米，口宽79.2厘米，重832.84千克

15. 小子父己方鼎

馆藏编号：C5.11

时代：商代后期

规格：通高22厘米，口长18.6厘米，口宽15.6厘米

来源及入藏时间：传河南安阳出土，1958年由文化部文物事业管理局调拨

著录情况：《历博刊》1982年4期91页图1，《集成》1874，《铭图》1187

铭文字数：4字

铭文释文：

小子父己

该鼎为长方形腹，腹为上大下小的覆斗状，下承四条柱形实足。平口沿外折，双拱形立耳，耳外侧有两道凸弦纹。口沿下四壁中部饰饕餮纹，以突起的短扉棱为鼻梁，圆形鼓目，角直立，上端向两侧延伸而内卷，躯体向两侧展开，卷尾。四转角各饰饕餮纹。正中饕餮纹下为一单线阳文长方形栏框，框左右两侧及下部各装饰排

列整齐的三行大乳钉纹。足上端饰饕餮纹，下端饰三角纹。此鼎形制、纹饰与1982年河南安阳小屯82M1出土的庚豕方鼎（82M1:44）[1]相近，后者属殷墟青铜器三期第Ⅱ阶段[2]，即相当于殷墟文化四期，故此鼎的时代亦应属这一时期。

腹内壁一侧铸有铭文"小子父己"4字，字形笔画浑厚。"小子"是商人宗族中分族之长，即小宗[3]。此鼎即是"小子"为祭祀父己而作器，但其所属族氏因未在铭文中注明而不详。《集成》收录的宗"小子"作器的铭文尚有"小子乍（作）父己"、"小子乍（作）母己"，器型有鼎（2015—2016）、卣（5175—5176）等。

[1] 中国社会科学院考古研究所：《殷墟青铜器》，图版二三二，文物出版社，1985年。

[2] 朱凤瀚：《中国青铜器综论》（中），上海古籍出版社，2009年，第1003页。

[3] 朱凤瀚：《商周家族形态研究》（增订本），天津古籍出版社，2004年，第41页。

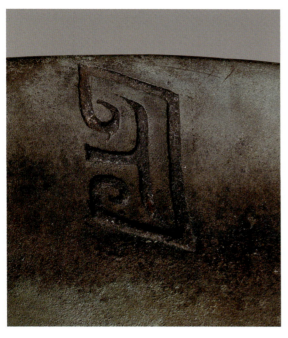

16. 𮧃鬲

馆藏编号：C5.87

时代：商代前期

规格：通高21.4厘米，口径15.5厘米

来源及入藏时间：1957年购藏

著录情况：《文物》1961年1期第42页，《集成》447，《铭图》2601

铭文字数：1字

铭文释文：

𮧃

该鬲为高分裆袋足，深腹，侈口短颈，双拱形立耳内倾。三长锥形空尖足跟。耳足位置呈四点配列式。颈部饰三道凸弦纹，腹部饰双线人字纹。该鬲形制、纹饰与1974年河南郑州张寨南街杜岭二号鼎内所出的铜鬲相近[1]，后者属二里冈上层二期[2]，故此鬲的时代亦应属这一时期。

口沿内侧铸有铭文一字，应是作器者的氏名，各家所释不一，"石志廉释作戊即岁字；张既翕释作亘或回字；裘锡圭释作耳；张亚初释亘，认为就是甲骨文中的亘方，即今山西垣曲县古城镇之地"[3]。其确切字释尚待再考。同铭器尚有保利博物馆收藏的𮧃罍[4]，该罍为平底锥足型，器口内侧缘面亦有"𮧃"字铭文。迄今，在考古发掘出土的商前期青铜器还未见有铭器，此器是极少的传世的商前期有铭器之一，故弥足珍贵。

[1] 河南省博物馆：《郑州新出土的商代前期大铜鼎》，《文物》1975年第6期。

[2] 朱凤瀚：《中国青铜器综论》（中），上海古籍出版社，2009年，第886页。

[3] 《保利藏金》编辑委员会：《保利藏金》，岭南美术出版社，1999年，第12页。

[4] 同[3]。

17. X纹鬲

馆藏编号：豫文101

时代：商代前期

规格：通高19厘米，口径13.5厘米

来源及入藏时间：1954年河南郑州杨庄出土，1959年由河南省文物工作队调拨

著录情况：《河南铜》（一）图版四三

　　该鬲分裆鼓腹，敛口，口沿外侈，唇边加厚，口沿内靠边缘处有一道坎，双半环形立耳内倾。深腹，下有三个尖锥形空足跟，耳足位置呈四点配列式。颈部饰弦纹，腹部饰凸X纹。颈部至足部有清晰的范线。该鬲形制与1955年河南郑州白家庄出土铜鬲（M3:7）[1]及1974年河南郑州张寨南街杜岭二号鼎内所出的铜鬲[2]相近，但白家庄铜鬲（M3:7）口沿下饰饕餮纹，足跟为矮锥形。后两件铜鬲均属二里冈上层二期[3]，故该鬲的时代亦应属这一时期。在商代前期的铜鬲上，多饰凸人字形纹，这种凸X形纹较少见。

[1] 河南文物工作队第一队：《郑州市白家庄商代墓葬发掘简报》，《文物参考资料》1955年第10期。

[2] 河南省博物馆：《郑州新出土的商代前期大铜鼎》，《文物》1975年第6期。

[3] 朱凤瀚：《中国青铜器综论》（中），上海古籍出版社，2009年，第869、886页。

18. 饕餮纹鬲

馆藏编号：Y38

时代：商代后期

规格：高23.3厘米，口径15.4厘米

来源及入藏时间：传1944年安徽阜南县月儿河出土，1957年征集到其中7件，此鬲系1959年安徽省博物馆调拨

著录情况：葛介屏：《安徽阜南发现殷商时代的青铜器》，《文物》1959年第1期

该鬲宽腹分裆，口沿斜侈，双拱形立耳，颈稍长，窄肩，三圆锥状短尖足跟。耳足位置呈四点配列式。颈部饰变形夔纹带一周，椭圆形目突出，前后各伸出一条触角，分别向上下卷曲，四周填饰云纹。腹部饰双线勾勒的饕餮纹，以突起的扉棱为鼻梁，曲折角，"臣"字形目，瞳仁微突，躯体较短，尾部上卷。该鬲饕餮纹尚保留上卷尾形式，足跟较短作圆锥形，形制特色应属殷墟青铜器一期或二期第Ⅰ阶段[1]，即相当于殷墟文化一期，故该鬲的时代亦应属这一时期。

传1944年安徽阜南县月儿河曾出土铜鬲12件、大方鼎1件，但大部分散失，1957年征集到其中的7件鬲[2]，现分藏于安徽省博物馆、中国国家博物馆、故宫博物院、上海博物馆[3]，此鬲为其中之一。在此鬲出土处不远，曾于1957年发现一批青铜器，计斝、爵、觚、尊各二，似应出于一座墓葬[4]。自2014年至2016年，在阜南县朱寨镇三河村白庄自然村发掘了台家寺遗址。流经该遗址的润河（月儿河）河道内曾出土上述两批商代青铜器。台家寺遗址发现了完整的方形围沟、大型建筑、铸铜遗存、奠基坑、祭祀坑、贵族墓葬等重要遗迹。其北部的一组大型建筑的单体面积在长江中下游地区仅次于湖北黄陂盘龙城。在贵族居住区中部靠近南侧围沟位置发现了一批商代铸铜废弃物填埋坑。在铸铜遗物填埋区的28个灰坑中出土了1106块商代陶范，其中接近700块可以确定为铸造铜容器的陶范，可以辨识出的铜器器类涵盖了铜瓿、爵、斝、鬲、圆鼎、方鼎、尊等商代铜容器器类。台家寺商代遗址的年代自早商时代晚期延续到晚商时代早期，其中洹北商城时期是其最为发达的时间段[5]。

[1] 朱凤瀚：《中国青铜器综论》（中），上海古籍出版社，2009年，第946、955页。

[2] 葛介屏：《安徽阜南发现殷商时代的青铜器》，《文物》1959年第1期。

[3] 陈佩芬：《夏商周青铜器研究》（夏商篇），上海古籍出版社，2004年，第141页。

[4] 同[2]。

[5] 陈白冰、何晓琳：《安徽阜南台家寺遗址发现商代高等级聚落》，《中国文物报》2017年4月28日，第8版。

19. 饕餮纹鬲

　　馆藏编号：Y82

　　时代：商代后期

　　规格：通高24.1厘米，口径15.3厘米

　　来源及入藏时间：1959年购藏

　　该鬲深腹分裆。侈口，方唇，双拱形立耳，直颈，三圆锥形长足跟。颈部饰由细云纹组成的饕餮纹带一周，以凸起的短扉棱为鼻梁，角直立，上端向左右延伸而内卷，双目突出，躯体向两侧展开，尾部卷曲。腹部饰简省形饕餮纹，以突起的弧形扉棱为鼻梁，"臣"字形目，牛角形尖角，头顶、耳后均有立刀状纹。此鬲形制、纹饰与安徽省博物馆收藏的饕餮纹鬲基本相同，后者传为1944年阜南县月儿河出土[1]。据传当时曾出土铜鬲12件，但大部分散失，1957年采集到其中的7件[2]，中国国家博物馆也收藏有其中的1件（本书编号：18）。将那件鬲与此件鬲相比较，两件

鬲的颈部均较高，腹部分裆有扉棱。但两件鬲的纹饰不同，且此件鬲足跟较长，底部明显圆钝，形制特色近于殷墟文化早期铜鼎足。安徽阜南县月儿河出土铜鬲的年代属殷墟青铜器一期或二期第 I 阶段，即相当于殷墟文化一期。故此鬲的时代亦应属这一时期。

[1] 安徽省博物馆：《安徽省博物馆藏青铜器》，图三，上海人民美术出版社，1987年。

[2] 葛介屏：《安徽阜南发现殷商时代的青铜器》，《文物》1959年第1期。

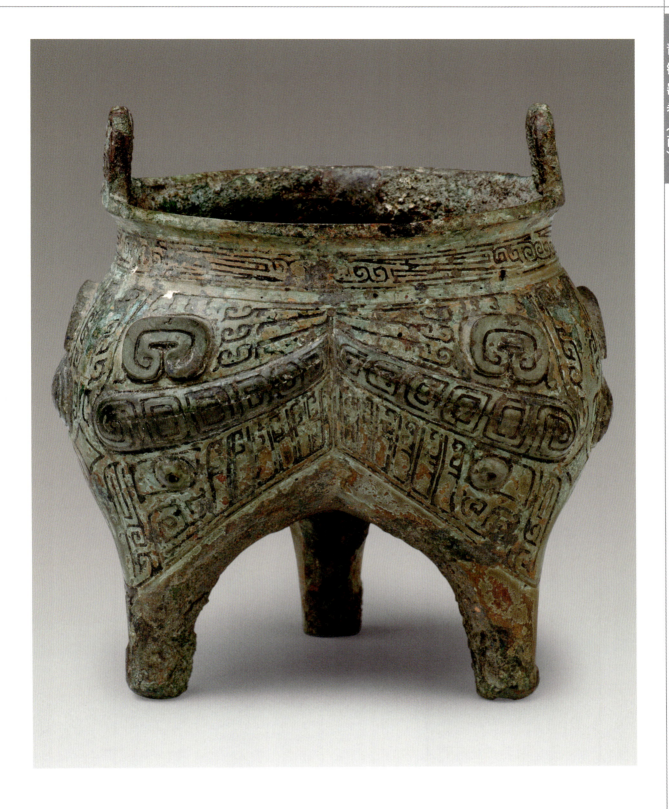

20.龚鬲

馆藏编号：C5.3438

时代：商代后期

规格：高7.3厘米，口径13厘米。

来源及入藏时间：1981年章立凡先生捐赠

铭文字数：1字

铭文释文：

该鬲为袋腹分裆，侈口，拱形双立耳，直颈，三短柱足。颈部饰斜角云纹带一周。腹部饰三组有首无身的简省形饕餮纹。"臣"字形目，瞳仁凸起，头上浮雕粗大的牛角，其上又浮雕一对虎耳。鼻梁与一足上下对齐。该鬲形制、纹饰与上海博物馆收藏的齐妇鬲相近[1]，但齐妇鬲颈部斜角云纹上饰联珠纹一周，腹部饕餮纹的牛角及虎耳均为平雕，与前者不同。该鬲形制及腹部纹饰布局亦与1982年—1992年间河南安阳郭家庄M50出土乍册兄鬲（M50:6）[2]相近，但后者足部较长，上粗下细，断面呈橄榄形。郭家庄M50属殷墟青铜器三期第Ⅱ阶段[3]，即相当于殷墟文化第四期，故该鬲的时代亦应属于这一时期。

该鬲内壁口沿下铸有铭文"𤔨"字，为作器者的族氏名称。《集成》收录的殷代𤔨族器尚有方彝（9828）、瓿（9956）等。西周早期器有爵（8149）等。西周早期或中期器有尊（5654）等。

[1] 陈佩芬：《夏商周青铜器研究》（夏商篇），图七〇，上海古籍出版社，2004年。

[2] 中国社会科学院考古研究所：《安阳殷墟郭家庄商代墓葬》，图25：4，图26：2，图27：6，彩版2：1，图版10，中国大百科全书出版社，1998年。

[3] 朱凤瀚：《中国青铜器综论》（中），上海古籍出版社，2009年，第1005页。

21. 亚吴甗

　　馆藏编号：Y274

　　时代：商代后期

　　规格：高80厘米，口径41.7厘米

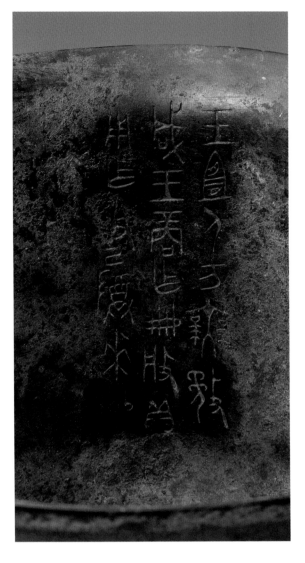

22. 作册般甗

馆藏编号：Y14

时代：商代后期

规格：通高44.3厘米，口径27.2厘米

来源及入藏时间：1959年故宫博物院调拨

著录情况：《三代》5.11.1，《集成》944，《铭图》3347

铭文字数：20字

铭文释文：

王宜尸（夷）方无敄，咸，王商（赏）乍（作）册般贝，用乍（作）父己障（尊），𢼸（来）册。

该甗为甑、鬲联体合铸。上为甑，深腹，腹壁斜直，圆口外侈，方唇，双绳纹耳，腰部较

细。下为鬲，鼓腹分裆，三圆柱形足，上端中空。腹内有十字孔箅置于三箅尺上，有一铜环将箅与甗体相连。口缘下以云雷纹为地纹饰饕餮纹带一周，以扉棱为鼻梁，"臣"字形目，角直立，上端左右延伸而内卷，躯体向两侧展开，尾部上卷。下饰倒三角纹，内以云雷纹为地纹填饰变形饕餮纹。鬲腹饰高浮雕牛首，眼、耳、嘴、角俱全。该甗形制与1999年河南安阳殷墟刘家庄北1046号墓出土的饕餮纹甗（M1046:4）[1]相近，后者属殷墟青铜器三期第Ⅱ阶段[2]，即相当于殷墟文化四期，故该甗的时代亦应属这一时期。

口内壁铸有铭文3行20字，记载商王将夷方首领无敄用为人牲进行宜祭，作册般得到王赏贝，为祭祀父己而作器。"宜"即宜祭，是把祭牲陈设到肉案上献给神灵[3]。夷方是商王朝东部

的方国，见于殷墟甲骨卜辞及小臣艅犀尊（《集成》5990）、小子𪟝簋（《集成》4138）铭文中。殷末帝乙、帝辛时曾对夷方进行了三次大规模战争，而该甗铭文记载的应该是帝辛伐夷方的结果[4]。"无敄"是夷方首领之名，亦见于无敄鼎（《集成》2432）、无敄簋（《集成》3664）铭文中。此外，甲骨卜辞中有"夷方伯霉"[5]，晚商青铜器小子翯卣（《集成》5417）铭文中亦有"夷方霉"，"霉"从每声，与敄音同，或认为此即"夷方无敄"[6]。"咸"有事毕之意。"作册"是殷代史官的职官名称，即用文字记载于典册的人。"作册般"参加了这次宜祭，受到王赏赐而作此祭器。其名亦见于作册丰鼎（《集成》2711）及中国国家博物馆收藏的作册般铜鼋（本书编号：157）。铜鼋的作器者与此甗的作器者应为同一人，而作册般与作册丰可能为兄弟关系[7]。从这三器铭文中可知，作册般是受到商王重用并有相当地位的贵族。"𡩿册"为族氏名称。根据目前的资料，出土的商代铜甗，多不见中间的箅，仅在甗腰内壁附有凸起的箅齿，故作册般甗是研

究商代甗算形制的重要实物资料。此外，作册般甗铭文与殷墟甲骨卜辞及晚商金文中伐夷方事相符合，具有重要历史价值。

[1] 中国社会科学院考古研究所安阳工作队：《安阳殷墟刘家庄北1046号墓》，《考古学集刊》第15集，文物出版社，2004年。

[2] 朱凤瀚：《中国青铜器综论》（中），上海古籍出版社，2009年，第1005页。

[3] 张玉金：《殷商时代宜祭的研究》，《殷都学刊》2007年第2期。

[4] 王冠英：《殷末乙辛所伐人方首领考》，《中国历史博物馆馆刊》1994年第1期。

[5] 沈之瑜：《介绍一片伐人方的卜辞》，《考古》1974年第4期。

[6] 姚苏杰：《"宜"字的用法与〈作册般甗〉的释读》，《殷都学刊》2012年第3期。

[7] 朱凤瀚：《作册般鼋探析》，《中国历史文物》2005年第1期。

23. 戊甗

馆藏编号：C5.110

时代：商代后期

规格：通高30.1厘米，口径17.2厘米

来源及入藏时间：1959年购藏

著录情况：《集成》779，《铭图》3110

铭文字数：1字

铭文释文：

戉

　　该甗为甑、鬲联体合铸。上为甑，深腹，腹壁斜直，圆口外侈，方唇，双拱形立耳外撇，腹内无箅，腰部较细。下为鬲，鼓腹分裆，三圆柱形足。腹上部饰单线勾勒的饕餮纹，以扉棱为鼻梁，突目圆睛，T形角，躯体由云雷纹组成，尾部上卷。该甗形制与1986年河南安阳郭庄村北M6出土铜甗（M6:24）[1]、1979年河南安阳殷墟西区M2579出土铜甗（M2579:010）[2]相近，后两件甗均属殷墟青铜器三期第Ⅱ阶段[3]，即相当于殷墟文

化四期，故该甗的时代亦应属这一时期。

　　该甗腹内壁铸有铭文1字，在甲骨文中作㓀、㓀等形[4]，是流行于商、周时期的兵器钺的象形，可隶定作"戉"，为作器者的族氏名称或受祭者的日名。《集成》收录的同铭器尚有斝（9152—9153）等。

[1] 安阳市文物工作队：《河南安阳郭庄村北发现一座殷墓》，《考古》1991年第10期。

[2] 中国社会科学院考古研究所：《殷墟青铜器》，图版二二四，文物出版社，1985年。

[3] 朱凤瀚：《中国青铜器综论》（中），上海古籍出版社，2009年，第1005页。

[4] 中国科学院考古研究所：《甲骨文编》，中华书局，1965年，第549页。

24. 妇好三联甗

馆藏编号：210

时代：商代后期

规格：器身（M5:790）长103.7厘米，高44.5厘米，宽27厘米，重113千克

甑（M5:769）高26.5厘米，口径32.8厘米，底径14.4厘米，重8千克

甑（M5:768）高26.6厘米，口径32.6厘米，底径14.2厘米，重8.7千克

甑（M5:770）高26.2厘米，口径33厘米，底径15厘米，重8.5千克

来源及入藏时间：1976年河南安阳殷墟小屯M5（妇好墓）出土，编号：M5:790、M5:768、M5:769、M5:770。1977年中国社会科学院考古研究所寄陈

著录情况：《妇好墓》图三〇，彩版三；《考古学报》1977年2期66页图六:5；《铜全》（2）图版77；《河南铜》（一）图版141；《集成》793；《铭图》3140

铭文字数：2字

铭文释文：

妇好

该甗形近似于三件甗联成一体，故称此名。全器分为上下两部分，由并列的三个大圆甑和一长方形承甑器组成。甑为圆形，深腹，腹壁斜收，敞口方唇，腹两侧有兽首半圆形耳。底内凹，有三扇形孔。口沿下以云雷纹为地纹饰由二夔纹相对组成的纹饰带，以短扉棱相间隔，夔身上下饰涡纹。承甑器形似禁，上有三个高起的喇叭形圈口，以承甑底。腹内中空，平底，下有六扁形足，足底内伸。外底有"十"字形铸线。三个圈口外壁饰三角纹和云纹带。器面绕圈口饰龙纹三条，身、尾饰菱形纹及三角纹。在一端的龙纹头部饰夔纹，尾部饰饕餮纹。四角分饰牛头纹。四壁以云雷纹为地纹饰夔纹间以圆形涡纹。下饰三角纹，内填饰变形饕餮纹。小屯M5属殷墟青铜器二期第Ⅱ阶段[1]，即相当于殷墟文化二期，故该甗的时代亦应属这一时期。此甗体型巨大，形制特殊，为目前商代青铜器中仅见。

承甑器中央圈口内壁、甑口下腹内壁及两耳下外壁均铸有铭文"妇好"2字，为墓主之名。妇好是商王武丁的诸妇之一，"妇某"之"某"或说是其父氏。"妇好"为生称，多见于武丁时期的卜辞。殷墟甲骨卜辞中有大量关于妇好协助武丁处理王事、参与征伐战争等活动的记载[2]，说明"妇好"是武丁时期的重要人物之一。《集成》收录的同铭器有80余件，主要有甗（794）、鼎（1320—1339）、尊（5535—5537）、觯（6141）、瓿（6847—6865、6867）、爵（8122—8131）、斝（9178—9181）、觥（9260—9261）、盉（9333—9335）、壶（9486—9487）、罍（9781—9782）、方彝（9861—9864）、瓶（9952—9953）、盘（10028）、钺（11739—11740）等。此外，墓中还出土有5件"后母辛"（或认为应读作"姤辛"或"娟辛"[3]）铭铜器及26件"后妾母"铭铜礼器。

河南安阳小屯M5位于小屯村北略偏西约100米处的冈地上。墓圹作长方竖井形，方向10°。墓口距地表深0.5米，南北长5.6、东西宽4米，墓底距地表深8米，墓底略小于墓口。有壁龛、二层台和腰坑。葬具有木椁和木棺。墓主人遗骸已腐朽。墓

内有殉人至少16具和殉狗6只。墓内共出铜、玉、石、宝石、骨、象牙、陶、蚌等质地的器物1928件。这次出土的铜器有468件（未计小铜泡），大致可分为礼器、乐器、工具、生活用具、武器、马器、艺术品及杂器八类。其中青铜礼器200多件，品类较全，型式多样，绝大多数铸有铭文，有些是前所未见或少见的珍品。本书尚收录有其中的分体甗（本书编号：25）、簋（本书编号：27）、方罍（本书编号：52）、鸮尊（本书编号：61）、四足觥（本书编号：63）、饕餮纹觥（本书编号：64）、方彝（本书编号：65、68）、瓿（本书编号：85）、方缶（本书编号：87）、盉（本书编号：115、118）、瓿（本书编号：96）、盂（本书编号：120）、铙（本书编号：122）。

[1] 朱凤瀚：《中国青铜器综论》（中），上海古籍出版社，2009年，第964页。

[2] 韩江苏、江林昌：《〈殷本纪〉订补与商史人物征》，中国社会科学出版社，2010年，第324—329页。

[3] 裘锡圭：《说"娟"》，《裘锡圭学术文集》（第一卷），复旦大学出版社，2012年。

25. 妇好分体甗

馆藏编号：178

时代：商代后期

规格：通高35.3厘米，口径24厘米，重7.5千克

来源及入馆时间：1976年河南安阳殷墟小屯M5（妇好墓）出土，编号：M5:797、M5:768。

1977年中国社会科学院考古研究所寄陈

著录情况：《妇好墓》图三一：4、5，图版一四；《铜全》（2）图版76；《集成》794；《铭图》3138

铭文字数：2字

铭文释文：

妇好

该甗分为上下两部分。上为甑，敛腹，敞口，平底，底有四个三角形孔。腹上部两侧有对称的牛首半圆形耳。口沿下以云雷纹为地纹饰小鸟纹带，鸟头、尾相接，尖喙圆眼，足前曲，尾下卷。下为一周十八个三角纹，内饰变形饕餮纹，并填饰雷纹。下体鬲形似所谓鬲鼎，腹下部略鼓，分裆，圈口外侈，短直颈，平肩，三圆柱形实足。腹饰双线人字形凸弦纹。腹、底均有烟炱痕迹。类似的分体甗在墓中还出土有1件（M5:767、864）[1]，但后者甑上纹饰及下体形状与前者不同。小屯M5的年代属殷墟青铜器二期第Ⅱ阶段[2]，即相当于殷墟文化二期，故该甗的时代亦应属这一时期。商代铜甗主要是甑鬲联铸在一起的形制，分体甗较为少见。根据目前考古发掘资料，分体甗主要流行于春秋、战国时期[3]。

甑口下内壁铸有铭文"妇好"2字，为墓主之名（参见本书妇好三联甗说明）。

———————————————

[1] 中国社会科学院考古研究所：《殷墟妇好墓》，图版一五：2、3，文物出版社，1980年。

[2] 朱凤瀚：《中国青铜器综论》（中），上海古籍出版社，2009年，第964页。

[3] 朱凤瀚：《中国青铜器综论》（上），上海古籍出版社，2009年，第119页。

26. 北单㲄簋

　　馆藏编号：K1108

　　时代：商代后期

　　规格：高13.8厘米，口径20.7厘米，足径15厘米

　　来源及入藏时间：1950年河南安阳武官村大墓M1内椁室东侧陪葬墓E9出土，1959年中

国科学院考古研究所调拨

　　著录情况：《考古学报》1951年5册图版45：1，《河南铜》（一）图版274，《铜全》（2）图版83，《集成》3239，《铭图》3732

　　铭文字数：3字

　　铭文释文：

北单㲄

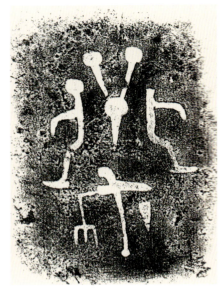

该簋为圆形鼓腹，口沿外侈，方唇，束颈，矮圈足。颈部以云雷纹为地纹饰蛇纹带一周，以三个浮雕兽首相间隔，兽首两侧各饰二蛇纹。圈足饰云雷纹带一周，并有三孔。器外底有井字形范线。该簋形制与1977年河南安阳小屯M18出土㞢庚簋（M18:5）[1]、1995年河南安阳郭家庄东南M26出土铜簋（M26:26）[2]、1983年河南安阳大司空村东南M663出土铜簋（M663:38）[3]等相近，但纹饰不同。小屯M18、郭家庄东南M26、大司空村东南M663均属殷墟青铜器二期第Ⅱ阶段[4]，即相当于殷墟文化二期，故该簋的时代亦应属这一时期。

E9属1950年发掘的河南安阳殷王陵东区武官大墓（WKGM1）的陪葬墓，位于大墓的东阶上，有棺，随葬青铜器有铜戈3件，铜簋、铜卣、铜瓿、铜爵、铜削及弓形铜器各1件，此簋为其中之一。本书尚收录有其中的北单卣（本书编号：69）。

腹底铸有铭文"北单㦰"3字，亦可读作"㦰北单"。殷墟甲骨卜辞中有"东单"、"西单"、"南单"、"北单"，其中"东单"为金文所不见。四个"单"是商都四郊的四个地名。"单"或即本自"墠"、"坛"，是祭所。本书尚收录有西单斝（本书编号：50）、北单矛（本书编号：141）。"㦰"字，作戈下有"⬛"形，殷墟甲骨卜辞中习见。值得注意的是，武官村E9出土的铜瓿、铜爵均铸有铭文"北单戈"，或读作"戈北单"，在殷商金文中习见。则"㦰"或为戈族的分支。在此，"北单"与"㦰"组成复合氏名。《集成》收录的㦰族器尚有卣（4711）。此外，《集成》收录有一件㦰册北单簋（3717），铭文为"㦰册北单奴作父辛尊彝"。

---

[1] 中国社会科学院考古研究所：《殷墟青铜器》，图版五七、图五二：5，文物出版社，1985年。

[2] 中国社会科学院考古研究所安阳工作队：《河南安阳市郭家庄东南26号墓》，《考古》1998年第10期。

[3] 中国社会科学院考古研究所安阳工作队：《安阳大司空村东南的一座殷墓》，《考古》1988年第10期。

[4] 朱凤瀚：《中国青铜器综论》（中），上海古籍出版社，2009年，第964页。

27. 好簋

馆藏编号：124

时代：商代后期

规格：高9.1厘米，口径13.5厘米，足径11厘米，重0.9千克

来源及入藏时间：1976年河南安阳殷墟小屯M5（妇好墓）出土，编号：M5:832。1977年中国社会科学院考古研究所寄陈

著录情况：《考古学报》1977年2期66页图6：1；《妇好墓》图版一六：1，图三五：6；《河南铜》（一）图版142；《集成》2923；《铭图》3438

铭文字数：1字

铭文释文：

好

该簋为圆鼓腹，口外侈，薄唇，束颈，矮圈足。口沿下饰三个浮雕兽首，颈部饰云雷纹带一周。腹部饰乳钉雷纹。圈足上端有三个小方孔，下以短扉棱分隔，饰变形夔纹，圆目，头部长鼻下卷如象鼻，尾部上卷。该簋与同墓出土的另一件铜簋（M5:750）为一对。该簋形制与本书收录的北单敔簋（本书编号：26）相近，后者属殷墟青铜器二期第Ⅱ阶段，即相当于殷墟文化二期，故该簋的时代亦应属这一时期。

簋内底铸有铭文"好"字。"好"为墓主"妇好"的省称，在一期卜辞中有类似的用法[1]。本书尚收录有同铭盉（本书编号：120）。《集成》收录的同铭器尚有甗（761—762）、鼎（999）等。

[1] 中国社会科学院考古研究所：《殷墟妇好墓》，文物出版社，1980年，第226页。

28. 品簋

馆藏编号：C5.113

时代：商代后期

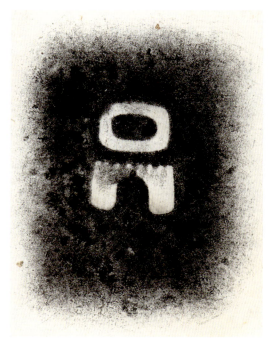

规格：通高14.8厘米，口径19.8厘米，足径13.5厘米

来源及入藏时间：1959年购藏

著录情况：《三代》6.3.10，《集成》2949，《铭图》3464

铭文字数：1字

铭文释文：

品

该簋为圆形鼓腹，口沿外侈，束颈，高直圈足，圈足下有一周高阶。口沿下饰三角蝉纹，颈部有浮雕兽首，两侧饰对称的夔凤纹。腹部饰饕餮纹，以突起的短扉棱为鼻梁，曲折角，"臣"字形目，躯体向两侧展开，尾部向下卷曲。圈足以扉棱相间隔，两侧饰对称的顾龙纹。器表纹饰均以云雷纹为地纹。该簋形制与1963年河南安阳苗圃北地M172出土亚盙簋（M172:1）[1]、上海博物馆收藏的饕餮纹簋[2]相近。苗圃北地M172属殷墟青铜器三期第I阶段[3]，即相当于殷墟文化三期，故该簋的时代亦应属这一时期。

该簋器底铸有铭文1字，上从⬭，下从二止，示前往⬭，⬭当与邑字所从⬭同义，示邑落。此字隶定作品，可读为"正"，甲骨金文中常见，其义或即"征伐"，在此为作器者的族氏名称。《集成》收录的同铭器尚有甗（776）、鼎（1060）、簋（2948）、鸺尊（5454）、瓤（6636）、罜（9130—9131）等。

---

[1] 中国社会科学院考古研究所：《殷墟青铜器》，图版一八七，文物出版社，1985年。

[2] 陈佩芬：《夏商周青铜器研究》（夏商篇），图七四，上海古籍出版社，2004年。

[3] 朱凤瀚：《中国青铜器综论》（中），上海古籍出版社，2009年，第985页。

29. 竞簋

馆藏编号：C5.118

时代：商代后期

规格：高11.4厘米，口径16.1厘米，足径13.1厘米

来源及入藏时间：1959年购藏

著录情况：《铭续》288

铭文字数：1字

铭文释文：

競

该簋为圆形鼓腹，侈口，方唇，束颈，斜直圈足。腹两侧有双半环状耳，耳上部有体量较大的兽首，其上部已抵至口沿下。双耳下有钩状小珥。颈部饰目云纹带一周，间饰浮雕兽首。腹部饰乳钉雷纹，上下以联珠纹带为栏。圈足饰夔纹带。该簋形制与1978年河南安阳殷墟西区M1573出土母己簋（M1573:2）相近[1]，但二者纹饰不

同。后者属殷墟青铜器三期第Ⅱ阶段[2]，即相当于殷墟文化第四期，故该鼎的时代亦应属于这一时期。

该簋内底铸有铭文"競"字，亦见于殷墟甲骨卜辞，象二人接踵，《说文解字》："競，强语也。一曰逐也。"为作器者的族氏名称。"競"族之器亦见于西周早期，例如競作父乙卣（《集成》5154）、競作父乙尊（《集成》5796）及同铭器（《集成》10479）等。

---

[1] 中国社会科学院考古研究所：《殷墟青铜器》，图版八一，文物出版社，1985年。

[2] 朱凤瀚：《中国青铜器综论》（中），上海古籍出版社，2009年，第1004页。

30. 夔纹簋

馆藏编号：Y56

时代：商代后期

规格：通高27.5厘米，口径31.7厘米，足径21.5厘米

来源及入藏时间：1960年周德蕴先生捐赠

著录情况：《文物》1964年4期图版五：2

该簋为盆形腹，腹较深。口沿较宽，呈台阶状外折。腹壁微曲，内收成底，高圈足，底作直阶状。口沿下有突起的短扉棱，两侧以云雷纹为地纹饰对称的夔纹，夔张口吐舌，额顶有角，躯体下折，尾部上卷，夔身上下填饰圆圈纹。腹部饰倒三角纹，内以云雷纹为地纹饰变形饕餮纹。圈足上部饰二道弦纹，间饰三个十字形镂孔。下饰云纹带一周，再下以云雷纹为地纹饰饕餮纹，角直立，上端左右延伸而内卷，圆目，躯体向两侧展开，尾部上卷。圈足底下正中有半环状铜纽，原或系有铜铃。该簋形制较为特殊，其形不见于殷墟出土的铜簋。与此簋形近的有1959年山西石楼桃花庄出土铜簋[1]，后者年代约在殷墟铜器第二期第Ⅰ阶段[2]，即相当于殷墟文化一期，故该簋亦应属这一时期。此型簋之器身形制在西周晚期仍可见，如传世之五年与六年琱生簋[3]，但腹两侧有宽大的双半环耳顶附鸟首，耳下作大钩状珥。又如2006年陕西扶风五郡西村J1出土的白盨父簋（J1:10）及父辛簋（J1:9）[4]，但高圈足已近于豆柄。

腹底有铭文"父舟乍（作）兄丁尊彝"7字，字形拙劣而多有误，显为伪铭。

[1] 谢青山、杨绍舜：《山西吕梁县石楼镇又发现铜器》，《文物》1960年第7期。

[2] 朱凤瀚：《中国青铜器综论》（中），上海古籍出版社，2009年，第1093、1094页。

[3] 同[2]，图一一·六七：1、2。

[4] 宝鸡考古研究所、扶风县博物馆：《陕西扶风五郡西村西周青铜容器窖藏发掘简报》，《文物》2007年第8期。

31. 尹舟簋

馆藏编号：C5.3151

时代：商代后期

规格：高15.8厘米，口径22.8厘米，足径15.7厘米

来源及入藏时间：1959年由清华大学调拨

著录情况：《三代》6.3.4，《历博刊》1983年4期94页图7，《集成》3106，《铭图》3639

铭文字数：2字

铭文释文：

尹舟

该簋为圆腹，口沿外侈，腹壁斜直，下腹微鼓，矮圈足外撇。口沿下饰由三排 □工（舟字）形纹组成的纹带一周，上下以联珠纹为栏。纹饰带正、背两面中间装饰有浮雕兽首，尖角上竖，"臣"字形目，阔口。圈足与口沿下纹饰相同。此簋形制与1980年河南安阳大司空南M539号墓出土铜簋（M539:30）[1]相近，但纹饰不同。后者属殷墟青铜器二期第Ⅱ阶段[2]，即相当于殷墟文化二期。故该簋的时代亦应属这一时期。

该簋腹内底铸有铭文"尹舟"2字。"尹"字在"舟"字之上。《说文解字》："尹，治也。从又丿。握事者也。""尹"字亦见于甲骨文，作 等形。在殷墟甲骨卜辞中，"尹的职司为作大田、作寝、飨，都是国内的事"[3]。"舟"字亦见于甲骨文。《说文解字》："舟，船也。"在这里"尹舟"有可能是复合氏名，即尹、舟为两级

氏名。舟也可能是私名，尹为其官名。《集成》收录的殷代同铭器尚有簋（3107）、瓿（6999）及尹舟父己尊（5741）、尹舟父癸觯（6422）等。殷或西周早期器有鼎（1458）等。

值得注意的是，此簋的口沿下的"舟"字形纹饰与铭文"尹舟"之"舟"相呼应，此种情况在殷代青铜器中亦见于1934年河南安阳侯家庄西北冈1004号大墓所出的二件方鼎：鹿鼎、牛鼎。这二件方鼎的形制均为长方形浅腹、双拱形立耳、四高柱足。在腹底分别铭有鹿和兕（即犀牛）的形象，与外腹壁亦分别以鹿、牛头形饕餮纹为饰的主纹饰相呼应[4]。

---

[1] 中国社会科学院考古研究所安阳工作队：《1980年河南安阳大司空村M539发掘简报》，《考古》1992年第6期。

[2] 朱凤瀚：《中国青铜器综论》（中），上海古籍出版社，2009年，第964页。

[3] 陈梦家：《殷虚卜辞综述》，中华书局，1988年，第517页。

[4]《侯家庄（河南安阳侯家庄殷代墓地）》第五本《1004号大墓》，图版壹零陆—壹壹柒，"中研院"历史语言研究所，1970年。

32. 弦纹爵

馆藏编号：豫文103

时代：商代前期

规格：通高14.4厘米，流尾长15厘米

来源及入藏时间：1955年河南郑州商城东北部C8M7出土，编号C8M7:3。1959年由河南省文物工作队调拨

著录情况：《河南铜》（一）图版18，《郑州商城》图四六二：3

该爵腰、腹间有明显的分界，腹部斜直外鼓，敞口、窄长流，尖尾，唇边加厚。流近口沿处立双矮柱，半月形柱帽。平底，下有细三棱形足。腹一侧有半圆形鋬。腹部饰乳钉纹带，上下均以凸弦纹为栏。

郑州白家庄C8M7为长方形竖穴墓，墓在挖沙土时被破坏，现残长2、残宽1.3、残深0.6米。随葬青铜器有铜爵3、铜斝1、铜戈1。此外，据因挖沙而破坏此墓的人讲，他曾在该墓处捡到1件饰三弦纹的铜盉[1]。此墓出土的2件爵（C8M7:2、C8M7:3）的形制特征均与1975年河南郑州东里路黄河医院C8M32出土铜爵（C8M32:1）[2]相近，后者属二里冈下层二期[3]，故该爵的时代亦应属这一时期。

---

[1] 河南省文物考古研究所：《郑州商城——1953~1985年考古发掘报告》，文物出版社，2001年，第564—565页。

[2] 杨育彬等：《近几年来在郑州新发现的商代青铜器》，《中原文物》1981年第2期。

[3] 朱凤瀚：《中国青铜器综论》（中），上海古籍出版社，2009年，第859页。

33. 饕餮纹爵

馆藏编号：K5252

时代：商代前期

规格：高17.7厘米，流尾长14.2厘米

来源及入藏时间：1950年河南辉县琉璃阁M148出土，编号148:1。1959年中国科学院考古研究所调拨

著录情况：《辉县》图版拾叁：6

该爵为瘦长形，下腹略呈斜直外鼓，敞口，长流，尖尾，流口间叉立一矮独柱，柱帽残缺。底部近平，三棱锥形足。腹侧有半圆形錾。腰、腹均饰身躯由单线勾勒的饕餮纹，以突起的短扉棱为鼻梁，T形角，椭圆形目凸起，躯体向两侧展开，尾部分歧。饕餮纹上下分别以联珠纹为

栏。该爵形制与1955年河南郑州白家庄M3出土铜爵（M3:1）[1]相近，后者属二里冈上层二期第Ⅱ阶段[2]，故该爵的时代亦应属这一时期。

琉璃阁M148属该墓地北区小型墓，长1.9、宽0.6、深1.5米，随葬品有铜爵、铜瓢各1件、残铜鬲片及石器2件，此爵为其中之一[3]。本书尚收录有同墓出土瓢（本书编号：92）。

[1] 河南文物工作队第一队：《郑州市白家庄商代墓葬发掘简报》，《文物参考资料》1955年第10期。

[2] 朱凤瀚：《中国青铜器综论》（中），上海古籍出版社，2009年，第875页。

[3] 中国科学院考古研究所：《辉县发掘报告》，科学出版社，1956年，第17页。

34. 饕餮纹单柱爵

馆藏编号：Y1

时代：商代后期

规格：通高28.1厘米，流尾长11.9厘米

来源及入藏时间：1957年安徽阜南县月儿河出土，1959年安徽省博物馆调拨

著录情况：葛介屏：《安徽阜南发现殷商时代的青铜器》，《文物》1959年第1期

　　该爵为筒形深腹，卵形底，长流，尖尾，腹侧有半圆形扁平鋬，三棱锥形足外撇。口与流的连接处单柱叉立，伞状柱帽。柱帽顶部饰涡纹。腹部饰由单线勾勒而成的饕餮纹，上下以联珠纹为栏。此爵出土时为一对，另一件爵现收藏于安徽省博物馆[1]。从形制看该爵的年代为殷墟青铜器二期第Ⅱ阶段[2]，即相当于殷墟文化第二期。

　　单柱爵在二里冈上层期即已出现，如1996年河南郑州南顺城街窖藏96ZSNH1出土铜爵（96ZSNH1上:7）[3]、1972年陕西岐山京当乡京当村出土铜爵[4]、1974年湖北黄陂盘龙城李家嘴PLZM2出土单柱管流爵（PLZM2:12）[5]及盘龙城李家嘴PLZM1出土铜爵（PLZM1:16）[6]、1953年安徽嘉山县泊岗引河出土铜爵[7]等。商代后期的单柱爵柱体更粗大，柱帽除菌形外还有高大的伞形，如河南安阳小屯M232出土铜爵（M232:R2021）[8]等。

　　1957年6月在安徽阜南县月儿河的河心发现一组青铜器，计斝、爵、觚、尊各二[9]，此爵为其中之一。此外，本书尚收录有其中的饕餮纹斝（本书编号：46）、龙虎尊（本书编号：54）、饕餮纹觚（本书编号：93）。

[1] 安徽省博物馆：《安徽省博物馆藏青铜器》，图七，上海人民美术出版社，1987年。

[2] 朱凤瀚：《中国青铜器综论》（中），上海古籍出版社，2009年，第1207页。

[3] 河南省文物考古研究所、郑州市文物考古研究所：《郑州商代铜器窖藏》，图一六:1，图版九:1、2，科学出版社，1999年。

[4] 宝鸡市博物馆王光永：《陕西岐山县发现商代铜器》，《文物》1977年第12期。

[5] 湖北省文物考古研究所：《盘龙城——1963~1994年发掘报告》，图一〇四:3、4，彩版一一:1，图版四六:1，文物出版社，2001年。

[6] 同[5]，图一二九:1、2，彩版二二:1；图版五六:4。

[7] 葛治功：《安徽嘉山县泊岗引河出土的四件商代铜器》，《文物》1965年第7期。

[8] 《小屯》第一本《遗址的发现与发掘·丙编·殷墟墓葬之三·南组墓葬附北组墓补遗》，图版贰叁、贰肆，"中研院"历史语言研究所，1973年。

[9] 葛介屏：《安徽阜南发现殷商时代的青铜器》，《文物》1959年第1期。

38.子鼎爵（两件）

馆藏编号：C5.247、C5.3030

时代：商代后期

规格：爵甲（C5.247）通高21.5厘米，流尾长16.5厘米

爵乙（C5.3030）通高21.6厘米，流尾长16.5厘米

来源及入藏时间：1958年由文化部文物事业管理局调拨

著录情况：爵甲《历博刊》1982年4期95页图12，《集成》8104，《铭图》7364

爵乙《历博刊》1982年4期95页图11，《集成》8103，《铭图》7363

铭文字数：2字

铭文释文：

子鼎

这两件爵形制、纹饰及铭文完全相同，应为一对。深筒状腹，卵形底。宽流上翘，尖尾，流口间立两扁方柱，伞形柱帽，腹部有突起的扉棱，腹侧有牛首半圆形鋬，三棱锥形足外撇。柱顶饰涡纹，下饰弦纹两道及雷纹带。流、尾饰蕉叶纹，内以云雷纹为地纹饰变形饕餮纹，口沿下饰三角蝉纹，腹部以云雷纹为地纹饰饕餮纹，卷角，"臣"字形目，躯体向两侧展开，尾部卷曲。两件爵的形制与1976年河南安阳殷墟小屯M5（即妇好墓）出土的妇好爵（M5:1579）[1]、1979年河南安阳殷墟西区M2508出土的子韦爵（M2508:4）[2]相近，惟后两件爵流、尾均有扉棱。小屯M5属殷墟青铜器二期第Ⅱ阶段[3]，即相当于殷墟文化第二期。西区M2508属殷墟青铜器三期第Ⅰ阶段[4]，即相当于殷墟文化第三期，故该爵的时代应属殷墟文化第二期至第三期。

爵 甲

这两件爵螯内侧腹壁均有铭文"子𪔀"2字，
作双手自上持（或曰端）鼎状，可隶定作𪔀，
为作器者名。"子某"是商人贵族一种习惯称谓
方式，习见于殷墟甲骨卜辞和商末周初的青铜器

爵乙

铭文中，故子龏应属商人贵族。《集成》收录的
子龏器尚有鼎（1828）等。此外，龏所作之器尚
有鼎（1546—1547）、爵（8421—8422）等。

爵甲铭文　　　　　　　　　爵甲铭文拓本

爵乙铭文　　　　　　　　　爵乙铭文拓本

[1] 中国社会科学院考古研究所：《殷墟妇好墓》，图版
    五四：1，文物出版社，1980年。

[2] 中国社会科学院考古研究所：《殷墟青铜器》，彩版
    六六，图六四：1，文物出版社，1985年。

[3] 朱凤瀚：《中国青铜器综论》（中），上海古籍出版社，
    2009年，第964页。

[4] 同[3]，第985页。

39. 庚女爵

館藏編號：C5.237

時代：商代后期

規格：通高18.2厘米

來源及入藏時間：1950年文化部文物事業
管理局調撥

銘文字數：2字

銘文釋文：

庚女

该爵为筒形腹。长流上翘，尖尾。离流折稍
远的口沿上立两矮方柱，菌形柱帽，深腹、卵形
底，腹侧有牛首半圆形鋬，三棱锥形实足外撇。
柱顶饰蛇纹，流、尾均饰蕉叶纹，内以云雷纹为
地纹饰变形饕餮纹，口沿下饰三角纹。腹部以云
雷纹为地纹饰饕餮纹，尖角、椭圆形凸目，身躯
与爪、耳分离。该爵纹饰与1990年河南安阳郭家
庄M160出土亚址角（M160:145）[1]相近，后者属
殷墟青铜器三期第Ⅰ阶段[2]，即相当于殷墟文化

第三期，故该爵的时代亦当接近这一时期。

鋬内侧腹壁铸有铭文2字，中间一字上从
"庚"，下从"丙"，可隶定作"庚"。此字
左右两侧各有一"女"字。与此类似的写法还
见于庚册鼎（《集成》1355）等。"庚"应为
作器者的族氏名称，"女"字似表示由属庚氏
的女子所作器。《集成》收录的殷代庚族器尚
有鼎（987、1897）、卣（5353）、觯（6380、
6428）、瓿（6721、6994、7177、7227、
7266）、爵（7670、8255、8256、8875）、角
（9105）、斚（9198）、瓶（9947）等。西
周早期器有甗（816）、簋（3190、3208）、
卣（4935）、尊（5660）、觯（6498）、爵
（8412、8525、8883）等。

---

[1]　中国社会科学院考古研究所：《安阳殷墟郭家庄商代
墓葬》，图78:5，中国大百科全书出版社，1998年。

[2]　朱凤瀚：《中国青铜器综论》（中），上海古籍出版社，
2009年，第987页。

40. 麋爵

> 馆藏编号：C5.236
>
> 时代：商代后期
>
> 规格：通高18.7厘米
>
> 来源及入藏时间：1960年购藏
>
> 著录情况：《三代》15.4.7，《集成》
> 7531，《铭图》6527
>
> 铭文字数：1字
>
> 铭文释文：
>
> 麋

该爵为筒形腹。流较宽，尖尾，流、尾均上翘。流根部立两方柱，菌形柱顶，深腹、卵形底，腹侧有牛首半圆形鋬，三棱锥形足外撇。柱顶饰涡纹，流及尾下饰蕉叶纹，内以云雷纹为地纹饰变形饕餮纹，口沿下饰三角纹。腹部有突起的扉棱，以云雷纹为地纹饰饕餮纹，折角，圆目突出，首部与躯体、腿爪作分离状。该爵形制、纹饰与1982年河南安阳殷墟西区M875出土的饕餮纹爵（M875:2）[1]相近，后者属殷墟青铜器三期第Ⅰ阶段[2]，即相当于殷墟文化第三期，故该爵的时代亦应属这一时期。

该爵鋬内侧腹壁铸有铭文"麋"字，为作器者的族氏名称。《集成》收录的麋族器尚有"子麋"，器形有觯（6137、6138）、瓿（6894、6895）、爵（8115）等。则"麋"或为"子麋"的省写，或是子麋的后人以其名为氏。

---

[1] 中国社会科学院考古研究所：《殷墟青铜器》，彩色图版六九，文物出版社，1985年。

[2] 朱凤瀚：《中国青铜器综论》（中），上海古籍出版社，2009年，第987页。

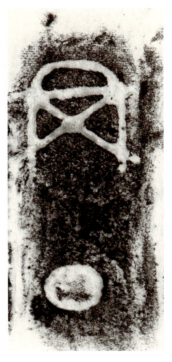

41.𤰒丁爵

馆藏编号：C5.243

时代：商代后期

规格：通高18.6厘米

来源及入藏时间：1950年购藏

著录情况：《集成》8021，《铭图》7291

铭文字数：2字

铭文释文：

𤰒丁

该爵为深筒形腹，卵形底。长流，尖尾上翘，流口处立两方柱，菌形柱帽，三棱锥形足外撇，腹侧有半圆形錾。柱帽顶饰涡纹，腹部饰目云纹。该爵形制与1978年河南安阳殷墟西区M1572出土贞爵（M1572:2）[1]相近，后者属殷墟文化第四期，故该爵的时代亦应近于这一时期。

錾内侧腹壁铸有铭文"𤰒丁"2字，𤰒为作器者的族氏名称，"丁"为受祭者的日名。𤰒族为商人望族，至西周早期作为商遗民仍可见其所做青铜器。本书收录尚有𤰒方彝（本书编号：66）。《集成》收录的有"𤰒"字铭文的青铜器有200余件。殷代器有鬲（467、483）、甗（774）、鼎（1176、1178—1182）、簋（3008—3011）、爵（7674—7685）、斝（9155）、盉（9319）、壶（9484）、罍（9756）、瓿（9945）等。西周早期器有鬲（500）、甗（775、802、856）、鼎（1183—1185）、簋（3012—3014）、爵（7687）、斝（9207）、罍（9789）等。

---

[1] 中国社会科学院考古研究所：《殷墟青铜器》，图版七八，文物出版社，1985年。

42.己西爵

館藏編号：C5.257

時代：商代后期

規格：通高20.5厘米

来源及入藏時間：1960年黄静涵先生捐贈

著録情况：《三代》15.27.5，《集成》
8036，《铭图》7311

铭文字数：2字

铭文釋文：

己西

该爵为筒形腹。长流上翘，尖尾，口沿上立两扁方柱，菌形柱顶，深腹，卵形底，腹侧有牛首半圆形鋬，三棱锥形足外撇。柱顶饰涡纹，腹部以鳞纹为栏，腹上部饰云纹带一周，下饰饕餮纹，"臣"字形目，尾部上卷，四周填以云雷纹。该爵形制与1978年河南安阳殷墟西区M1572出土贞爵（M1572:2）[1]及传1940年河南安阳出土，美国波特兰艺术博物馆收藏的覃爵[2]相近。此爵腹部以鳞纹为栏的装饰方法，亦见于1977年河南安阳殷墟西区M793出土的祖辛爵（M793:10）[3]及上海博物馆收藏的铜爵[4]。殷墟西区M1572属殷墟文化四期[5]，殷墟西区M793属殷墟青铜器三期第Ⅱ阶段[6]，即相当于殷墟文化四期，故该爵的时代亦应属这一时期。

该爵鋬内侧腹壁铸有铭文"己西"2字。"己"字在殷墟甲骨刻辞、金文中习见，王献唐认为即"纪"字的初文[7]。1983年底在山东寿光城北古城乡古城村"益都侯城"故址内发现商后期铜器64件，这组器中多数器铭有"己𣄰"的复合氏名[8]。己氏器在寿光发现，表明商后期已有己氏族居住于此，且以己为地名[9]。与之相比较，则该爵亦应属己族之器。铭文中的"西"当是己氏的分支氏名，亦是器主的家族名号。

《集成》收录的殷代己族器尚有鼎（1471）、卣（4829—4831）、觚（7162）、爵（8030、8898—8900）、戈（10856）、锛（11791—11792）、刀（11808）等。殷或西周早期器有鼎（1293、1388）、簋（3088）、尊（5596—5597）、爵（8037、8041）等。

[1] 中国社会科学院考古研究所：《殷墟青铜器》，图版七八，文物出版社，1985年。

[2] 中国青铜器全集编辑委员会：《中国青铜器全集》（商3），图版二八，文物出版社，1997年。

[3] 同[1]，图版二一〇。

[4] 陈佩芬：《夏商周青铜器研究》（夏商篇），图版九〇，上海古籍出版社，2004年。

[5] 同[1]，第453页。

[6] 朱凤瀚：《中国青铜器综论》（中），上海古籍出版社，2009年，第1004页。

[7] 《古文字诂林》编纂委员会：《古文字诂林》（第十册），上海教育出版社，2004年，第999页。

[8] 寿光县博物馆：《山东寿光县新发现一批纪国铜器》，《文物》1985年第3期。

[9] 同[6]，第1049页。

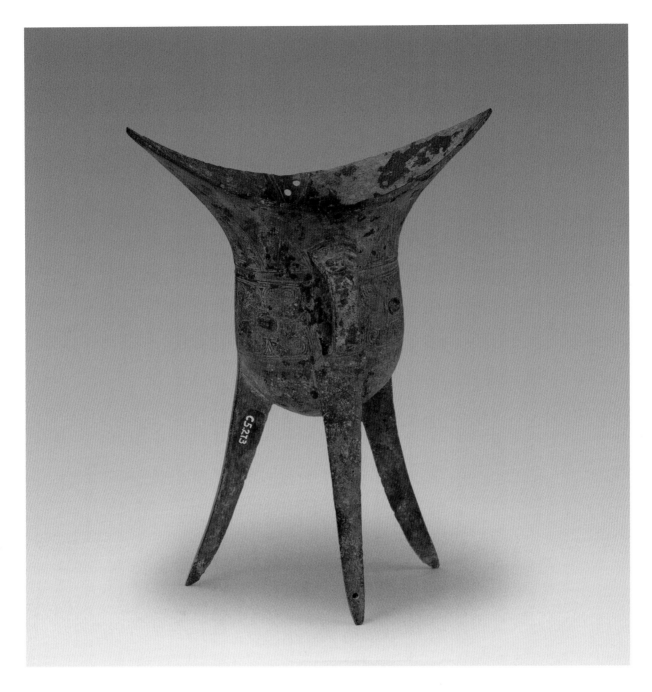

43. 冀角

    馆藏编号：C5.273

    时代：商代后期

    规格：高22厘米

    来源及入藏时间：1961年购自韵古斋

    著录情况：《三代》15.2.10（误为爵），《集成》7420，《铭图》8707

    铭文字数：1字

    铭文释文：

    冀

该角为粗筒形腹，卵形底，器口弧曲，口沿两端皆形似爵尾而上翘，腹侧有牛首半圆形錾，三棱形尖足外撇。两爵尾状口沿下饰蕉叶纹，内填饰雷纹及变形饕餮纹。蕉叶纹间饰三角纹。腹部饰四瓣目纹，一兽目居中，四角附有四个等大的花瓣形纹样，每瓣中间均凹入，形成两岔状。与该角形制相近的铜角在1990年河南安阳郭家庄M160出土了10件[1]、1999年河南安阳殷墟刘家庄北M1046出土了2件（M1046:18、M1046:12）[2]。郭家庄M160属殷墟青铜器三期第Ⅰ阶段[3]，即相当于殷墟文化第三期。刘家庄北M1046属殷墟青铜器三期第Ⅱ阶段[4]，即相当于殷墟文化第四期。故该角的时代应属殷墟文化第三期至第四期。

錾内侧腹壁铸有铭文"冀"字，为作器者的族氏名称。冀族为商人望族，至西周中期仍可见，所作青铜器存世甚多。《集成》收录的冀族器约180余件，其中殷代器有鼎（1523—1527）、簋（2943、3112—3114、3145—3148、3434）、卣（4759、4844、4876）、尊（5447、5556、5610、5629）、觯（6024、6187、6219—6220、6255、6300）、觚（6918—6919、7092—7094）、爵（8167—8169）、角（8337、8379、8380—8382）、斝（9175—9176、9219、9246—9247）、觥（9301）、盉（9304、9327）、壶（9507）、罍（9770、9806）、盘（10038）等。西周早期器有鼎（2120、2180、2507）、簋（3220、3572）、卣（5250、5404）、尊（5746、5876—5877、5910）、罍（9737）等。西周中期器有鼎（2695）等。

[1] 中国社会科学院考古研究所：《安阳殷墟郭家庄商代墓葬》，中国大百科全书出版社，1998年，第98页。

[2] 中国社会科学院考古研究所安阳工作队：《安阳殷墟刘家庄北1046号墓》，《考古学集刊》第15集，文物出版社，2004年。

[3] 朱凤瀚：《中国青铜器综论》（中），上海古籍出版社，2009年，第987页。

[4] 同[3]，第1005页。

44. 乳钉纹斝

馆藏编号：C5.274

时代：商代前期

规格：通高23.4厘米，口径14厘米

来源及入藏时间：1952年入藏

该斝腹作杯形。敞口，口沿上有一周加厚的唇边。束腰，腹部外鼓，底微圜，下有瘦长空心袋足。腹侧有半圆形扁平錾，与錾对应的口沿上立一对三棱形钉状矮柱。腰部饰乳钉纹带，上下以弦纹为栏。该斝形制与1987年河南偃师二里头遗址V区发现的铜斝（87YLVM1:2）[1]、1977至1981年河南登封王城岗遗址出土铜斝（WT245M49:1）[2]相近。二里头

遗址V区发现的铜斝属二里头文化四期[3]，登封王城岗M49:1属二里冈下层二期[4]，故该斝的时代当属二里头文化四期至二里冈下层二期。该斝铸造较为粗糙，唇边加厚，具有早期青铜器的特征。

[1] 中国社会科学院考古研究所二里头工作队：《河南偃师二里头遗址发现新的铜器》，《考古》1991年第12期。

[2] 河南省文物研究所、中国历史博物馆考古部：《登封王城岗与阳城》，图八二：5，图版五六：3，文物出版社，1992年。

[3] 朱凤瀚：《中国青铜器综论》（中），上海古籍出版社，2009年，第838页。

[4] 同[3]，第864页。

49. 饕餮纹斝

馆藏编号：C5.3768

时代：商代后期

规格：高28.5厘米，口径15厘米

来源及入藏时间：2005年入藏

该斝腹作杯形。敞口，口沿有一周加厚的唇边。束腰，腰较粗，腰腹间有折棱。腹部外鼓，底微圜，三棱锥形空尖足。口上立一对方柱，伞形柱钮。与柱相对的腹侧有半圆形鋬。钮顶饰涡纹，腰及腹部均以联珠纹为栏饰饕餮纹，角直

立，上部向两侧延伸而内卷，椭圆形目，阔口，尾部上卷。该斝形制、纹饰与1936年河南安阳小屯M388出土铜斝（M388:R2047）[1]相近，后者属殷墟青铜器一期[2]，即相当于殷墟文化一期，故该斝的时代亦应属这一时期。

[1] 中国青铜器全集编辑委员会：《中国青铜器全集》（商3），图版三七，文物出版社，1997年。

[2] 朱凤瀚：《中国青铜器综论》（中），上海古籍出版社，2009年，第943页。

50. 西单斝

馆藏编号：C5.277

时代：商代后期

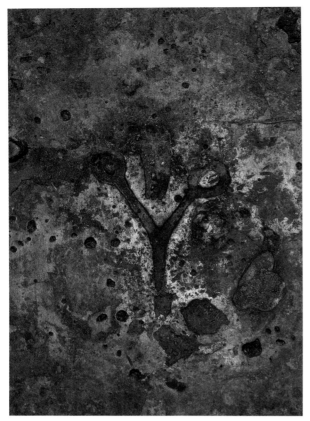

规格：通高30.1厘米，口径15.6厘米

来源及入藏时间：1959年购藏

著录情况：《三代》13.48.5，《集成》9200，《铭图》10973

铭文字数：2字

铭文释文：

西单

该罍为罐形腹。侈口，束颈，下腹外鼓，圜底。三棱锥形足外撇，足内侧有凹槽。口沿上立两矮方柱，伞形柱帽。与柱相对的颈、腹间有半圆形鋬。柱帽上部及颈部均饰弦纹两道。该罍形制与1979年河南罗山县蟒张天湖村M1出土铜罍（M1:13）[1]相近，后者属殷墟青铜器第三期第Ⅰ

阶段偏早[2]，即相当于殷墟文化第三期，故该罍的时代亦应属这一时期。

该罍腹内底铸有铭文"西单"二字，在殷墟甲骨卜辞中为地名（参见本书北单戝簋说明），在此当为作器者的族氏名称。《集成》收录的殷代西单族之器尚有鼎（2001）、卣（5007、5156）、觯（6364、6384、6396）、瓠（7015—7016、7192—7194）、爵（8257—8258、8808、8884）、罍（9230）等。

[1] 河南省信阳地区文管会、河南省罗山县文化馆：《罗山天湖商周墓地》，《考古学报》1986年第2期。

[2] 朱凤瀚：《中国青铜器综论》（中），上海古籍出版社，2009年，第1033页。

51. 丫祖己斝

　　馆藏编号：C5.278

　　时代：商代后期

　　规格：通高28厘米，口径17.2厘米

　　来源及入藏时间：1954年购藏

　　著录情况：《三代》13.50.5，《集成》

9203，《铭图》11003

　　铭文字数：3字

　　铭文释文：

　　丫祖己

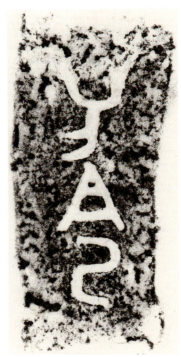

该斝为鼓腹，腹底近鬲，分裆。撇口，高直颈，浅袋足，柱形足跟。口沿上近直径线处立两扁方柱，菌形柱帽。与柱相对的颈腹间有兽首半圆形鋬。该斝形制与1982年河南安阳殷墟西区M875出土铜斝（M875:5）[1]相近，后者属殷墟青铜器三期第Ⅰ阶段[2]，即相当于殷墟文化第三期，故该斝的时代亦应属这一时期。该型斝在殷墟青铜器三期第Ⅱ阶段[3]（即相当于殷墟文化第四期）已十分流行，如1999年河南安阳刘家庄北M1046出土铜斝（M1046:20）[4]、1979年河南安阳殷墟西区M2579出土铜斝（M2579:09）[5]等，但腹部作浅腹，高裆，柱足甚长，与前者不同。此型斝在西周早期仍可见，如1972年甘肃灵台白草坡M1出土铜斝（M1:20）[6]、2003年陕西旬邑下魏洛M1出土铜斝（M1:8）[7]等。

该斝鋬内侧腹壁铸有铭文三字"𤔲祖己"，𤔲为作器者的族氏名称，祖己为受祭者的日名。𤔲或释作"襄"字[8]，𤔲虽与现读为襄字的西周文字有相近处，但尚难认为是一字[9]。本书收录有𤔲斗（本书编号：110），亦属𤔲族之器。《集成》收录的殷代𤔲族器尚有鼎（1040—1041、1593）、觯（6271）、瓿（6552、7080）、爵（8714）、斝（9110）等。殷或西周早期器有觯（6208）、爵（7710—7712、8333—8334、8643）等。西周早期器有罍（9787）等。此外，西周晚期的尉比盨（《集成》4466）铭文末尾亦有此族氏名称。

[1] 中国社会科学院考古研究所：《殷墟青铜器》，图版一九一，文物出版社，1985年。

[2] 朱凤瀚：《中国青铜器综论》（中），上海古籍出版社，2009年，第987页。

[3] 同[2]，第1007页。

[4] 中国社会科学院考古研究所安阳工作队：《安阳殷墟刘家庄北1046号墓》，《考古学集刊》第15集，文物出版社，2004年。

[5] 同[1]，图版二二八。

[6] 甘肃省博物馆文物队：《甘肃灵台县白草坡西周墓》，《考古》1977年第2期。

[7] 咸阳市文物考古研究所、旬邑县博物馆：《陕西旬邑县下魏洛西周早期墓发掘简报》，《文物》2006年第8期。

[8] 张亚初：《殷周金文集成引得》，中华书局，2001年，第566页。

[9] 高明、涂白奎：《古文字类编》（增订本），上海古籍出版社，2008年，第972页。

52. 妇好方斝

馆藏编号：198

时代：商代后期

规格：通高68.8厘米，口长25.1厘米，口宽24厘米，重18.3千克

来源及入藏时间：1976年河南安阳小屯M5（妇好墓）出土，编号：M5:855。1977年中国社会科学院考古研究所寄陈

著录情况：《妇好墓》彩版一〇：1，图四七：3；《考古学报》1977年2期图版捌：3；《河南铜》（一）图版158；《集成》9179；《铭图》10957

铭文字数：2字

铭文释文：

妇好

该罍为长方形腹，腹较深，腹壁外侈。敞口，束颈，颈腹间有明显分段。平底，四棱锥尖形足外撇，足内侧有锥形浅槽。口上有对称的方形立柱，柱帽呈亚腰形，顶似屋顶，腹侧有兽首半圆形鋬。柱顶及四隅有细棱脊，柱四面饰云纹、三角纹。鋬上的兽首双角上耸并内卷，双眼圆睁，阔口。该罍自口沿下三面中部、四隅至足外侧均有突起的扉棱。颈上部饰蕉叶纹，内以云雷纹为地纹饰变形饕餮纹。下部饰对称的二夔纹。腹部饰饕餮纹，以扉棱为鼻梁，卷角，椭圆形目。足两外侧饰蕉叶纹，内以云雷纹为地纹，饰变形饕餮纹。安阳小屯M5（即妇好墓）属殷墟青铜器二期第Ⅱ阶段[1]，即相当于殷墟文化第二期，故该罍的时代亦应属这一时期。与该罍形制、纹饰相近的有2001年河南安阳殷墟花园庄东地M54出土方罍（M54:43）[2]，后者与前者时代相同，均属殷墟青铜器二期第Ⅱ阶段[3]。此

外，1990年河南安阳郭家庄M160亦出土2件方罍（M160:111、M160:173）[4]，但后者的四足大斜度外撇，与前者不同。郭家庄M160属殷墟青铜器三期第Ⅰ阶段[5]，即相当于殷墟文化第三期，晚于前者。安阳小屯M5（妇好墓）出土了许多纹饰精美的方型器，如大方柱足鼎、方罍、方罍、大方壶、大方尊等，杨锡璋认为，这说明："先进的工艺、时髦新颖的装饰总是先在上层统治阶级中使用，然后才向较低的等级推广。"[6]

该罍内底中部铸有铭文二字"妇好"，为墓主之名（参见本书妇好三联甗说明）。安阳小屯M5（妇好墓）出土大方罍3件，该罍为其中之一。

[1] 朱凤瀚：《中国青铜器综论》（中），上海古籍出版社，2009年，第964页。

[2] 中国社会科学院考古研究所、安阳市文物考古研究所：《殷墟新出土青铜器》，图版67、68，云南人民出版社，2008年。

[3] 同[1]。

[4] 中国社会科学院考古研究所：《安阳殷墟郭家庄商代墓葬》，图71、图72，中国大百科全书出版社，1998年。

[5] 同[1]，第987页。

[6] 杨锡璋：《殷墟青铜容器的分期》，《中原文物》1983年第3期。

53. 饕餮纹尊

馆藏编号：捷文93

明代．明代仿铜

规格：高27.7厘米，口径19.6厘米，足径

14.9厘米

来源及入藏时间：1955年河南郑州白家庄C8M3出土，编号：M3:9。1959年由河南省文物工作队调拨

著录情况：《文物参考资料》1955年10期36页图版十一；《郑州商城》图五五二：5，图版二二九：1

该尊为圆腹。敞口，口径小于肩宽。束颈，肩斜宽，鼓腹，腹较深，圜底，圈足较矮。肩部饰象纹带一周，圆目，长鼻卷曲，尾部下垂内卷。腹部饰饕餮纹，卷角，"臣"字形目，阔口，背脊有列刃状纹，躯体向两侧展开，尾部上卷。饕餮纹两侧饰倒置的夔纹，口向下，圆形凸目，尾部上卷。圈足饰凸弦纹一周和三个十字形镂孔。白家庄M3属二里冈上层二期第Ⅱ阶段[1]，但该尊形制与1937年河南安阳小屯M333出土饕餮纹尊（M333:R2059）[2]相近，后者属殷墟青铜器一期[3]，即相当于殷墟文化一期。故该尊的时代当属二里冈上层二期偏晚，已近于殷墟文化一期。该尊在发掘简报及发掘报告中均被称作罍，该尊虽与同一时期的罍（如1955年河南郑州白家庄出土铜罍M2:1[4]、1982年河南郑州向阳回族食品厂窖藏出土羊首罍H1:5[5]）有相近处，如口较小，窄于肩。但是，二里冈上层期的罍作直颈，且颈显得比较长，腹较深，与此器有明显不同，故此器被称作尊是较为适宜的。

郑州白家庄M3为1955年5月至6月发掘的小墓，位于郑州商城城垣东北角，白家庄西侧，处在一南北向、长150米的土岗边上，M3在土岗东边断崖上，北距M2约25米。墓葬因村民挖沙而破坏。M3西面二层台有殉人一具。墓中随葬青铜器9件，有鼎、鬲、爵、斝、觚、尊，此尊为其中之一。

[1] 朱凤瀚：《中国青铜器综论》（中），上海古籍出版社，2009年，第875页。

[2] 《小屯》第一本《遗址的发现与发掘·丙编·殷墟墓葬之五——丙区墓葬》（下），图版壹贰陆、壹贰柒，"中研院"历史语言研究所，1980年。

[3] 同[1]，第943页。

[4] 河南省文物工作队第一队：《郑州市白家庄商代墓葬发掘简报》，《文物参考资料》1955年第10期。

[5] 河南省文物研究所、郑州市博物馆：《郑州新发现商代窖藏青铜器》，《文物》1983年第3期。

54. 龙虎尊

馆藏编号：Y15

时代：商代后期

规格：高50.5厘米，口径44.7厘米，足径24厘米

来源及入藏时间：1957年安徽阜南月儿河出土，1959年由安徽省博物馆调拨

著录情况：葛介屏：《安徽阜南发现殷商时代的青铜器》，《文物》1959年第1期；《辞典》图83

该尊为圆腹，腹部圆曲向底部内收。喇叭形敞口，束颈，折肩，高圈足。颈部饰三道凸弦纹。肩部以云雷纹为地纹浮雕三组蜿蜒突起的龙纹，龙首上有圆锥形角竖立，"臣"字形目，阔口，伸出作下视状，尾部上卷。龙身饰菱形纹。龙尾后又有一夔纹。腹部有三道突起的镂雕扉棱，腹上部饰一首双身的虎纹，浮雕虎首在腹上部居中，突出器表甚高，虎身为浅浮雕，向两侧展开，虎头下一人，呈蹲坐式，双手上举齐肩，人头已被含噬虎口中。腹下部饰饕餮纹，以突起

的棱脊为鼻梁，"臣"字形目，卷角，躯体向两侧展开，尾部上卷。圈足上部饰一道弦纹及三个十字形镂孔。下部饰饕餮纹，圆目，卷角，躯体向两侧展开，尾部上卷。与该尊形制、纹饰相近的有1986年四川广汉三星堆一号祭祀坑出土龙虎尊（K1:158、258）[1]，后者的年代约相当于殷墟文化二期偏早（殷墟青铜器二期第 I 阶段）[2]，故该尊的时代亦应属这一时期。安徽阜南月儿河出土铜尊2件，该尊为其中之一。2014至2016年，安徽阜南台家寺遗址商代墓葬所在的台墩与1957年发现龙虎尊的润河（月儿河）河道相邻。墓地发掘证明其北部部分墓葬是被润河（月儿河）冲毁的，因此龙虎尊很可能属于被润河（月儿河）改道破坏的商代墓葬[3]。

该尊肩、腹部纹饰集中了浮雕、线雕、圆雕的铸造技术，虎口下有人形，这种纹饰构造与河南安阳殷墟小屯M5（妇好墓）出土的大型钺（M5:799）上的双虎噬人形[4]，以及中国国家博物馆收藏的后母戊大方鼎（本书编号：14）鼎耳上的双虎噬人形立意均相同，"并非是为了显示人的力量，而是为了表现超出于现实的人以外的力量"[5]。

该尊铸造上的另一个特点，即器内壁随器表呈浮雕状的纹饰凹凸而凸凹，故器壁厚薄均匀。这种铸造方法在殷墟青铜器上尚未见到，而与1989江西新干大洋洲涝背沙洲商墓出土涡纹柱足圆鼎（XDM:3）[6]的风格相近。故该尊是具有地方特点的铜器，如是本地铸造的，则标志安徽在殷墟文化影响下已产生土著的青铜文化[7]。

[1] 四川省文物考古研究所：《三星堆祭祀坑》，图二三，图版八：1、2，彩图9，文物出版社，1999年。

[2] 朱凤瀚：《中国青铜器综论》（中），上海古籍出版社，2009年，第1164页。

[3] 陈白冰、何晓琳：《安徽阜南台家寺遗址发现商代高等级聚落》，《中国文物报》2017年4月28日，第8版。

[4] 中国社会科学院考古研究所：《殷墟妇好墓》，图六六：1，图六七，彩版一三：1，文物出版社，1980年。

[5] 朱凤瀚：《中国青铜器综论》（上），上海古籍出版社，2009年，第608页。

[6] 江西省博物馆等：《新干商代大墓》，图五、六：2、3，彩版四：1，图版四：1，文物出版社，1997年。

[7] 同[2]，第1208页。

55. 三牛首六鸟饕餮纹尊

馆藏编号：Y2065

时代：商代后期

规格：通高53厘米，口径47厘米

来源及入藏时间：1986年四川广汉三星堆

二号祭祀坑K2出土，编号：K2②:146。1989年由四川省文管会调拨

著录情况：《文物》1989年5期10页图一五：2；《三星堆》图一三九，图版九二：2

该尊为圆腹，腹壁斜收。喇叭形敞口，方唇，束颈，折肩，深腹，高圈足。颈部饰三道凸弦纹，肩折饰浮雕三牛首，"臣"字形目，尖角，每牛首上各立一鸟，其中二鸟残缺。牛首间有三鸟相间而立。鸟为圆目，尖喙，作浮游状。牛首与立鸟间以云雷纹为地纹饰对称的夔纹。腹部及圈足各有三道扉棱，腹部以云雷纹为地纹饰饕餮纹，卷角，"臣"字形目，阔口，尾部卷曲，首与躯干、腿爪均相分离。圈足上部饰三道弦纹及三个方形镂孔，下部以云雷纹为地纹饰饕餮纹，立刀形角，"臣"字形目，躯体向两侧展开，尾部外卷。腹部与圈足的饕餮纹后均饰倒置的夔纹。三星堆二号祭祀坑出土青铜容器的年代约在殷墟文化二期偏晚（殷墟青铜器二期第Ⅱ阶段）[1]，故该尊的时代亦应属这一时期。该尊形制、纹饰与1967年湖南华容出土龙首饕餮纹尊[2]相近，特高圈足的特点在殷墟铜尊中不见，均具有南方风格。华容出土尊属殷墟青铜器二期第Ⅱ阶段至三期第Ⅰ阶段[3]，即相当于殷墟文化二至三期，与前者时代相近。

三星堆遗址位于四川省广汉市南兴镇北面，分布面积约为12平方公里。1986年发掘的二号祭祀坑为长方形土坑，坑口略大于坑底，坑口距地表深50—60厘米。坑口长530、宽220—230、深140—168厘米。出土遗物1300件，有青铜器、金器、玉器、绿松石、石器等。其中青铜器735件，有立人像、人头像、人面像、铜兽面具、尊、罍、神树、戈形器等[4]，其中出土圆尊8件，该尊为其中之一。此外，本书尚收录有其中的铜罍（本书编号：79）、铜兽面具（本书编号：158）、铜人头像（本书编号：159）。

[1] 朱凤瀚：《中国青铜器综论》（中），上海古籍出版社，2009年，第1164页。

[2] 国家文物局：《中国文物精华大辞典》（青铜卷），图85，上海辞书出版社、商务印书馆（香港）有限公司，1995年。

[3] 同[1]，第1182页。

[4] 四川省考古研究所：《三星堆祭祀坑》，文物出版社，1999年，第157—158页。

56. 饕餮纹方尊

馆藏编号：豫新2

时代：商代后期

规格：高45.4厘米，口长34.6厘米

来源及入藏时间：1959年河南新乡出土，1959年由河南新乡市文化局调拨

著录情况：《河南铜》（一）图版三六八，《铜全》（4）图版116

该尊为方形腹，腹壁斜收。敞口，口沿上折呈盘口。束颈，折肩，平底，高圈足。口沿至圈足的四隅及四面中央均有扉棱，圈足上部四面正中均有长方形镂孔。颈上部饰蕉叶纹，蕉叶内上部饰变形饕餮纹，中部饰对称的夔凤纹，勾喙，回首，躯体折曲，尾部下卷。下部饰对称的夔纹。颈下部饰顾龙纹。肩部四面中部各有一个突起的浮雕兽首，圆目，嘴上翘，头上有卷角。两侧饰对称的夔纹，口向下，瓶形角，躯体呈S形卷曲。四隅饰伏卧的鸟形，尖耳，圆眼，尖喙，身饰鳞纹，翅、足、尾俱全。腹上部扉棱两侧饰对称的鸟纹，长钩喙，尾部上卷。腹下部饰饕餮纹，以扉棱为鼻梁，卷角，椭圆形目突出，阔口，首、耳、足、尾作分离状。圈足上部饰对称的夔纹。下部四面饰有首无身的饕餮纹，以扉棱为鼻梁，曲折角，椭圆形目突出，阔口，眉、

目、角、爪作分离状。该尊纹饰均以云雷纹为地纹，纹饰细密、华丽。该尊形制、纹饰与1976年河南安阳殷墟小屯M5（妇好墓）出土的两件后娉癸方尊（M5:806、868）[1]相近，肩部装饰则与小屯M5（妇好墓）出土妇好方尊（M5:792）相近[2]。后三件尊的时代均属殷墟青铜器二期第Ⅱ阶段[3]，即相当于殷墟文化二期，故该尊的时代亦应属这一时期。值得注意的是，新乡出土这件尊的口沿上折与后两件尊不同，似应有盖与其相合，此种形制在殷代铜尊中少见。

[1] 中国社会科学院考古研究所：《殷墟妇好墓》，图版二〇：1、2，文物出版社，1980年。

[2] 同[1]，彩版八：1。

[3] 朱凤瀚：《中国青铜器综论》（中），上海古籍出版社，2009年，第964页。

57. 四羊方尊

馆藏编号：Y263

时代：商代后期

规格：高58.3厘米，口沿长52.4厘米

来源及入藏时间：1938年湖南宁乡黄材月山铺转耳仑出土，1959年由湖南省博物馆调拨

著录情况：高至喜：《湖南宁乡黄材发现商代铜器和遗址》，《考古》1963年第12期；《铜全》（4）图版115

该尊为方形浅腹，腹壁斜收。方敞口，口沿平侈，长颈，折肩，高圈足，圈足上有长方形铸孔。四隅及每面正中有突起的扉棱。颈上部饰蕉叶纹，内以云雷纹为地纹饰倒置的夔纹。下部以云雷纹为地纹饰饕餮纹，以扉棱为鼻梁，卷角，"臣"字形目，躯体向两侧展开，尾部上卷。肩部饰高浮雕龙纹，圆雕龙首探出器表于肩中部，龙体蜿蜒于器肩。肩部四隅耸出四个浮雕卷角羊头，尊腹为羊的前胸，羊腿置于圈足上。羊首饰雷纹，前胸及背部饰鳞纹，两侧饰优美的长冠鸟纹。圈足以云雷纹为地纹饰倒置的夔纹。从形制、纹饰分析，该尊的时代约属殷墟二期第Ⅱ阶段至三期第Ⅰ阶段[1]，即相当于殷墟文化二至三期之间。

该尊集中了线雕、浮雕、圆雕等多种技巧，形体端庄典雅，纹饰铸造精细，是造型设计与艺术装饰的完美结合，是传统泥范法铸造的巅峰之作。该尊的精美程度在殷墟青铜器中罕见，四羊的仿生程度与殷墟铜器不类，故该尊可能是本地铸造的，并受到殷墟以外地区其他文化的影响，属于商后期兴起的长江中游地区相互有密切关联的几类青铜文化的一类[2]。

---

[1] 朱凤瀚：《中国青铜器综论》（中），上海古籍出版社，2009年，第1181页。

[2] 同[1]，第1184页。

58. 象祖辛尊

馆藏编号：C5.296

时代：商末周初

规格：高25.5厘米，口径20.5厘米，底径 14.2厘米

来源及入藏时间：1958年购藏

著录情况：《集成》5609，《铭图》11358

铭文字数：3字

铭文释文：

象祖辛

该尊为筒形体，圆腹。喇叭形敞口，方唇，束颈，粗腰，腹部微鼓，圜底，圈足略高，下呈台阶状。腰部饰凸弦纹两道，腹部以云雷纹为地纹饰饕餮纹，以短棱脊为鼻梁，"臣"字形目，阔口，角、耳、鼻俱全。饕餮纹两侧饰顾龙纹，口向下，"臣"字形目，立弯角，卷尾。圈足上饰凸弦纹两道。该尊形制与1966年河北磁县下七垣出土饕餮纹尊[1]、1983年山东寿光古城乡古城村"益都侯城"出土的己**尊[2]相近。磁县下七垣属殷墟青铜器三期第Ⅰ阶段，即相当于殷墟文化第三期[3]。"益都侯城"出土铜器的年代相当于殷墟青铜器三期第Ⅰ阶段末叶，接近于三期第Ⅱ阶段[4]，即相当于殷墟文化三期末叶，接近于殷墟文化四期。此型尊在西周早期仍可见到，例如1961至1962年陕西沣西张家坡M106出土铜尊

（M106:5）[5]、2003年河南洛阳东车站M567出土铜尊（M567:14）[6]等。故该尊应属商末周初器。

该尊内底铸有铭文"象祖辛"3字，"象"字为大象的侧面形象，《说文解字》："象，长鼻牙，南越大兽，三年一乳。象耳牙四足之形。"亦见于殷墟甲骨卜辞，在此铭文中为作器者的族氏名称，该尊为祭祀祖辛而作。《集成》收录有同铭鼎（1512）。此外，《集成》收录的象族器尚有觚（6667）、爵（7509）等。

---

[1] 罗平：《河北磁县下七垣出土殷代青铜器》，《文物》1974年第11期。

[2] 寿光县博物馆：《山东寿光县新发现一批纪国铜器》，《文物》1985年第3期。

[3] 朱凤瀚：《中国青铜器综论》（中），上海古籍出版社，2009年，第1075页。

[4] 同[3]，第1049页。

[5] 赵永福：《1961—62年沣西发掘简报》，《考古》1984年第9期。

[6] 洛阳市文物工作队：《洛阳东车站两周墓发掘简报》，《文物》2003年第12期。

59. 父乙尊

　　馆藏编号：C5.297

　　时代：商代后期

　　规格：高26.2厘米，口径20.1厘米，底径14.3厘米

　　来源及入藏时间：1959年购藏

　　著录情况：《三代》11.4.7，《集成》5517，《铭图》11253

　　铭文字数：2字

　　铭文释文：

　　父乙

　　该尊为筒形体，腹部略鼓。喇叭形敞口，束颈，粗腰，圜底，高圈足，下部外侈。腰部饰凸弦纹两道，腹部以云雷纹为地纹饰饕餮纹，卷角，"臣"字形目，阔口。饕餮纹两侧饰立鸟纹，钩喙，长冠下垂，鸟腿粗壮，尾部内卷。圈足上部饰凸弦纹两道。该尊形制与1994年河南安阳大司空东地M7出土铜尊（M7:28）[1]、2004年河南安阳大司空村东南M303出土铜尊（M303:83）[2]、1999年河南安阳殷墟刘家庄北M1046出土亚胡尊（M1046:7）[3]相近。大司空东地M7、大司空东南M303均属殷墟铜器四期。刘家庄北M1046属殷墟青铜器三期第Ⅱ阶段[4]，即相当于殷墟文化四期，故该尊的时代亦应属这一时期。此型尊在西周早期仍可见，例如1972年甘肃灵台白草坡M1出土铜尊（M1:15）[5]。该尊纹饰亦与2003年河南洛阳东车站M567出土铜尊（M567:14）[6]相近，均为饕餮纹两侧配饰鸟纹。圈足内壁铸有铭文"父乙"2字，故该尊为祭祀父乙而作。

---

[1] 中国社会科学院考古研究所、安阳市文物考古研究所：《殷墟新出土青铜器》，图版161，云南人民出版社，2008年。

[2] 同[1]，图版184。

[3] 中国社会科学院考古研究所安阳工作队：《安阳殷墟刘家庄北1046号墓》，《考古学集刊》第15集，文物出版社，2004年。

[4] 朱凤瀚：《中国青铜器综论》（中），上海古籍出版社，2009年，第1005页。

[5] 甘肃省博物馆文物队：《甘肃灵台白草坡西周墓》，《考古学报》1977年第2期。

[6] 洛阳市文物工作队：《洛阳东车站两周墓发掘简报》，《文物》2003年第12期。

60. 亚𬊤尊

馆藏编号：C5.291

时代：商代后期

规格：高23.6厘米，口径19.8厘米，足径13厘米

来源及入藏时间：1949年霍明志先生捐赠

铭文字数：2字

铭文释文：

亞𫚔

该尊为筒形体，圆腹。大喇叭形敞口，束颈，腹略浅，下腹微鼓，圈足较高，下呈台阶状。腰部饰两道凸弦纹。腹部饰简省饕餮纹，以突起的棱脊为鼻梁，圆目突出。圈足上端饰凸弦纹两道。该尊形制、纹饰与1979年河南安阳殷墟

西区M2579出土铜尊（M2579:08）相近[1]，后者属殷墟青铜器三期第Ⅱ阶段[2]，即相当于殷墟文化四期，故该尊的时代亦应属这一时期。

器内底铸有铭文"亞𫚔"2字，亞为作器者的族氏名称，𫚔为氏名或人名，疑可隶作"攸"。本书收录有同铭卣（本书编号：77）。

---

[1] 中国社会科学院考古研究所：《殷墟青铜器》，图版二二六，文物出版社，1985年。

[2] 朱凤瀚：《中国青铜器综论》（中），上海古籍出版社，2009年，第1005页。

61. 妇好鸮鹡尊

　　馆藏编号：174

　　时代：商代后期

　　规格：通高46.3厘米，口长16.1厘米，重16千克

　　来源及入藏时间：1976年河南省安阳市殷墟小屯M5（妇好墓）出土，编号M5:785。1977年由中国社会科学院考古研究所寄陈

　　著录情况：《妇好墓》图三六，彩版七，图三四：4；《铜全》（3）图版113；《集成》5537；《铭图》11203

　　铭文字数：2字

铭文释文：

妇好

　　该尊形似昂首站立的鸱鸮[1]，面朝天，宽钩喙，小耳高冠。胸略外鼓，双翅并拢，宽尾下垂，与粗壮有力的双腿组成三个支撑点。颈后有半圆形盖，盖面隆起，前端铸一只尖喙高冠的立鸟，鸟后为小龙钮。背后有兽首半圆形鋬。鸱鸮面部以云雷纹为地纹饰饕餮纹，以突起的扉棱为鼻梁，"臣"字形目，眼珠突出。冠饰口向下、卷尾的夔纹及羽状纹。盖面以云雷纹为地纹，饰饕餮纹。喙饰蝉纹。喙两侧的颈部饰一身双首的夔纹，一夔首向下，作卷角，"臣"字形目，张口；另一首向上，作圆目，钩喙。胸部正中有突起的棱脊，以云雷纹为地纹饰饕餮纹，尖角弯曲，椭圆形目，小耳。腹侧双翼前饰蟠旋的蛇纹，蛇身饰菱格纹，蛇尾与翅平行。鋬内饰饕餮纹，头有巨角，口向下。鋬下饰展翅鸱鸮纹，圆眼尖喙，两翼展开。双腿以云雷纹为地纹饰倒置的夔纹。殷墟小屯M5（妇好墓）属殷墟青铜二期第Ⅱ阶段[2]，即相当于殷墟文化二期，故该尊的时代亦应属这一时期。该尊口下内壁铸有铭文"妇好"2字，为墓主之名（参见本书妇好三

联甗说明）。

　　小屯M5（妇好墓）出土鸱鸮尊一对2件，该尊为其中之一。类似的鸱鸮形尊尚有美国亚瑟·赛克勒美术馆收藏的亚酗尊[3]及《殷周青铜器通论》著录的鸮尊[4]等，后两器均属殷代，但形制与前者不同，纹饰亦不如前者精美。该鸱鸮尊造型稳重雄奇，形象逼真，花纹绮丽，是殷商时期青铜艺术的典型风格。

---

[1] 鸱鸮又称夜猫，猫头鹰类的鸟。《庄子·秋水》："鸱鸮夜撮蚤，察毫末，昼出瞋目而不见丘山，言殊性也。"《淮南子·主术篇》："鸱夜撮蚤蚊，察分秋豪，昼日颠越，不能见丘山，形性诡也。"高诱注："鸱，鸱鸮也，谓之老菟，夜鸣人屋上也。夜则目明，合聚人爪以著其巢中，故曰察分秋豪。昼则无所见，故曰形性诡也。"《广雅·释鸟》："鸱鸮，怪鸱。"王念孙疏证："怪鸱，头似猫，而夜飞，今扬州人谓之夜猫。"

[2] 朱凤瀚：《中国青铜器综论》（中），上海古籍出版社，2009年，第964页。

[3] 中国青铜器全集编辑委员会：《中国青铜器全集》（商4），图版一三六，文物出版社，1998年。

[4] 容庚、张维持：《殷周青铜器通论》，图版七一：138，文物出版社，1984年。

盖铭拓本

器铭拓本

63. 后母辛觥

馆藏编号：203

时代：商代后期

规格：通高36.5厘米，长47.4厘米，重8.4千克

来源及入藏时间：1976年河南安阳殷墟小屯M5（妇好墓）出土，编号：M5:1163。1978年中国社会科学院考古研究所寄陈

著录情况：《妇好墓》图版二五，图二五：3、4；《铜全》（3）图版149；《集成》9281；《铭图》13624

铭文字数：3字（盖、器同铭）

铭文释文：

后母辛

　　该觥整体为兽形，作站立状，由盖、器身两部分组成，以子母口相合。器身为扁长体，前窄后宽。宽长流，前端有圆形流孔，流下至胸部有一条扉棱，底略外鼓，下有四足，前二足为兽形奇蹄，后二足如鸟足，有四趾。兽首半圆形鋬。流下两侧饰夔纹。胸部两侧饰倒置夔纹，口向下，尾上卷。胸下部以扉棱为鼻梁饰有首无身的饕餮纹。腹后饰双翅与垂尾，与后足组成一个

整体。前足上部两侧饰倒置的夔纹，圆目，口向下，尾部下卷。下部外侧饰夔纹。后足饰羽毛纹。盖前端为马头形首，"臣"字形目，眼珠突出，两耳后耸，头上有二大卷角。盖前端马首的两鼻间饰蝉纹。盖顶饰龙纹，圆目，有耳，双角后伏。龙的中脊突起成扉棱，口向流，尾卷曲。盖面左侧饰顾龙纹及虎纹。右侧饰虎纹，双足前屈，长尾上举。全器均以云雷纹为地纹。安阳小屯M5（妇好墓）属殷墟青铜器二期第Ⅱ阶段[1]，即相当于殷墟文化二期，故该觥的时代亦应属这一时期。

　　该觥器盖对铭，盖里后端及底里中部均铸有铭文"后母辛"3字，或认为应读作"姤辛"或"婟辛"[2]。安阳小屯M5（妇好墓）出土后母辛觥一对2件，该觥为其中之一。该墓出土的同铭器尚有方鼎（《集成》1707—1708）、觥（《集成》9280）、方形器（《集成》10345）。

---

[1] 朱凤瀚：《中国青铜器综论》（中），上海古籍出版社，2009年，第964页。

[2] 裘锡圭：《说"姤"》，《裘锡圭学术文集》（第一卷），复旦大学出版社，2012年。

64. 饕餮纹觥

馆藏编号：134

时代：商代后期

规格：通高17.2厘米，通长22.6厘米，足径10厘米，重1.45千克

来源及入藏时间：1976年河南安阳殷墟小屯M5（妇好墓）出土，编号M5:843。1977年中国社会科学院考古研究所寄陈

著录情况：《妇好墓》图版二七：2

该觥由盖、器身两部分组成，以子母口相合。器身为椭圆形腹，短流，底略外鼓，椭圆形矮圈足，羊首半圆形錾。腹部、圈足三面及流下各有一条扉棱。錾下圈足上也有一条扉棱。圈足上端两侧各有一个小孔。盖前端作龙首形，张口露齿，"臣"字形目，头上有两瓶形角。盖顶中部有虺形钮，虺身拱起作游动状。盖面以云雷纹为地纹饰饕纹。盖顶虺钮为三角形头，圆目，身饰鳞纹。殷墟小屯M5（妇好墓）属殷墟青铜器二期第Ⅱ阶段[1]，即相当于殷墟文化二期，故该

觥的时代亦应属这一时期。小屯M5（妇好墓）出土形制、纹饰相同的觥一对2件，该觥为其中之一。与该觥形制相近的尚有1982年至1992年河南安阳郭家庄M53出土铜觥（M53:4）[2]、1976年山西晋中市灵石县旌介村M3出土铜觥（M3:1）[3]等。旌介M3属殷墟青铜器三期第Ⅱ阶段偏早[4]，郭家庄M53属殷墟青铜器三期第Ⅱ阶段[5]，约相当于殷墟文化第四期，均晚于小屯M5（妇好墓）出土的这件觥，故该觥为此形觥中的较早者。

[1] 朱凤瀚：《中国青铜器综论》（中），上海古籍出版社，2009年，第964页。

[2] 中国社会科学院考古研究所：《安阳殷墟郭家庄商代墓葬——1982年~1992年考古发掘报告》，图27：1，图32：3，彩版1：2，中国大百科全书出版社，1998年。

[3] 山西省考古研究所：《灵石旌介商墓》，图186、187、188，科学出版社，2006年。

[4] 同[1]，第1105页。

[5] 同[1]，第1004页。

65. 亚启方彝

馆藏编号：177

时代：商代后期

规格：通高26厘米，长16.9厘米，宽14厘米，足长14.1厘米，足宽11.1厘米，重5.25千克

来源及入藏时间：1976年河南安阳殷墟小屯M5（妇好墓）出土，编号：M5:823。1977年

中国社会科学院考古研究所寄陈

著录情况：《妇好墓》图版一八：2，《考古学报》1977年2期66页图六：7、9，《河南铜》（一）图版145，《集成》9847，《铭图》13482

铭文字数：2字（盖器同铭）

铭文释文：

亚𡥀（启）

器铭

盖铭

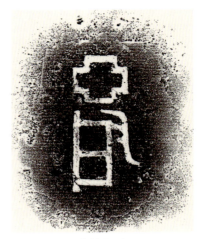

盖铭拓本

这一时期。小屯M5（妇好墓）出土方彝4件，该方彝为其中之一。

该方彝盖里长边一面中部及器口下长边一面内壁各铸有铭文2字"亚爻（启）"，"亚"在"爻"上。"亚"在商与周初族氏铭文习见，有多种解释，朱凤瀚指出"亚"字的内涵表示的是"次也"的意思。"亚"与"某"结合，表示"某"是其所属宗族的分支，即次级族氏。"亚某"也可作为其族长之称[5]。"爻"见于武丁时期卜辞[6]，在本铭中"爻"即应当是氏名。《集成》收录的有"亚爻"或"爻"字铭文的殷代器尚有鼎（1818）、簋（3041、3297）、卣（5347）、尊（5730）、觚（6593—6594）、爵（7455、8374—8375）、戈（10845、11010）、钺（11742）等。西周早期器有爵（8549）等。

该方彝由盖、器身两部分组成，以子母口相合。器身为长方形腹，腹壁略内收。长方形口，深腹，平底，长方形直圈足。圈足每边正中各有一个弧形缺口。器身正中及四隅均有扉棱。器身以云雷纹为地纹，口下部饰相对的小鸟纹，钩喙，圆目，尾下垂。腹部饰饕餮纹，以扉棱为鼻梁，卷角，在角的外缘有一整齐而薄的狭边，"臣"字形目，阔口。圈足以云雷纹为地纹饰相对的夔纹。盖为四阿式屋顶形，面微鼓，顶有四阿式钮，盖顶、盖面正中及四隅均有扉棱。盖面以云雷纹为地纹饰倒置的饕餮纹，以扉棱为鼻梁，卷角，眼珠鼓出。与该方彝形制、纹饰相近的有1976年河南安阳殷墟小屯M5（妇好墓）出土妇好方彝（M5:825、M5:828）[1]、1983年河南安阳大司空村M663出土方彝（M663:52）[2]、1995年河南安阳郭家庄东南M26出土方彝（M26:35）[3]等。以上诸墓均属殷墟青铜器二期第Ⅱ阶段[4]，即相当于殷墟文化二期，故该方彝的时代亦应属

[1] 中国社会科学院考古研究所：《殷墟青铜器》，彩版二二、图版一一五，文物出版社，1985年。

[2] 中国社会科学院考古研究所安阳工作队：《安阳大司空村东南的一座殷墓》，《考古》1988年第10期。

[3] 中国社会科学院考古研究所安阳工作队：《河南安阳市郭家庄东南26号墓》，《考古》1998年第10期。

[4] 朱凤瀚：《中国青铜器综论》（中），上海古籍出版社，2009年，第964页。

[5] 朱凤瀚：《商周金文中"亚"字形内涵的再探讨》，《甲骨文与殷商史（新六辑）——罗格斯商代与中国上古文明国际会议论文专辑》，上海古籍出版社，2016年。

[6] 中国社会科学院考古研究所：《殷墟妇好墓》，文物出版社，1980年，第99页。

66. 🔲方彝

　　馆藏编号：C5.3963

　　时代：商代后期

　　规格：通高19.7厘米，口长10.8厘米，口宽7.5厘米

　　来源及入藏时间：2014年国家文物局拨交

　　著录情况：《百年》第30—31页

　　铭文字数：1字（盖、器同铭）

　　铭文释文：

　　🔲

器铭

器铭拓本

盖铭

盖铭拓本

　　该方彝由盖、器身两部分组成，以子母口相合。器身为长方形腹，腹壁略内收。长方形口，深腹，平底，长方形直圈足。圈足每边正中各有一个弧形缺口。器身以云雷纹为地纹，口下部饰相对的夔纹，瓶形角，"臣"字形目，口向下，尾卷曲。腹部饰简省形饕餮纹，以相对的夔纹为角，"臣"字形目，阔口。圈足以云雷纹为地纹饰相对的夔纹。盖为四阿式屋顶形，面微鼓，顶有四阿式钮。盖钮饰云雷纹。盖面以云雷纹为地纹饰倒置的饕餮纹，以相对的夔纹为角，"臣"字形目，阔口。该方彝的形制与本书收录的亚启方彝（本书编号：65）相近，但前者盖与器身四隅无扉棱，且二者纹饰不同。亚启方彝属殷墟青铜器二期第Ⅱ阶段，即相当于殷墟文化二期，故该方彝的时代亦应属这一时期。

　　该方彝盖内及器内底铸有相同铭文"冉"字，可暂隶定作"冉"，为作器者的族氏名称。冉族为殷代大族，西周早期仍可见。《集成》收录的冉族器有200余件（参见本书冉丁爵说明）。

69. 北单卣

馆藏编号：K1095

时代：商代后期

规格：通高28.3厘米，口径7.3厘米，足径9.3厘米

来源及入藏时间：1950年河南安阳武官村大墓M1陪葬墓E9出土，1959年由中国科学院考古研究所调拨

著录情况：《考古学报》5册图版16:1，图版45:2；《河南铜》（一）图版二七五；《辞典》（青铜卷）图版109；《集成》4779；《铭图》12542

铭文字数：2字

铭文释文：

北单

该卣由盖、器身两部分组成。器身为葫芦形圆鼓腹，腹下部倾垂。侈口、细长颈，直圈足。腹上部两侧有耳连接扁平提梁，提梁两端作蛇首形。器颈饰凸弦纹两道，下以云雷纹为地纹饰饕餮纹，以突起的棱脊为鼻梁，卷角，"臣"字形目，躯体向两侧展开，尾内卷。圈足饰云雷纹带一周。圆形盖，盖顶隆起，上有菌状钮。盖钮柱有蝉形链与提梁相连。钮顶饰涡纹，盖面饰三角云纹。提梁表面饰菱格纹及三角纹。该卣形制与1977年河南安阳殷墟小屯M18出土饕餮纹卣（M18:10）[1]相近，但纹饰略有不同。小屯M18属殷墟青铜器二期第Ⅱ阶段[2]，即相当于殷墟文化二期，故该卣的形制亦应属这一时期。

足底铸有铭文"北单"2字，为作器者的族氏名称（详见本书北单戟簋说明）。

---

[1] 中国社会科学院考古研究所：《殷墟青铜器》，图版一五三，文物出版社，1985年。

[2] 朱凤瀚：《中国青铜器综论》（中），上海古籍出版社，2009年，第964页。

70. 骄乍父辛卣

馆藏编号：C5.3152

时代：商代后期

规格：通高31厘米，口径12.5厘米，足径13.4厘米

来源及入藏时间：1959年由上海博物馆调拨

铭文字数：4字

铭文释文：

骄乍（作）父辛

该卣由盖、器身两部分组成，以子母口相合。器身为椭圆形鼓腹。敛口，短直颈，矮直圈足，圈足底部作台阶状。肩部两侧有对称的环耳，耳内套铸兔首扁提梁。肩部正中有浮雕兽首，两侧以云雷纹为地纹饰相对的夔纹，椭方形目，张口，尾部上卷。圈足以云雷纹为地纹饰相对的夔纹。盖顶隆起，上有瓜棱形钮。盖顶以云雷纹为地纹饰相对的夔纹，盖壁饰三角纹，内填饰云雷纹。提梁面正中有菱形突起，两侧以云雷纹为地纹饰相对的夔纹。该卣形制、纹饰与1963年河南安阳苗圃北地M172出土亚盥卣（M172:3）[1]、1982年河南安阳殷墟西区M875出土夔纹卣（M875:6）[2]、1973年陕西岐山贺家村

M1出土铜卣（M1:3）[3]等相近，但后三件卣均为绞索状提梁，提梁两端为圆环，与前者不同。苗圃北地M172、殷墟西区M875均属殷墟青铜器三期第Ⅰ阶段[4]，即相当于殷墟文化三期。岐山贺家村出土卣（M1:3）属殷墟三期[5]。故该卣的时代亦应属这一时期。

该卣盖内铸有铭文"骄乍（作）父辛"4字。"骄"从"大"，从"马"，似一人牵二马之形。殷、西周金文中常见有"豪马"，作▨（《集成》3311），与此卣铭文相近。但在"豪马"铭文中，"大"下有一猪形（即"豕"），作豪，与此卣铭文不同。"骄"与"豪马"或属同族，为"豪马"的省写。骄为作器者的族氏名称，该卣为祭祀父辛而作。

---

[1] 中国社会科学院考古研究所：《殷墟青铜器》，图六七：1，文物出版社，1985年。

[2] 同[1]，图版一九〇。

[3] 陕西省博物馆、陕西省文物管理委员会：《陕西岐山贺家村西周墓葬》，《考古》1976年第1期。

[4] 朱凤瀚：《中国青铜器综论》（中），上海古籍出版社，2009年，第987页。

[5] 同[4]，第1126页。

72. 冀叔父辛卣

馆藏编号：C5.2607

时代：商代后期

规格：通高34.5厘米，口径长15.2厘米，口径宽11厘米

来源及入藏时间：1965年程仲鸣等四人

捐赠

著录情况：《三代》13.11.3（盖），《集成》5167，《铭图》13026

铭文字数：5字（盖、器同铭）

铭文释文：

冀叔（扶）父辛彝

盖铭

盖铭拓本

器铭拓本

　　该卣由盖、器身两部分组成，以子母口相合。器身为扁圆形鼓腹。敛口，短直颈，矮圈足外撇。肩部两侧有对称的环耳，耳内套铸兽首扁提梁。器肩部正中有浮雕兽首，肩部与圈足均以云雷纹为地纹饰相对的夔纹，卷角，"臣"字形目，张口向下，长鼻上卷，躯体向两侧展开，背脊有列刀状纹，尾部上卷。盖顶隆起，上有瓜棱形钮。盖顶以云雷纹为地纹饰夔纹。提梁两端的兽首为圆目，弯眉，张口，露尖齿。提梁面以云雷纹为地纹饰上下相错的顾龙纹。该卣形制与小子𧽊卣[1]相近，后者属殷代晚期偏晚[2]，故该卣的时代亦应属之一时期。此型卣在西周早期仍存在，如1975年河南襄县丁营霍庄西周初期墓出土铜卣[3]。

　　该卣盖、器内铸有相同铭文5字"冀叔父辛彝"。"冀"在殷墟甲骨卜辞、殷至西周中期金文中习见，为作器者的族氏名称（参见本书收录的冀角说明）。"叔"通"扶"，为作器者名，该卣为祭祀父辛而作。《集成》收录的叔所作之器尚有西周早期的鼎（1979）等。

[1] 容庚、张维持：《殷周青铜器通论》，图版九一：176，文物出版社，1984年。

[2] 朱凤瀚：《中国青铜器综论》（上），上海古籍出版社，2009年，第202页。

[3] 河南省博物馆：《河南省襄县西周墓发掘简报》，《文物》1977年第8期。

73.冊祖己父辛卣

　　馆藏编号：C5.3047

　　时代：商代后期

　　规格：通高33.5厘米，口径长14.6厘米，
足径长18.7厘米

　　来源及入藏时间：1959年购藏

　　著录情况：《三代》13.9.6—7，《集成》
5146，《铭图》13019

　　铭文字数：5字（盖、器同铭）

　　铭文释文：

　　冊祖己父辛

盖铭

盖铭拓本

器铭

器铭拓本

　　该卣由盖、器身两部分组成，以子母口相合。器身为扁圆形鼓腹。敛口，短直颈，矮圈足外撇。肩部两侧有对称的环耳，耳内套铸兽首扁提梁。器颈部正中有浮雕兽首，两侧饰夔纹带一周。腹部饰饕餮纹，折角，"臣"字形目，鼻梁宽大，卷耳，阔口，两嘴角下弯。圈足饰夔纹。盖顶隆起，上有瓜棱形钮。盖钮饰倒置的饕餮纹。盖顶纹饰与器腹部相同。盖壁饰相对的夔纹。提梁两端的兽首为卷角，"臣"字形目，鼻梁竖直，鼻准较大，阔口。提梁面饰顾龙纹。该卣形制与本书收录的冀叔父辛卣（本书编号：

72）相近，但纹饰不同。后者属殷代晚期偏晚（参见冀叔父辛卣说明），故该卣的时代亦应属这一时期。

　　该卣盖、器内铸有相同铭文5字"⊞祖己父辛"。⊞为作器者的族氏名称，该卣是为祭祀祖己、父辛而作。《集成》收录的殷代⊞族器尚有鼎（1169—1173、1470、1581、1681）、簋（3007）、尊（5480—5482、5634、5686）、觯（6237—6238、6266）、瓿（6755—6756）、爵（7767—7768）、斝（9137—9138）、勺（9907）等。西周早期器有盉（9347）等。

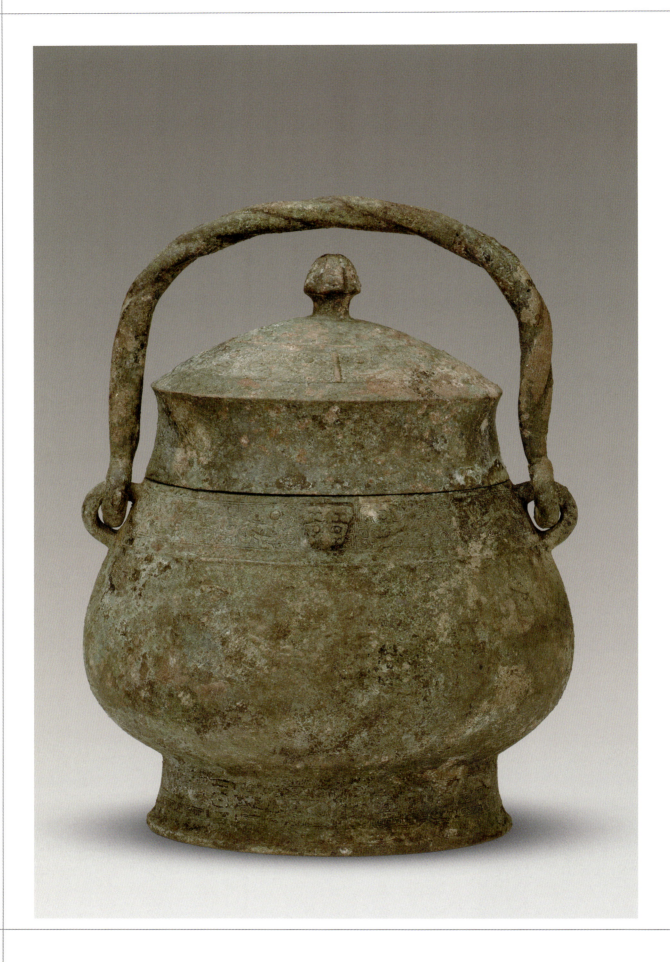

74. 㠱乎卣

馆藏编号：C5.313

时代：商代后期

规格：通高27.1厘米，口径13厘米，足径15.2厘米

来源及入藏时间：1958年购藏

著录情况：《集成》5016，《铭图》12820

铭文字数：2字

铭文释文：

㠱乎

该卣由盖、器身两部分组成，以子母口相合。器身为扁圆形鼓腹。敛口，短直颈，底近平，矮圈足外撇。肩部两侧有对称的环耳，耳内套铸绚索状提梁。器肩部正中有浮雕兽首，两侧以云雷纹为地纹饰鸟纹。圈足以云雷纹为地纹饰夔纹带一周。盖顶隆起，上有瓜棱形钮。盖顶以云雷纹为地纹饰相对的夔纹。该卣形制与本书收录的亚𩰬吴亳作母癸卣（本书编号：71）相近，但纹饰不同。后者属殷墟青铜器三期第Ⅰ至第Ⅱ阶段，即相当于殷墟文化第三至四期，故该卣的时代亦应属这一时期。

该卣器内底铸有铭文2字"㠱乎"，殷、西周初金文中有"㠱父乙"、"㠱母彝"等，故"㠱"为作器者的族氏名称，"乎"为作器者之名。《集成》收录的殷代㠱族器有簋（3241）、卣（5111）等。殷或西周早期器有鼎（1823）等。西周早期器有鼎（1756）等。

75. 嶲卣

　　馆藏编号：C5.307

　　时代：商代后期

　　规格：通高35.3厘米，口径9.5厘米，足径

16.3厘米

盖铭

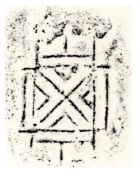

盖铭拓本

器铭

器铭拓本

来源及入藏时间：1959年崔耀亭先生捐赠

著录情况：《历博刊》4期97页图八，《集成》4799

铭文字数：1字（盖、器同铭）

铭文释文：

𭏘

该卣分为盖、器身两部分，以子母口相合。器身为葫芦形圆鼓腹。小口，长颈微束，圜底，高圈足斜张。肩部两侧有对称的圆环套铸绳纹提梁。肩部以云雷纹为地纹饰由相对的夔纹组成的纹带，钩喙、圆目、尾上卷。上下以联珠纹为栏。圈足以云雷纹为地纹饰相对的夔纹，卷角，"臣"字形目，躯体向两侧展开，尾部上卷。盖为直壁，盖顶隆起，上有圈足形钮。盖顶饰一周

目云纹。该卣形制、纹饰与1999年河南安阳殷墟刘家庄北M1046出土铜卣（M1046:6）[1]相近，后者属殷墟青铜器三期第Ⅱ阶段[2]，即相当于殷墟文化四期，故该卣的时代亦应属这一时期。

该卣盖、器对铭。盖内与口内壁均铸有相同阳文铭文"𭏘"，为作器者的族氏名称。《集成》收录的𭏘族器尚有鼎（1163—1165）、簋（3001—3002）、豆（4651）、卣（4800—4801）、尊（5495）、觯（6050—6051）、瓠（6725—6726）、角（7756）、爵（7757—7758）、斝（9139）、觥（9250）、罍（9748）、方彝（9843）、瓿（9941）等。

---

[1] 中国社会科学院考古研究所安阳工作队：《安阳殷墟刘家庄北1046号墓》，《考古学集刊》第15集，文物出版社，2004年。

[2] 朱凤瀚：《中国青铜器综论》（中），上海古籍出版社，2009年，第1005页。

76. 双鸮卣

馆藏编号：K1086

时代：商代后期

规格：高19.7厘米，口径11.5厘米

来源及入藏时间：1953年河南安阳大司空村M239出土，编号：M239：1。1959年由中国科学院考古研究所调拨

著录情况：《考古学报》1955年1期图版七：2，《河南铜》（一）图版三〇三

　　该卣为椭圆形鼓腹，形似两只相背而立的鸮鹠。失盖。椭圆形口，束颈，双鸮身合为器腹，双鸮各二足合成蹄足。颈、腹两侧各有对称的环耳，耳内套绚索状提梁。腹部饰羽翅纹。与该卣形制、纹饰相近的有1957年山西石楼二郎坡出土双鸮卣[1]、1966年湖南长沙宝堤院出土双鸮卣[2]、湖北应城采集双鸮卣[3]及上海博物馆收藏的徙卣[4]等。但与前者不同的是：后4件双鸮卣均有盖，二

郎坡出土双鸮卣颈、腹两侧为兽首形贯耳。二郎坡出土双鸮卣属殷墟铜器二期第Ⅱ阶段[5]，即相当于殷墟文化二期。长沙宝堤院出土双鸮卣约殷墟三期[6]。故该双鸮卣的时代当属殷墟文化二至三期。大司空村M239出土青铜器6件，有卣、鼎、弓形器、镞、戈，该卣为其中之一。

[1] 山西省文物管理委员会保管组：《山西石楼县二郎坡出土商周铜器》，《文物参考资料》1958年第1期。

[2] 湖南省博物馆：《湖南省博物馆》，图24，文物出版社、讲谈社，1983年。

[3] 中国青铜器全集编辑委员会：《中国青铜器全集》（商4），图版一五六，文物出版社，1998年。

[4] 同[3]，图版一五七。

[5] 朱凤瀚：《中国青铜器综论》（中），上海古籍出版社，2009年，第1093页。

[6] 同[5]，第1182页。

77. 亚ㄎ卣
　　馆藏编号：C5.314
　　时代：商代后期
　　规格：通高28.5厘米，口长11厘米，口宽
6.5厘米

来源及入藏时间：1949年霍明志先生捐赠
铭文字数：2字（盖、器同铭）
铭文释文：

亚ㄎ

79. 四羊首饕餮纹罍

馆藏编号：K10227

时代：商代后期

规格：通高33.4厘米，口径21厘米

来源及入藏时间：1986年四川广汉三星堆二号坑（K2）出土，编号：K2②:70，1989年由四川省文管会调拨

著录情况：《文物》1989年5期图版肆：2，图一五：3；《三星堆》图一四五，图版九七

该罍为圆形深腹，腹壁斜直内收至底。侈口、方唇、短颈、斜折肩、矮圈足。颈部饰凸弦纹三道。肩以云雷纹为地纹饰四组夔纹，"臣"字形目，角直立，上部向两侧延伸而内卷，尾部内卷。肩外缘铸四个浮雕羊首，均为卷角，"臣"字形目，嘴唇突出。腹上部以云雷纹为地纹饰夔纹。腹中部以云雷纹为地纹饰饕餮纹，以突起的棱脊为鼻梁，内卷角，"臣"字形目，躯体向两侧展开，尾部上卷。饕餮尾下饰鸟纹，相邻的两个鸟纹相对而立。上下以联珠纹为栏。腹下部饰目云纹带一周。圈足饰饕餮纹。该罍形制继承了殷墟铜罍的形制（例如小屯M388:R2061，M232:R2956），但有所发展，腹变成直壁深腹，近于桶状，肩部的四羊首高伸出于肩上，此形不见于殷墟铜器[1]。三星堆二号坑青铜容器的年代在殷墟文化二期偏晚（殷墟青铜器二期第Ⅱ阶段）[2]，故该罍的时代亦属这一时期。该罍形制与1982年湖南岳阳鲂鱼山出土牺首饕餮纹罍[3]相近，但后者圈足加高。岳阳鲂鱼山出土牺首饕餮纹罍约殷墟二期Ⅱ阶段[4]，与前者时代相同。二号祭祀坑出土青铜器735件（参见本书三牛首六鸟饕餮纹尊说明），其中铜罍6件，该罍为其中之一。

---

[1] 朱凤瀚：《中国青铜器综论》（中），上海古籍出版社，2009年，第1162页。

[2] 同[1]，第1164页。

[3] 国家文物局：《中国文物精华大辞典》（青铜卷），图87，上海辞书出版社、商务印书馆（香港）有限公司，2002年。

[4] 同[1]，第1182页。

80. 罍

　　馆藏编号：C5.363

　　时代：商代后期

　　规格：高32.6厘米，口径11.8厘米，底径

12厘米

　　来源及入藏时间：1954年购藏

　　铭文字数：1字

　　铭文释文：

　　该罍腹较深，腹壁以较平直曲线自肩部最宽处向底部斜收。小口，短直颈，圆肩，平底。肩部左右两侧有对称的兽首半圆形耳，下腹近底处有兽首半圆形钮。兽首均为圆目，卷角，鼻部上翘。与该罍形制相近的有1977年河南安阳殷墟小屯M18出土铜罍（M18:37）[1]、1980年河南安阳大司空村M539出土铜罍（M539:22）[2]、1979年河南罗山蟒张天湖M1出土铜罍（M1:3）[3]及1964年陕西汉中洋县小江乡张村出土铜罍[4]等。小屯M18、大司空村M539及洋县小江乡张村出土铜罍均属殷墟青铜器二期第Ⅱ阶段[5]，即相当于殷墟文化二期。蟒张天湖M1属殷墟青铜器三期第Ⅰ阶段偏早[6]，即相当于殷墟文化第三期偏早。故该罍的时代应属殷墟青铜器二期第Ⅱ阶段至三期第Ⅰ阶段偏早，即相当于殷墟文化二期至三期偏早。

　　该罍腹下部兽首半圆形钮上的腹壁处铸有铭文"阝丨"字，为作器者的族氏名称。《集成》收录有同铭罍（9741）。值得注意的是，该铭文在罍下腹部器表，较为特殊。

[1]　中国社会科学院考古研究所：《殷墟青铜器》，图版一五四，文物出版社，1985年。

[2]　中国社会科学院考古研究所安阳工作队：《1980年河南安阳大司空村M539发掘简报》，《考古》1992年第6期。

[3]　河南省信阳地区文管会、河南省罗山县文化馆：《罗山天湖商周墓地》，《考古学报》1986年第2期。

[4]　曹玮：《汉中出土商代青铜器》，巴蜀书社，2006年，第111页。

[5]　朱凤瀚：《中国青铜器综论》（中），上海古籍出版社，2009年，第964、1142页。

[6]　同[5]，第1033页。

81. 四羊首乳钉雷纹罍

馆藏编号：C5.3010

时代：商代后期

规格：高40.3厘米，口径30.3厘米

来源及入藏时间：1959年上海文管会调拨

该罍为圆形鼓腹。敞口，口沿外折，方唇，短颈，圆肩，矮直圈足，圈足上有三个长方形孔。肩、腹部有突起的扉棱。颈部饰凸弦纹三道。肩部饰夔纹带一周。肩、腹上部铸有浮雕羊首，卷角，"臣"字形目。腹上部饰由突起的圆饼状涡纹间以"米"字纹组成的纹带一周。腹下部饰斜方格乳钉雷纹。圈足饰饕餮纹，椭圆形目，角直立，上部向两侧延伸而内卷，躯体向两侧展开，尾部上卷。该罍纹饰及四羊首的装饰风格与上海博物馆收藏的四羊首乳钉雷纹瓿[1]基本相同。值得注意的是，该罍腹上部饰突起的圆饼状涡纹间以"米"字纹，此型纹饰亦见于1989年江西新干大洋洲劳背沙洲出土柱足圆鼎（标本003）[2]、1982年湖南岳阳荣湾乡鲂鱼山出土牺首饕餮纹罍[3]及上海博物馆收藏的另一件四羊首乳钉雷纹瓿[4]，不见于殷墟铜器，是殷代南方特有

的花纹。此型纹饰与四瓣目纹相近，四瓣目纹亦常与涡纹共组，所以此形纹饰似是四瓣目纹的省变形式[5]。四瓣目纹约始见于殷代中期偏晚[6]，劳背沙洲出土柱足圆鼎不早于殷墟铜器二期第Ⅱ阶段[7]，鲂鱼山出土牺首饕餮纹罍约殷墟二期第Ⅱ阶段[8]，故该罍的时代应不早于殷墟二期第Ⅱ阶段（即殷墟文化二期）。

[1] 陈佩芬：《夏商周青铜器研究》（夏商篇），图一八一，上海古籍出版社，2004年。

[2] 江西省文物考古研究所、江西省新干县博物馆：《江西新干大洋洲商墓发掘简报》，《文物》1991年第10期。

[3] 国家文物局：《中国文物精华大辞典》（青铜卷），图87，上海辞书出版社、商务印书馆（香港）有限公司，2002年。

[4] 同[1]，图一八〇。

[5] 朱凤瀚：《中国青铜器综论》（中），上海古籍出版社，2009年，第1198页。

[6] 朱凤瀚：《中国青铜器综论》（上），上海古籍出版社，2009年，第595页。

[7] 同[5]。

[8] 同[5]，1182页。

82. 饕餮纹瓿

馆藏编号：C5.327

时代：商代后期

规格：高27厘米，口径23.4厘米，底径23厘米

来源及入藏时间：1958年购藏

　　该瓿腹部宽扁近扁椭圆形。敛口，折沿，方唇，短直颈微内弇，斜肩，鼓腹，矮圈足微外撇，上有方孔。颈部饰凸弦纹两道。肩部饰夔纹带一周，"臣"字形目，眼珠突出，尾部上卷，躯体饰列刀形纹。腹部饰饕餮纹，以突起的棱脊为鼻梁，"臣"字形目，眼珠突出。躯体填饰云雷纹并向两侧展开，尾部上卷。额头、躯体及尾部上均有列刀形纹。尾下饰夔纹。圈足上饰凸弦纹，下饰云雷纹带一周。与该瓿形制、纹饰相近的有1936年河南安阳殷墟小屯M232出土铜瓿（M232:R2057）[1]、2001年河南安阳殷墟花园庄东地M60出土铜瓿（M60:4）[2]及1990年陕西汉中洋县马畅镇安家村出土铜瓿[3]等。小屯M232属殷墟青铜器一期[4]，即相当于殷墟文化一期。花园庄东地M60及马畅镇安家村出土铜瓿均属殷墟青铜器二期第Ⅰ阶段[5]，即相当于殷墟文化一期。故该瓿的时代应属殷墟青铜器一期至二期第Ⅰ阶段，即相当于殷墟文化一期。

[1]《小屯》第一本《遗址的发现与发掘·丙编·殷墟墓葬之三——南区墓葬附北组墓葬补遗》，图版壹壹，壹贰，"中研院"历史语言研究所，1973年。

[2] 中国社会科学院考古研究所安阳工作队：《河南安阳殷墟花园庄东地60号墓》，《考古》2006年第1期。

[3] 曹玮：《汉中出土商代青铜器》，巴蜀书社，2006年，第132页。

[4] 朱凤瀚：《中国青铜器综论》（中），上海古籍出版社，2009年，第943页。

[5] 同[4]，第953、1142页。

84. 饕餮纹瓿

馆藏编号：C5.325

时代：商代后期

规格：高19.5厘米，口径19.9厘米，底径
16.5厘米

来源及入藏时间：旧藏

该瓿形体低而宽，扁圆形浅腹。敛口，折
沿，方唇，束颈，圆折肩，腹壁斜收，矮圈足。
颈部饰凸弦纹两道。肩部以云雷纹为地纹饰排列
成同一方向的夔凤纹。腹部以云雷纹为地纹饰饕
餮纹，以突起的短棱脊为鼻梁，"臣"字形目，
阔口，躯体向两侧展开，尾部外卷。两侧饰倒
置的夔纹，头部向下，圆目突出。圈足上有镂

空孔，下饰云纹带一周。该瓿形制与1934—1935
年河南安阳侯家庄西北冈1001号大墓出土铜瓿
（M1001:R11021）[1]及上海博物馆收藏的饕餮纹
瓿[2]相近。西北冈1001号大墓属殷墟青铜器二期第
Ⅱ阶段[3]，即相当于殷墟文化二期，故该瓿的时代
亦应属这一时期。

[1] 《侯家庄（河南安阳侯家庄殷代墓地）》第二本《1001
号大墓》，图版贰肆肆：2，贰肆陆：4，"中研院"历史
语言研究所，1962年。

[2] 陈佩芬：《夏商周青铜器研究》（夏商篇），图一七五，
上海古籍出版社，2004年。

[3] 朱凤瀚：《中国青铜器综论》（中），上海古籍出版社，
2009年，第963页。

85. 妇好瓿

　　馆藏编号：181

　　时代：商代后期

　　规格：通高34.2厘米，口径21.8厘米，足径23.8厘米，重14.3千克

　　来源及入藏时间：1976年河南安阳殷墟小屯M5（妇好墓）出土，编号：M5:796。1977年

中国社会科学院考古研究所寄陈

　　著录情况：《妇好墓》图版二九一：1，《河南铜》（一）图版一五三，《集成》9953，《铭图》13961

　　铭文字数：2字

　　铭文释文：

妇好

该瓿由盖、器身两部分组成，以子母口相合。器身为扁圆形鼓腹，腹下部稍内收。敛口，方唇，短颈，圆肩，底近平，高圈足，圈足上有三个长方形孔。肩、腹部及圈足均有扉棱。颈部饰凸弦纹两道。肩部铸三个浮雕卷角兽首，兽首两侧以云雷纹为地纹饰对称的夔纹，圆目、张口、卷角、尾上卷。腹部以云雷纹为地纹饰有首无身的简省形饕餮纹，以突起的短扉棱为鼻梁，卷角，"臣"字形目，阔口。在饕餮纹两侧各饰一倒置的夔纹。圈足饰三组相对的夔纹。盖似半球形，盖顶隆起，上有菌状钮。盖上有突起的扉棱六道。盖面以云雷纹为地纹饰倒置的饕餮纹，以扉棱为鼻梁，阔口，卷角，"臣"字形目。小屯M5（妇好墓）属殷墟青铜器二期第Ⅱ阶段[1]，即相当于殷墟文化二期，故该瓿的时代亦属这一时期。与该瓿形制、纹饰相近的尚有1959年湖南宁乡黄材镇寨子山出土饕餮纹瓿[2]及河南博物院收

藏的饕餮纹瓿[3]。寨子山出土饕餮纹瓿亦属殷墟铜器二期Ⅱ阶段[4]，与前者时代相同。

该瓿器内底中部铸有铭文"妇好"2字，为墓主之名（参见本书妇好三联甗说明）。小屯M5（妇好墓）出土带盖铜瓿三件，形制基本相似。其中两件成对，形体较小，均铸有"妇好"铭文，该瓿为其中之一。

[1] 朱凤瀚：《中国青铜器综论》（中），上海古籍出版社，2009年，第964页。

[2] 中国青铜器全集编辑委员会：《中国青铜器全集》（商4），图版一〇二—一〇四，文物出版社，1998年。

[3] 国家文物局：《中国文物精华大辞典》（青铜卷），图152，上海辞书出版社、商务印书馆（香港）有限公司，1995年。

[4] 同[1]，第1181页。

86. 饕餮纹双耳瓿

馆藏编号：Y2030

时代：商代后期

规格：高25.6厘米，口径20.9厘米，足径
20.6厘米

来源及入藏时间：1984年湖南新邵县陈家
坊征集，1989年由湖南省博物馆调拨

著录情况：马大明等：《新邵、浏阳、株
洲、资兴出土商周青铜器》，《湖南出土殷商
西周青铜器》，岳麓书社，2007年

该瓿为扁圆形鼓腹，腹壁斜收。敛口，口
沿外折，方唇，束颈，斜肩，高圈足外撇。肩部
有对称的牛首形半圆耳。颈部饰凸弦纹两道。肩
部饰"臣"字形目纹，眼珠突出，四周填饰云雷
纹。腹部以云雷纹为地纹饰饕餮纹，以突起的棱
脊为鼻梁，"臣"字形目，眼珠突出。圈足饰云

雷纹带，上下以联珠纹为栏。该瓿形制较为特
殊，与殷代常见的圆体无耳瓿有所不同，其形不
见于殷墟青铜器，似具有地方特色。该瓿出土于
湖南，属所谓的"宁乡铜器群"[1]。在"宁乡铜器
群"中，可以参照殷墟铜器分期推测其年代的，
多数相当于殷墟青铜器分期的第二、三期，即殷
代中晚期[2]。该瓿与《商周彝器通考》著录的勾连
雷纹双耳瓿[3]相近，但纹饰不同，后者约殷代晚期
器[4]，故该瓿的时代亦应属这一时期。

[1] 朱凤瀚：《中国青铜器综论》（中），上海古籍出版社，
　　2009年，第1183页。

[2] 同[1]。

[3] 容庚：《商周彝器通考》，图版九〇一，大通书局，1973
　　年。

[4] 朱凤瀚：《中国青铜器综论》（上），上海古籍出版社，
　　2009年，第221页。

87. 饕餮纹方缶

馆藏编号：125

时代：商代后期

规格：高9.6厘米，口长7.5厘米，口宽6.7厘米，底径5.6厘米

来源及入藏时间：1976年河南安阳小屯M5（妇好墓）出土，编号M5：805。1977年中国社会科学院考古研究所寄陈

著录情况：《妇好墓》图四八：2，图版三一：3；《辞典》（青铜卷）图124

该缶[1]腹部略呈长方形。口沿外折，方唇。斜肩，腹下部内收，底微凹。肩部长边两面正中各铸有一浮雕的蝉，两侧饰蛇纹。短边两面正中有突起的短棱脊，两侧亦饰蛇纹。腹部以云雷纹为地纹，正中及四隅有突起的扉棱，腹上部饰倒置的夔纹，头向下，张口，躯体上竖，尾部弯曲。下饰饕餮纹，以扉棱为鼻梁，"臣"字形目，阔口。与这件小方缶类似的还有中国国家博物馆收藏的镶嵌绿松石饕餮纹方缶（本书编号：88），但后者口部呈圆形，纹饰以绿松石镶嵌而成。安阳小屯M5（妇好墓）属殷墟青铜器二期第Ⅱ阶段的铜器[2]，约相当于殷墟文化第二期，故该缶的时代亦应属这一时期。值得注意的是，商代后期的青铜器盛行在颈部装饰浮雕兽首，但此缶以浮雕立体的蝉代替兽首较为少见。

---

[1] 此类器习称缶，但缶在东周时才出现。此类器从形制上看为方罐形器，用途不明。故暂沿袭旧称为缶。

[2] 朱凤瀚：《中国青铜器综论》（中），上海古籍出版社，2009年，第963页。

88. 镶嵌绿松石饕餮纹方缶

馆藏编号：Y1089

时代：商代后期

规格：高10.7厘米，口径6.2厘米，底径7.5厘米

来源及入藏时间：传1934年河南安阳出土。1953年文化部文物事业管理局拨交

著录情况：《辞典》（青铜卷）图125

该缶[1]为方形鼓腹。圆口，直颈，斜肩，腹下部内收，平底微内凹。肩部每面正中有一浮雕卷角羊首，四隅为突起的短扉棱。腹部正中及四隅均有突起的扉棱。肩部羊首两侧饰倒置的夔纹。腹部饰饕餮纹，以扉棱为鼻梁，弯角，椭圆形目，阔口。通体纹饰均以绿松石镶嵌而成。与该缶形制相近的有1976年河南安阳小屯M5（妇好墓）出土饕餮纹方缶（M5:805）（本书编

号:87），后者属殷墟青铜器二期第Ⅱ阶段[2]，约相当于殷墟文化第二期，故该缶的时代亦应属这一时期。

根据目前的资料，镶嵌绿松石工艺在二里头文化时期已经出现。这种工艺是先在器物上铸出阴纹的花纹，然后用黏着物将不同形状的绿松石片或块镶嵌在花纹内，再经过磨错而成。在殷代多施用于武器和小型饰件上，用于青铜容器则较为少见[3]。

---

[1] 此类器习称缶，但缶在东周时才出现。此类器从形制上看为方罐形器，用途不明。故暂沿袭旧称为缶。

[2] 朱凤瀚：《中国青铜器综论》（中），上海古籍出版社，2009年，第964页。

[3] 朱凤瀚：《中国青铜器综论》（上），上海古籍出版社，2009年，第783页。

89. 左壶

　　馆藏编号：C5.3150

　　时代：商代后期

　　规格：高34.9厘米，口径长18厘米

　　来源及入藏时间：1955年购藏

铭文字数：1字
铭文释文：
左

该壶为扁圆形腹，下腹部鼓张。侈口，束颈，矮圈足外撇。颈部两侧有对称的圆柱形贯耳。颈部饰凸弦纹两道。腹上部饰三角纹，内填饰变形饕餮纹。下以云雷纹为地纹饰饕餮纹，以突起的短棱脊为鼻梁，曲折角，"臣"字形目，躯体向两侧展开，尾部外卷。圈足以云雷纹为地纹饰饕餮纹，角直立，上部向两侧延伸而内卷，"臣"字形目，躯体向两侧展开，卷尾。贯耳饰饕餮纹。该壶形制、纹饰与1934年河南安阳侯家

庄东区M1005出土铜壶（M1005:R1081）[1]基本相同，后者属殷墟青铜器二期第Ⅱ阶段[2]，即相当于殷墟文化二期，故该壶的时代亦应属这一时期。

该壶内壁铸有铭文"左"字，为作器者的族氏名称。《集成》收录的殷代左族器尚有鼎（1097）、瓴（6588）、盉（9315）等。

[1] 李济：《殷墟出土五十三件青铜容器之研究：殷墟发掘出土五十三件青铜容器的形制和文饰之简述及概论》，《殷墟青铜器研究》，上海人民出版社，2008年，第484页。
[2] 朱凤瀚：《中国青铜器综论》（中），上海古籍出版社，2009年，第963页。

90. 夔纹壶

馆藏编号：Y23

时代：商代后期

规格：高33.5厘米，口径11.1厘米，底径
16厘米

来源及入藏时间：1956年购藏

著录情况：《辞典》（青铜卷）图102

该壶形体修长，圆形深腹，腹壁斜直，腹下部侈大如瓠形。敛口，矮圈足。颈部两侧有对称的贯耳。颈上部饰凸弦纹两道。贯耳饰饕餮纹。颈下部有突起的短棱脊，两侧以云雷纹为地纹，饰相对的夔纹，圆目鼓出，尾部上卷。下饰云雷纹带一周。腹上部饰三角蝉纹，以云雷纹为地纹，蝉纹均突出器表。圈足上有对称的方孔，下饰斜角云纹带一周。该壶形制、纹饰与1965年陕西绥德墕头村出土饕餮纹壶相近[1]。绥德墕头村器组约跨殷墟铜器二期第Ⅰ阶段至三期第Ⅰ阶段[2]，

即相当于殷墟文化第二、三期，故该壶的时代亦应属这一时期。此壶曾传为河南安阳殷墟出土，但从形制看与殷墟铜器不同，是具有地方特点的器物[3]。

[1] 黑光、朱捷元：《陕西绥德墕头村发现一批窖藏商代铜器》，《文物》1975年第2期。

[2] 朱凤瀚：《中国青铜器综论》（中），上海古籍出版社，2009年，第1096页。

[3] 同[2]，第1097页。

91. 雷纹觚

　　馆藏编号：Y2087

　　时代：商代前期

　　规格：高18.2厘米，口径7厘米，足径5.7厘米

　　来源及入藏时间：1989年由河南开封博物馆调拨

　　著录情况：《河南铜》（一）图版七二，《辞典》（青铜卷）图191

　　该觚腹部扁圆外鼓。敛口，口部有倾斜向上伸出的流，口沿外有一周加厚的唇边。束颈，圈足外撇，底部作阶状。圈足上有对称的十字形镂孔。腰部下端饰凸弦纹两道，腹部饰雷纹带，上下以联珠纹为栏。圈足饰凸弦纹四道。该觚下部器身为商代前期铜觚的造型，即喇叭形敞口，筒形身，圈足外撇。但该觚腹部圆鼓，此种形制与1974年湖北黄陂盘龙城李家嘴PLZM2出土铜觚（PLZM2:5）[1]、1963年湖北黄陂盘龙城楼子湾PLWM5出土铜觚（PLWM5:2）[2]相近。此外，该觚口部半封，且有流，形制十分特殊。该觚下腹部纹饰则与1974年河南新郑望京楼出土铜鼎（鬲鼎）[3]的颈部纹饰风格相近。盘龙城李家嘴PLZM2、盘龙城楼子湾PLWM5属二里冈上层一期第Ⅱ阶段[4]，河南新郑望京楼出土铜鼎属二里冈上层二期第Ⅰ阶段[5]，故该觚的时代当属二里冈上层一期第Ⅱ阶段至二期第Ⅰ阶段。

---

[1] 湖北省文物考古研究所：《盘龙城——1963~1994年考古发掘报告》，图一〇四：1、2，文物出版社，2001年。

[2] 同[1]，图二七九：1、2。

[3] 《河南出土商周青铜器》编辑组：《河南出土商周青铜器》（一），图版八八，文物出版社，1981年。

[4] 朱凤瀚：《中国青铜器综论》（中），上海古籍出版社，2009年，第931页。

[5] 同[4]，第901页。

94. 史觚

馆藏编号：C5.430

时代：商代后期

规格：高17.2厘米，口径12厘米，足径8.1厘米

来源及入藏时间：1956年购藏

著录情况：《集成》6617，《铭图》8873

铭文字数：1字

铭文释文：

史

　　该觚体型较粗，腹壁近直。喇叭形敞口，方唇，束颈，粗腰，圈足外撇，下部呈阶状。腰部饰凸弦纹一道，腹部饰饕餮纹，卷角，"臣"字形目，躯体向两侧展开，尾部上卷。下腹与圈足间饰两道凸弦纹。圈足饰夔纹。该觚形制与1936年河南安阳殷墟小屯M232出土铜觚（M232:R2006）[1]相近。小屯M232属殷墟青铜器一期[2]，即相当于殷墟文化一期，故该觚的时代亦应属这一时期。

　　该觚圈足内壁铸有阳文铭文"史"字，为作器者的族氏名称。"史"为殷代大族，殷墟甲骨卜辞、金文中习见。《集成》收录的史族器约90余件，殷代器主要有铙（372—373）、鼎（1073—1088、1623）、簋（2957—2963）、卣（4721—4724、4929）、尊（5456—5461、5662）、觯（6045—6047、6049、6200）、觚（6607、6609—6616、6818—6623、7106）、爵（7445—7450、8065、8453、8615）、斝（9125）、戈（10780、10875）等。西周早期器有鼎（1624）、簋（3225）、卣（4990）、尊（5462、5666—5667）、觯（6337）、觚（7102）、盉（9361）、壶（9502）、方罍（9740）等。

[1] 《小屯》第一本《遗址的发现与发掘·丙编·殷墟墓葬之三——南组墓葬附北组墓补遗》，图版贰壹、贰贰：1，"中研院"历史语言研究所，1973年。

[2] 朱凤瀚：《中国青铜器综论》（中），上海古籍出版社，2009年，第943页。

95. 佣舟觚

馆藏编号：C5.418

时代：商代后期

规格：高25.9厘米，口径13.5厘米，足径
7.9厘米

来源及入藏时间：1961年由北京市文物工

作队拨交

著录情况：《集成》7038，《铭图》
9481

铭文字数：2字

铭文释文：

佣舟

　　该瓿体形较粗，腹部稍外鼓，已呈现三段的形式。喇叭形敞口，方唇，束颈，腰较粗，高圈足外撇，底阶变成直角下折形。腹部饰饕餮纹，以突起的棱脊为鼻梁，椭圆形目，阔口，头顶及脸部两侧均饰列刀状纹。该瓿下腹所饰饕餮纹与殷商时期常见的饕餮纹[1]不同，十分别致。该瓿形制及腹部纹饰与1959年山西石楼桃花庄商墓出土饕餮纹瓿[2]相近，但二者所饰饕餮纹仍有不同，如石楼桃花庄出土铜瓿下腹所饰饕餮纹为"臣"字形目，以云雷纹为地纹，而前者为椭圆形目，无地纹。山西石楼桃花庄商墓相当于殷墟青铜器二期第Ⅰ阶段[3]，即相当于殷墟文化第一期，故该瓿的时代亦应属这一时期，但其纹饰无地纹，则时

代应早于石楼桃花庄出土铜瓿。

　　该瓿圈足内壁铸有阴文铭文"俩舟"2字，为作器者的族氏名称。《集成》收录的俩舟族器尚有鼎（1459、1838）、卣（4842）、瓿（7037、7039）、爵（7385、8165）、矛（11449）等。

[1]　陈公柔、张长寿：《殷周青铜容器上兽面纹的断代研究》，《考古学报》1990年第2期。

[2]　中国青铜器全集编辑委员会：《中国青铜器全集》（商4），图版六六，文物出版社，1998年。

[3]　朱凤瀚：《中国青铜器综论》（中），上海古籍出版社，2009年，第1093页。

96. 妇好觚

馆藏编号：187

时代：商代后期

规格：高25.8厘米，口径14.4厘米，足径8.3厘米，重1.15千克

来源及入藏时间：1976年河南安阳殷墟小屯M5（妇好墓）出土，编号：M5:601。1977年中国社会科学院考古研究所寄陈

著录情况：《考古学报》1977年2期65页图五：11；《妇好墓》图版四二:1，图五二:2；《河南铜》（一）图版一六八；《集成》6847；《铭图》9273

铭文字数：2字

铭文释文：

妇好

该觚形体瘦长，腹部略外鼓。喇叭形敞口，束颈，细腰，平底，高圈足外撇，底部作矮阶状。圈足上有对称的细长十字镂孔。腹部、圈足各有细齿状扉棱四条。口沿下至腰部饰蕉叶纹，内填饰云雷纹及变形饕餮纹。下饰云雷纹带一周。腹部扉棱两侧以云雷纹为地纹饰倒置的夔纹，口向下，躯体向上，尾部内卷。腹部与圈足间饰凸弦纹两道。圈足上部饰云雷纹带，下以云雷纹为地纹饰透雕饕餮纹，曲折角，“臣”字形目。该觚形制与2000年至2001年河南安阳花园庄M54出土铜觚（M54:192）[1]、1977年河南安阳小屯M18出土铜觚（M18:8）[2]、1995年河南安阳郭家庄东南M26出土铜觚（M26:16、M26:17）[3]、1983年河南安阳大司空村东南M663出土铜觚（M663:53）[4]等相近。花园庄M54、小屯M18、郭家庄东南M26、大司空村东南M663及小屯M5（妇好墓）均属殷墟青铜器二期第Ⅱ阶段[5]，即相当于殷墟文化二期，故该觚的时代亦应属这一时期。

该觚圈足内壁铸有铭文“妇好”2字，为墓主之名（参见本书妇好三联甗说明）。小屯M5（即妇好墓）出土铜觚53件，其中妇好镂空觚6件，该觚为其中之一。

[1] 中国社会科学院考古研究所安阳工作队：《河南安阳市花园庄54号商代墓葬》，《考古》2004年第1期。

[2] 中国社会科学院考古研究所安阳工作队：《安阳小屯村北的两座殷代墓》，《考古学报》1981年第4期。

[3] 中国社会科学院考古研究所安阳工作队：《河南安阳市郭家庄东南26号墓》，《考古》1998年第10期。

[4] 中国社会科学院考古研究所安阳工作队：《安阳大司空村东南的一座殷墓》，《考古》1988年第10期。

[5] 朱凤瀚：《中国青铜器综论》（中），上海古籍出版社，2009年，第964页。

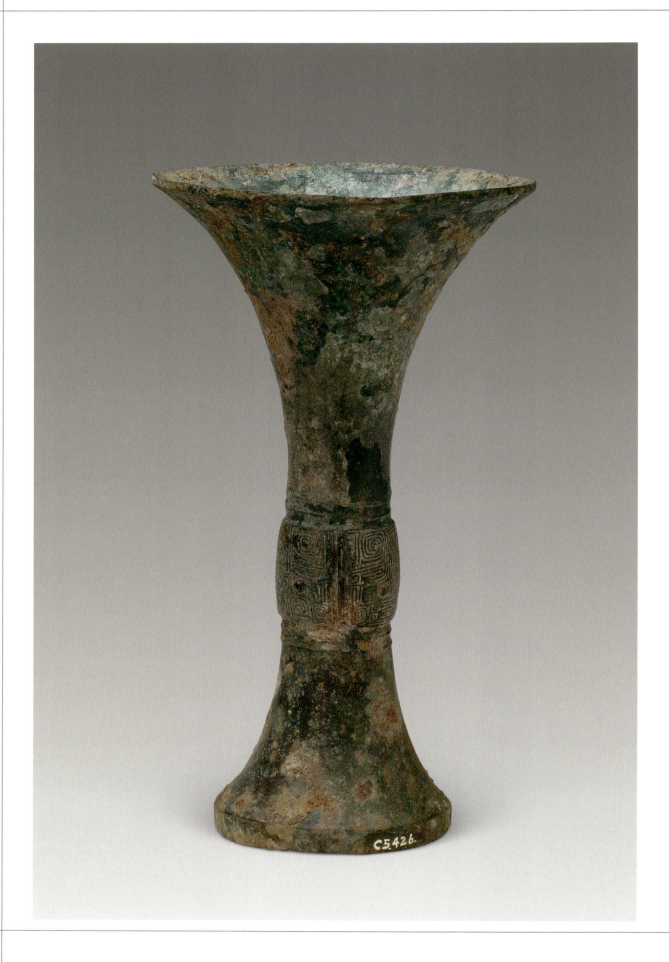

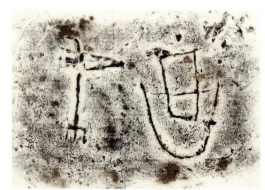

97. 戈酉瓿

馆藏编号：C5.426

时代：商代后期

规格：高25.4厘米，口径14.5厘米，足径9厘米

来源及入藏时间：1961年购自韵古斋

著录情况：《集成》7034，《铭图》9514

铭文字数：2字

铭文释文：

戈酉

该瓿形体瘦高，腹部稍外鼓，已呈现三段的形式。喇叭形敞口，束颈，腰较粗，高圈足外撇，底边呈直角下折形。腰部饰凸弦纹两道，腹部饰饕餮纹，以短棱脊为鼻梁，卷角，"臣"字形目，尾部上卷。圈足上端饰凸弦纹两道。该瓿形制与1959年河南安阳59武官村M1出土铜瓿（M1:8）[1]、2001年河南安阳花园庄东地M60出土铜瓿（M60:3）[2]、1988年河南安阳刘家庄北M61出土铜瓿（M61:3）[3]、1976年河南安阳小屯M17出土铜瓿（M17:5）[4]等相近。安阳59武官村M1、花园庄东地M60、刘家庄北M61均属殷墟青铜器二期第Ⅰ阶段[5]，即相当于殷墟文化一期。安阳小屯

M17属殷墟青铜器二期第Ⅱ阶段[6]，即相当于殷墟文化二期。故该瓿的时代当属殷墟青铜器二期第Ⅰ阶段至第Ⅱ阶段，即相当于殷墟文化一期至二期。

该瓿圈足内壁铸有阳文铭文"戈酉"2字，"戈"为作器者的族氏名称，"酉"为受祭者的日名。戈族为殷代大族，习见于殷墟甲骨卜辞、殷至西周中期金文中。《集成》收录的戈族器较多（参见本书戈父辛鼎说明）。

[1] 中国社会科学院考古研究所安阳工作队：《安阳武官村北的一座殷墓》，《考古》1979年第3期。

[2] 中国社会科学院考古研究所安阳工作队：《河南安阳殷墟花园庄东地60号墓》，《考古》2006年第1期。

[3] 中国社会科学院考古研究所安阳工作队：《河南安阳殷墟刘家庄北地殷墓与西周墓》，《考古》2005年第1期。

[4] 中国社会科学院考古研究所安阳工作队：《安阳小屯村北的两座殷代墓》，《考古学报》1981年第4期。

[5] 朱凤瀚：《中国青铜器综论》（中），上海古籍出版社，2009年，第952页。

[6] 同[5]，第965页。

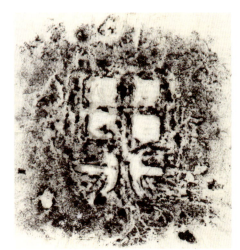

98. 䇓觚

　　馆藏编号：C5.420

　　时代：商代后期

　　规格：高26.8厘米，口径15.6厘米，足径9.4厘米

　　来源及入藏时间：1959年徐梦华先生捐赠

　　著录情况：《集成》6796，《铭图》9191

　　铭文字数：1字

　　铭文释文：

　　䇓

　　该觚形体较粗，腹部略鼓，已经呈现三段的

形式。喇叭形敞口，束颈，粗腰，高圈足外撇，底阶成直角下折形。腹部与圈足间有不规则镂孔。腹部饰饕餮纹，以短棱脊为鼻梁，曲折角，"臣"字形目，躯体向两侧展开，尾部上卷。该觚形制与本书收录的戈西觚（本书编号：97）相近，但纹饰不同。戈西觚属殷墟青铜器二期第Ⅰ阶段至第Ⅱ阶段，即相当于殷墟文化一期至二期（参见本书戈西觚说明），故该觚的时代亦应属这一时期。

　　该觚圈足内铸有铭文䇓，上阳文，下阴文，为作器者的族氏名称。《集成》收录的䇓族器尚有觚（6795）等。

99. 眲中觚

　　馆藏编号：C5.419

　　时代：商代后期

　　规格：高26.5厘米，口径15.7厘米，足径8.4厘米

　　来源及入藏时间：1961年由北京市文物工作队拨交

　　著录情况：《三代》14.22.2，《集成》6933，《铭图》9342

　　铭文字数：2字

　　铭文释文：

　　眲中

　　该觚形体瘦高，腹部稍外鼓，已呈现三段的形式。喇叭形敞口，方唇，束颈，腰较细，高圈足外撇，底边呈直角下折形。腰部饰凸弦纹两道，下腹部饰饕餮纹，以短扉棱为鼻梁。圈足上部饰凸弦纹三道。

　　该觚形制与本书收录的戈西觚（本书编号：97）相近，戈西觚属殷墟青铜器二期第Ⅰ阶段至第Ⅱ阶段，即相当于殷墟文化一期至二期（参见本书戈西觚说明），故该觚的时代亦应属这一时期。

　　该觚圈足内壁铸有阴文铭文"眲中"2字。《说文解字》："眲，左右视也。从二目。……读若拘。"方浚益认为是"瞿"字的古文[1]。"中"字在殷墟甲骨卜辞、金文中习见。在此"眲"与"中"组成复合族氏名称。《集成》收录的殷代眲族器尚有觚（6582）等。殷或西周早期器有鼎（1816）等。西周早期器有甗（899）、鼎（2177—2178、2344）、簋（3366、3557、3579）、卣（5363—5364）、尊（5954）、爵（8229—8231）、盉（9424）、盘（10078）。西周中期器有罍（9827）等。《集成》收录的殷代中族器有铙（367—371）、爵（7716）、盉（9316）、戈（10779）等。殷或西周早期器有爵（8414、8630）、盉（9405）等。西周早期器有鼎（1194）、卣（5332）、觯（6087）。西周晚期器有簋（3028）等。

---

[1] 古文字诂林编纂委员会：《古文字诂林》（第四册），上海教育出版社，2000年，第1页。

100. 🜩觚

馆藏编号：C5.417

时代：商代后期

规格：通高24.9厘米，口径14.5厘米，足径9厘米

来源及入藏时间：旧藏

著录情况：《集成》6978，《铭图》9411

铭文字数：或是2字

铭文释文：

🜩

该觚形体瘦高，腹部稍外鼓，已呈现三段的形式。喇叭形敞口，束颈，腰较粗，高圈足外撇，底边呈直角下折形，圈足上有丨形镂孔。腰部饰凸弦纹两道。腹部饰饕餮纹，以短扉棱为鼻梁，卷角，"臣"字形目，躯体上竖，尾部外卷。下腹与圈足间饰凸弦纹两道。圈足上部饰云雷纹带一周，下饰倒置的夔纹，长鼻上卷，"臣"字形目，躯体上竖，尾部外卷。该觚形制、腹部纹饰与本书收录的戈西觚（本书编号：97）相近，戈西觚属殷墟青铜器二期第Ⅰ阶段至第Ⅱ阶段，即相当于殷墟文化一期至二期（参见戈西觚说明），故该觚的时代亦应属这一时期。

该觚圈足内壁铸有铭文🜩，或是2字，为作器者的族氏名称。《集成》收录的同铭器有鼎（1404）、觚（6977、6979）、爵（7816）、戈（10842）、弓形器（11872—11873）等。

101. 何马觚

馆藏编号：K1088

时代：商代后期

规格：高30.4厘米，口径17厘米，足径9.6厘米

来源及入藏时间：1953年河南安阳大司空村M267出土，编号：M267：2。1959年由中国科学院考古研究所调拨

著录情况：《考古学报》1955年9期49页图19，《河南铜》（一）图版三〇六，《铜全》（2）图版114，《集成》6998，《铭图》9443

铭文字数：2字

铭文释文：

何马

该觚形体细高，器身分为三段，腹径较细。喇叭形敞口，束颈，细腰，高圈足外撇，圈足上有对称的十字形镂孔，足跟作竖阶状。腹部与圈足各饰细齿状扉棱四条。口沿至腰部饰蕉叶纹，内填饰雷纹。其下为一周两两相对的独体蛇纹，作垂首折身上卷尾状。腹部以云雷纹为地纹饰分离式饕餮纹，以扉棱为鼻梁，折角，圆目。腹部与圈足间饰凸弦纹两道。圈足上端饰两两相对的卷尾夔纹，下以云雷纹为地纹饰分离式饕餮纹，以扉棱为鼻梁，曲折角，圆形鼓目。该觚形制、纹饰与1984年河南安阳殷墟戚家庄东M269出土铜觚（M269:24）[1]、1969年河南安阳殷墟西区M907出土告宁觚（M907:1）[2]相近。戚家庄东M269与殷墟西区M907均属殷墟青铜器三期第I阶段[3]，即相当于殷墟文化三期，故该觚的时代亦应属这一时期。大司空村M267出土铜觚、铜铃各1件，该觚为其中之一。

该觚圈足内铸有铭文"何马"2字。"何马"可有两种解释：其一种解释是，"何马"为复合氏名，即何、马为同一宗氏的两级氏名。另一种解释是"何"为氏名，"马"为作器者名。似当以前一种解释为好。《集成》收录有同铭觚（6997）。

[1] 安阳市文物工作队：《殷墟戚家庄东269号墓》，《考古学报》1991年第3期。

[2] 中国社会科学院考古研究所：《殷墟青铜器》，图版二〇一，文物出版社，1985年。

[3] 朱凤瀚：《中国青铜器综论》（中），上海古籍出版社，2009年，第986页。

觚甲

102. 叔己觚（两件）

　　馆藏编号：C5.408　C5.3029

　　时代：商代后期

　　规格：觚甲（C5.408）　通高32厘米，口径16厘米、足径8.8厘米

　　　　　觚乙（C5.3029）　通高32厘米，口径16.2厘米，足径9.2厘米

　　来源及入藏时间：1958年由文化部文物事业管理局拨交

　　著录情况：

　　觚甲（C5.408）《历博刊》1982年4期95页图九，《集成》6845，《铭图》9250

　　觚乙（C5.3029）《历博刊》1982年4期95页图十，《集成》6846，《铭图》9251

　　铭文字数：2字（甲、乙两觚均有2字铭文）

　　铭文释文：

　　叔己

　　该觚一对2件，形制、规格、纹饰基本相同。二者均形体瘦长，器身明显分为三段，腹径较细。喇叭形敞口，方唇，束颈，细腰，高圈足外撇，足跟作竖阶状。腹部与圈足间有对称的十字形镂孔。腹部及圈足各饰细齿状扉棱四条。口沿至腰部饰蕉叶纹，内填饰云雷纹，其下以云雷纹为地纹饰一周独体蛇纹。腹部以云雷纹为地纹饰饕餮纹，以扉棱为鼻梁，弯角，椭圆形鼓目，角、眉、目、躯体相分离。腹部与圈足间饰凸弦纹两道。圈足上端以云雷纹为地纹饰相对的夔

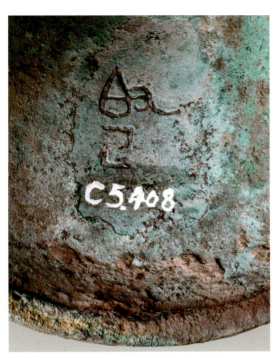

觚甲铭文

觚甲铭文拓本

觚乙铭文拓本

纹，下以云雷纹为地纹饰饕餮纹，曲折角，椭圆形目，角、眉、目相分离。该觚造型、纹饰与本书收录的1953年河南安阳大司空村M267出土何马觚（本书编号：101）相近，后者属殷墟青铜器三期第Ⅰ阶段，即相当于殷墟文化三期（参见本书马何觚说明），故该觚的时代亦应属这一时期。

这两件觚的圈足内壁均铸有铭文2字"叙己"，甲器（C5.408）铭文字体为正书，乙器（C5.3029）铭文字体为反书。"叙"为作器者的族氏名称，"己"为受祭者的日名。

觚乙

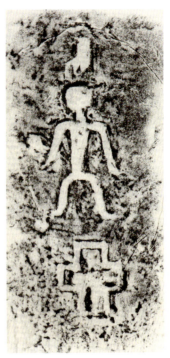

103. 冥亚觚

　　馆藏编号：C5.407

　　时代：商代后期

　　规格：通高29.1厘米，口径14.7厘米，足径7.9厘米

　　来源及入藏时间：旧藏

　　著录情况：《集成》6985，《铭图》9406

　　铭文字数：2字

　　铭文释文：

　　冥亚

　　该觚形体瘦长，器身明显分为三段，腹径较细。喇叭形敞口，束颈，细腰，高圈足外撇，足跟作竖阶状。圈足上有对称的十字形镂孔。腹部及圈足各饰细齿状扉棱四条。口沿下至腰部饰蕉叶纹，内以云雷纹为地纹饰变形饕餮纹，下以云雷纹为地纹饰蛇纹。腹部以云雷纹为地纹饰饕餮纹，以扉棱为鼻梁，折角，椭圆形鼓目，角、目、躯体作分离状。腹部与圈足间饰凸弦纹两道。圈足上部以云雷纹为地纹饰夔纹带一周，下以云雷纹为地纹饰饕餮纹，以扉棱为鼻，曲折角，椭圆形鼓目。该觚形制、纹饰

与1980—1982年河南安阳苗圃北地M54出土铜觚（M54:3）[1]、1984年河南安阳殷墟戚家庄东M269出土铜觚（M269:24）[2]、1985年山西灵石县旌介村M1出土铜觚（M1:20）[3]相近。苗圃北地M54、戚家庄东M269均属殷墟青铜器三期第Ⅰ阶段[4]，约相当于殷墟文化三期。灵石县旌介村M1属殷墟铜器三期第Ⅰ至第Ⅱ阶段[5]，即相当于殷墟文化第三至四期，故该觚的时代亦应属这一时期。

　　该觚圈足内壁铸有铭文"冥亚"2字，为作器者的族氏名称。

[1] 中国社会科学院考古研究所安阳工作队：《1980—1982年安阳苗圃北地遗址发掘简报》，《考古》1986年第2期。

[2] 安阳市文物工作队：《殷墟戚家庄东269号墓》，《考古学报》1991年第3期。

[3] 山西省考古研究所、灵石县文化局：《山西灵石旌介村商墓》，《文物》1986年第11期。

[4] 朱凤瀚：《中国青铜器综论》（中），上海古籍出版社，2009年，第986页。

[5] 同[4]，第1105页。

104. 子妥觚

馆藏编号：C5.409

时代：商代后期

规格：高33.4厘米，口径16.1厘米，足径8.7厘米

来源及入藏时间：1959年罗伯昭先生捐赠

著录情况：《集成》6896，《铭图》9312

铭文字数：2字

铭文释文：

子妥

该觚形体细高，器身明显分为三段，腹径较细。喇叭形敞口，束颈，细腰，高圈足外撇，足跟作竖阶状。圈足上有对称的十字形镂孔，锈蚀严重。腹部及圈足各饰细齿状扉棱四条。口沿至腰部饰蕉叶纹，内以云雷纹为地纹饰变形饕餮纹。腹部以云雷纹为地纹饰饕餮纹，以扉棱为鼻梁，折角，圆目鼓出，角、目、躯体相分离。腹部与圈足间饰凸弦纹两道。圈足上端以云雷纹为地纹饰夔纹带一周，下以云雷纹为地纹饰饕餮纹，以扉棱为鼻梁，曲折角，圆形鼓目。该觚形制、纹饰与本书收录的奂亚觚（本书编号：103）相近，奂亚觚属殷墟青铜器三期第Ⅰ阶段至第Ⅱ阶段，即相当于殷墟文化第三至四期，故该觚的时代亦应属这一时期。

该觚圈足内铸有铭文"子妥"2字。"子某"习见于殷墟甲骨卜辞和商末周初的青铜器铭文中，是商人贵族一种习惯称谓方式（参见本书子龙鼎说明）。《集成》收录的"子妥"族器尚有鼎（1301—1305）、簋（3075）等。

105. 🜚觚

　　馆藏编号：C5.414

　　时代：商代后期

　　规格：高27.5厘米，口径16.2厘米，足径
9.5厘米

　　来源及入藏时间：1961年购自韵古斋

　　著录情况：《集成》6758，《铭图》9165

　　铭文字数：1字

　　铭文释文：

　　🜚

　　该觚体形瘦长，器身明显分为三段，腹
径较细。喇叭形敞口，束颈、细腰、高圈足外
撇，足跟作竖阶状，腹部与圈足间有不规则的

镂孔。腹部及圈足各饰细齿状扉棱四条。口沿
下至腰部饰蕉叶纹，内以云雷纹为地纹饰变形
饕餮纹。其下为一周云雷纹带。腹部扉棱两侧
以云雷纹为地纹饰倒置的夔纹，夔口向下，
"臣"字形目，躯体上竖，尾部内卷。腹部与
圈足间饰凸弦纹两道。圈足上部饰云雷纹带，
下以云雷纹为地纹饰饕餮纹，曲折角，"臣"
字形目。该觚形制与本书收录的冥亚觚（本书
编号：103）相近，但纹饰不同。冥亚觚属殷墟
青铜器三期第Ⅰ阶段至第Ⅱ阶段（参见本书冥
亚觚说明），约相当于殷墟文化第三至四期，
故该觚的时代亦应属这一时期。

　　该觚圈足内壁铸有铭文"🜚"字，为作器者
的族氏名称（参见本书🜚父丁鼎说明）。

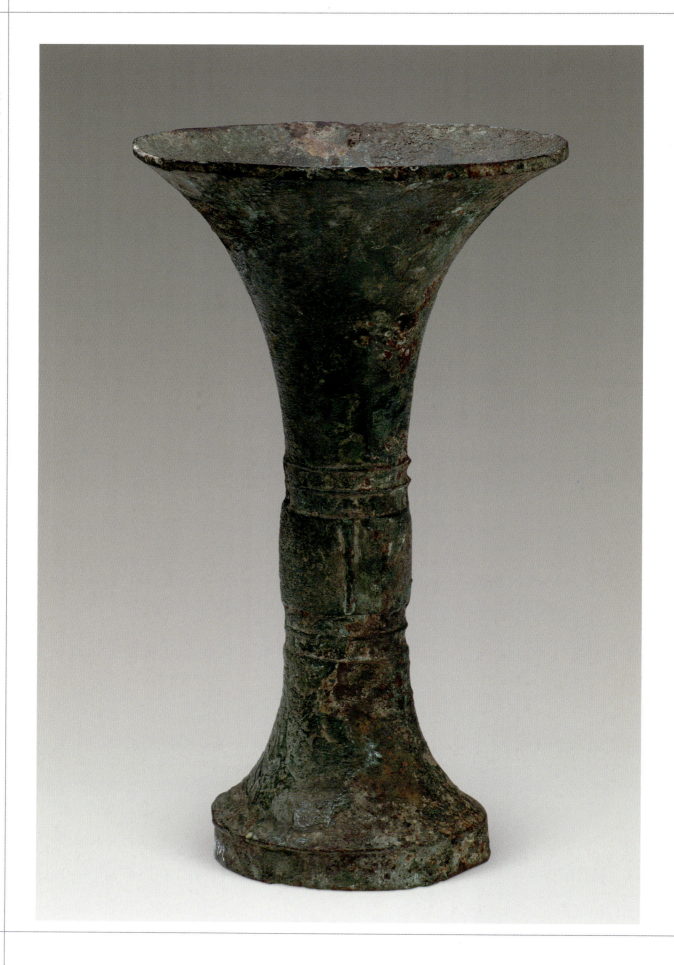

106. 饮瓿

　　馆藏编号：C5.431

　　时代：商代后期

　　规格：高20.1厘米，口径11.8厘米，足径9.5厘米

　　来源及入藏时间：1949年入藏

　　著录情况：《集成》6566，《铭图》8935

　　铭文字数：1字

　　铭文释文：

　　饮

　　该瓿体形较粗，下腹略外鼓。喇叭形敞口，方唇，束颈，粗腰，高圈足外撇，足跟作竖阶状。腹部有突起的短扉棱两道。腰部饰凸弦纹两道。下腹与圈足间饰凸弦纹两道。该瓿形制与1975年河南安阳殷墟西区M626出土铜瓿（M626:5）[1]相近。殷墟西区M626属殷墟青铜器三期第Ⅰ阶段[2]，即相当于殷墟文化第三期，故该瓿的时代亦应属这一时期。

　　该瓿圈足内壁铸有铭文"饮"字，为作器者的族氏名称。《集成》收录的饮族器尚有卣（4839—4840、5089）、瓿（6567）、爵（7389、8159）等。

[1]《河南出土商周青铜器》编辑组：《河南出土商周青铜器》（一），图版二二六，文物出版社，1981年。

[2] 朱凤瀚：《中国青铜器综论》（中），上海古籍出版社，2009年，第985页。

107. 聑_業妇_缺觚

　　馆藏编号：C5.421

　　时代：商代后期

　　规格：高20.4厘米，口径12.8厘米，足径8.1厘米

　　来源及入藏时间：1956年由文化部文物事业管理局拨交

　　著录情况：《文物》1980年12期91页图4，《集成》7254，《铭图》9774

　　铭文字数：4字

　　铭文释文：

　　聑业（须）妇缺

　　该觚器形厚重，体形略粗，下腹微外鼓。喇叭形敞口，方唇，束颈，高圈足外撇。下腹、圈足各有对应的三角坡形扉棱四条。下腹以云雷纹为地纹饰饕餮纹，以扉棱为鼻梁，折角，圆目鼓出，阔口。圈足以云雷纹为地纹，饰两组以扉棱为中线对称的曲体夔纹，角上卷，圆目，卷鼻，躯体呈S形卷曲。该觚形制、纹饰可与以下几件青铜觚相比较：

　　1. 1977年河南安阳殷墟西区M856出土父己觚（M856:1）[1]。二者形制相近，但前者口沿至腰部无蕉叶纹且腹部纹饰不同。圈足纹饰相近，但前者为单层角，后者为双层角。

　　2. 故宫博物院收藏的昊觚[2]。二者形制、规格、纹饰基本相同，但前者口沿至腰部无蕉叶纹。

　　3. 上海博物馆收藏的亚酗觚[3]。二者形制、规格基本相同，但前者口沿至腰部无蕉叶纹，腹部纹饰不同。

　　4. 北京保利艺术博物馆收藏的夷觚[4]。二者形制相近，但后者圈足底边垂直切地。此外，前者口沿至腰部无蕉叶纹且腹部纹饰不同。圈足纹饰相近，但前者为单层角，后者为双层角。

　　5. 1998年山东滕州前掌大M126出土铜觚（M126:5、M126:6）[5]。二者形制、规格、纹饰基本相同，但前者口沿下至腰部无蕉叶纹。

6. 1995年山东滕州前掌大M41出土的史午瓵（M41:11）[6]，但前者口沿至腰部无蕉叶纹且腹部纹饰不同。圈足纹饰相近，但前者为单层角，后者为双层角。

滕州前掌大M126属商代后期[7]，殷墟西区M856属殷墟青铜器三期第Ⅱ阶段[8]，即相当于殷墟文化四期，故该瓵的时代亦应属这一时期。

该瓵圈足内壁铸有阳文铭文4字"聑（须）妇"，"聑须"为作器者的族氏名称，"妇"是嫁至该氏的女子，为作器者。1952年河南新乡市博物馆从河南辉县褚丘收集到7件青铜器[9]，铭文与该瓵相同，均为"聑须妇"。这7件器均收入《集成》，有鼎（1904）、簋（3345）、卣（5098）、尊（5760）、爵（8982—8983）、角（8984）。此外，《集成》收录的"聑须"族器尚有簋（3975）、瓵（6930）等。

[1] 中国社会科学院考古研究所：《殷墟青铜器》，图版七七，图七六：2，文物出版社，1985年。

[2] 故宫博物院：《故宫青铜器》，图42，紫禁城出版社，1999年。

[3] 陈佩芬：《夏商周青铜器研究》（夏商篇），图一一二，上海古籍出版社，2004年。

[4] 《保利藏金》编辑委员会：《保利藏金——保利艺术博物馆精品选》，岭南美术出版社，1999年，第37页。

[5] 中国社会科学院考古研究所：《滕州前掌大墓地》，图一七二：1、2，图版一〇〇：2，图一七二：3，图版一〇〇：3，文物出版社，2005年。

[6] 同[5]，图一七一，彩版三七：4，图版一〇〇：1。

[7] 同[5]，第562页。

[8] 朱凤瀚：《中国青铜器综论》（中），上海古籍出版社，2009年，第1004页。

[9] 新乡市博物馆：《介绍七件商代晚期青铜器》，《文物》1978年第5期。

108. 子鼏遽册觚

　　馆藏编号：C5.432

　　时代：商代后期

　　规格：高20.4厘米，口径12.2厘米，足径7
厘米

来源及入藏时间：1961年由北京文物工作
队拨交

铭文字数：4字

铭文释文：

子鼏遽册

109. 父辛觯

馆藏编号：C5.433

时代：商代后期

规格：高12.8厘米，口径长7.5厘米，宽6.5厘米

来源及入藏时间：1949年入藏

著录情况：《三代》14.37.2，《集成》6129，《铭图》10263

铭文字数：2字

铭文释文：

父辛

该觯为椭圆形鼓腹，腹壁呈弧状外张。敞口，束颈，腹较深，圜底，高圈足外撇。腹部饰饕餮纹，卷角，圆目，阔口，躯体竖直。圈足饰凸弦纹两道。该觯形制与1982年河南安阳殷墟西区M874出土祖辛父辛觯（M874:8）[1]、1953年河南安阳大司空村M32出土铜觯（M32:1）[2]相近。殷墟西区M874属殷墟青铜器三期第Ⅱ阶段[3]，即

相当于殷墟文化四期，故该觯的时代亦应属这一时期。此型觯在西周早期仍存在，如1967年陕西长安张家坡M28出土铜觯（M28:3）[4]、2003年河南洛阳瀍河东岸中窑村C3M575出土铜觯（C3M575:2）[5]等。

该觯内底铸有铭文2字"父辛"，在殷代金文中习见，为受祭者之名。

[1] 中国社会科学院考古研究所：《殷墟青铜器》，图版二〇七，文物出版社，1985年。

[2] 《河南出土商周青铜器》编辑组：《河南出土商周青铜器》（一），图版二九三，文物出版社，1981年。

[3] 朱凤瀚：《中国青铜器综论》（中），上海古籍出版社，2009年，第1004页。

[4] 中国社会科学院考古研究所沣西发掘队：《1967年长安张家坡西周墓葬的发掘》，《考古学报》1980年第4期。

[5] 洛阳市文物工作队：《洛阳瀍河东岸西周墓的发掘》，《文物》2006年第3期。

110. 𢆶斗

馆藏编号：C5.2454

时代：商代后期

规格：通长16.9厘米，口径9.5厘米

来源及入藏时间：1958年文化部文物事业管理局调拨

著录情况：《集成》9906，《铭图》14158

铭文字数：1字

铭文释文：

𢆶

该斗首作圆碗状，大口，深腹，圜底。短柄

为中空的椭方形，微上翘，柄中部有一方孔以备施钉接木柄。柄尾饰饕餮纹，双角直立，上端左右延伸而内卷，圆目，阔口。此斗形制与河南安阳西北冈M1382出土铜斗（M1382:R1096）相近[1]，但后者无纹饰。

该斗柄上铸有铭文𢆶字，为作器者的族氏名称。𢆶与现读为襄字的西周文字虽有相近处，但尚难认为是一字（参见本书𢆶祖己罍说明）。

---

[1] 李济：《殷墟出土五十三件青铜容器之研究：殷墟发掘出土五十三件青铜容器的形制和文饰之简述及概论》，图4：2，《殷墟青铜器研究》，上海人民出版社，2008年。

111. 亞斗

馆藏编号：C5.2668

时代：商代后期

规格：通高5.5厘米，口径9.2厘米，柄长6厘米

来源及入藏时间：1950年购藏

铭文字数：1字

铭文释文：

亞

该斗首似圆碗状，腹较浅，大口，圜底。柄为扁平长方形，微上倾，中空。柄尾饰单线饕餮纹，卷角，椭圆形目，阔口。柄上铸有铭文1字，或隶定作亞，或即"亞"字的异体，为作器者的族氏名称。该斗形制、纹饰及铭文与《铭图》收录之亞斗（14155）基本相同。

112. 龟鱼纹盘

馆藏编号：C5.3957

时代：商代后期

规格：高16.2厘米，口径43厘米，足径19.5厘米

来源及入藏时间：2014年购藏

著录情况：《百年》第34页

该盘为圆形浅腹，腹壁圆转内收。侈口，平沿外折，方唇，平底，高直圈足微外撇。圈足上部有三个方形镂孔。盘内底中央饰阴线勾勒的龟纹，龟背饰四圆圈纹，四肢饰云纹。周边内壁饰三条阴线勾勒的狭长鱼纹，双目绘于一侧，呈顺时针排列。盘外壁饰斜角云纹一周。圈足饰雷纹带一周。该盘形制、纹饰与1977年北京平谷刘家河出土铜盘（原报告作Ⅱ式）[1]、1962年、1977年陕西清涧解家沟先后出土的2件龟鱼纹盘[2]及1982年陕西清涧解家沟寺墕出土龟

鱼纹盘[3]相近，但平谷刘家河出土盘的盘沿左右对立两鸟形柱。平谷刘家河商墓约相当于殷墟文化一期[4]。1977年清涧解家沟出土盘相当于殷墟铜器二期第Ⅱ阶段[5]，即相当于殷墟文化二期。此类龟鱼纹在1936年河南安阳殷墟小屯M232出土铜盘（M232:R2073）[6]上已经出现，但后者圈足较矮，盘外壁饰三道弦纹，鱼纹为6条。此外，1984年河南安阳武官村北M259出土铜盘（M259:4）[7]、1959年山西石楼桃花庄出土铜盘[8]、1977年北京平谷刘家河出土铜盘（原报告作Ⅰ式）[9]的形制、鱼纹亦与此器相近，但龟纹处为涡纹。小屯M232属殷墟青铜器一期[10]，即相当于殷墟文化一期。武官村北M259属殷墟青铜器二期第Ⅱ阶段[11]，即相当于殷墟文化二期。石楼桃花庄出土铜器相当于殷墟铜器二期第Ⅰ阶段[12]，即相当于殷墟文化一期。故该类鱼纹（龟鱼纹）盘主要流行于殷墟青铜器一、二期，即相当于殷墟文化一、二期。

[1] 北京市文物管理处：《北京市平谷县发现商代墓葬》，《文物》1977年第11期。

[2] 戴应新：《陕北清涧、米脂、佳县出土古代铜器》，《考古》1980年第1期。绥德县博物馆：《陕西绥德发现和收藏的商代青铜器》，《考古学集刊》第2集，中国社会科学出版社，1982年。

[3] 高雪：《陕西清涧县又发现商代青铜器》，《考古》1984年第8期。

[4] 朱凤瀚：《中国青铜器综论》（中），上海古籍出版社，2009年，第1080页。

[5] 同[4]，第1097页。

[6] 《小屯》第一本《遗址的发现与发掘·丙编·殷墟墓葬之三——南组墓葬附北组墓补遗》，图版壹伍、壹陆，中央研究院历史语言研究所，1973年。

[7] 中国社会科学院考古研究所安阳工作队：《殷墟259、260号墓发掘报告》，《考古学报》1987年第1期。

[8] 谢青山、杨绍舜：《山西吕梁县石楼镇又发现铜器》，《文物》1960年第7期。图像见中国青铜器全集编辑委员会编《中国青铜器全集》（商4），图版一七五，文物出版社，1998年。

[9] 同[1]。

[10] 同[4]，第943页。

[11] 同[4]，第962页。

[12] 同[4]，第1093页。

113. 丩盘

　　馆藏编号：C5.3048

　　时代：商代后期

　　规格：高15厘米，口径39.5厘米，底径20.6厘米

　　来源及入藏时间：传河南安阳出土，1965年购藏

　　著录情况：《历博刊》1982年4期93页图6，《集成》10014，《铭图》14301

　　铭文字数：1字

　　铭文释文：

　　丩（纠）

　　该盘浅腹下敛，侈口，平沿外折，方唇，平底，高圈足下部作坡形，底有较高的直阶。圈足上部有三个方形镂孔。盘外腹前后正中各饰一兽首，两侧以云雷纹为地纹饰对称的夔纹，长鼻向下卷曲，"臣"字形立目，尾部向上内卷。圈足以突起的短扉棱为中线，两侧以云雷纹为地纹饰相对的夔纹，勾喙，圆目，尾部下折内卷。该盘形制与1990年河南安阳郭家庄M160出土亚址盘

（M160:97）[1]相近，但亚址盘腹部饰鳞纹，上下饰T形纹，圈足纹饰与该盘相近，但圈足上无方形孔，与前者不同。其形制也与上海博物馆藏丁眔盘[2]及故宫博物院藏亚夨盘相近[3]，但丁眔盘腹部饰鳞纹，圈足饰顾龙纹，亚夨盘腹部饰雷纹带，圈足饰饕餮纹，均与前者纹饰不同。郭家庄M160属殷墟青铜器三期第Ⅰ阶段[4]，即相当于殷墟文化三期，故该盘的时代亦应属这一时期。

　　该盘内底铸有铭文"丩（纠）"字，为作器者的族氏名称。

---

[1] 中国社会科学院考古研究所：《安阳殷墟郭家庄商代墓葬》，图58：8，图79：2，彩版13：1，中国大百科全书出版社，1998年。

[2] 陈佩芬：《夏商周青铜器研究》（夏商篇），图一八二，上海古籍出版社，2004年。

[3] 故宫博物院：《故宫青铜器》，图75，紫禁城出版社，1999年。

[4] 朱凤瀚：《中国青铜器综论》（中），上海古籍出版社，2009年，第987页。

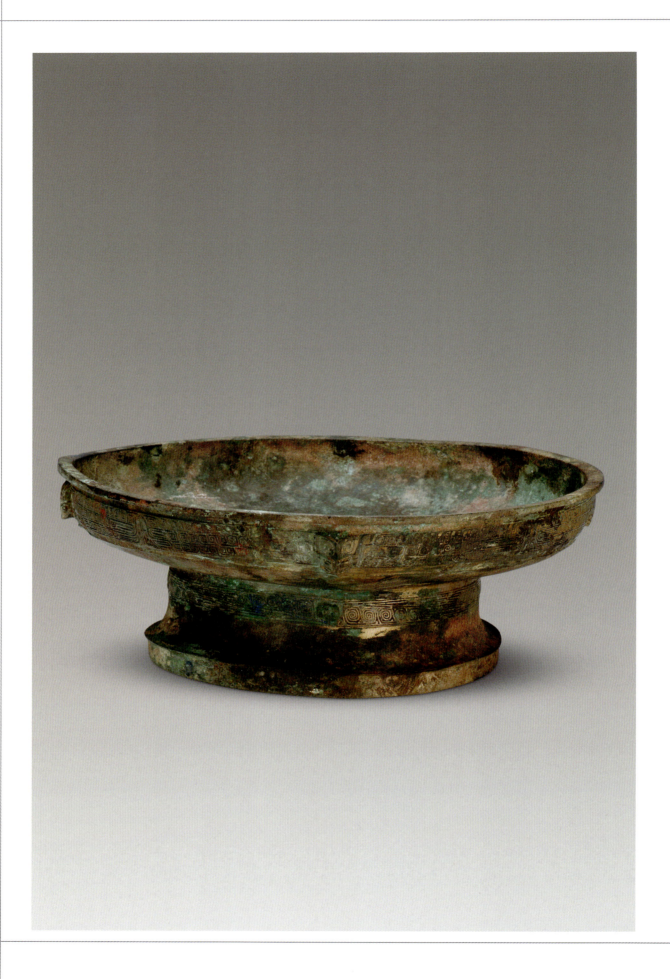

114. 饕餮纹盘

　　馆藏编号：C5.500

　　时代：商代后期

　　规格：高11.1厘米，口径30厘米，底径18.2厘米

　　来源及入藏时间：1957年购藏

　　该盘浅腹，下腹斜收。侈口，折沿，方唇，平底，高圈足，下有一周较高的折边。口沿下正中有兽首并饰饕餮纹带一周，"臣"字形目，角直立，上部向两侧延伸而下卷，躯干由云纹构成，尾上卷，背脊上填以列刀状纹。圈足上部饰目云纹带一周。该盘形制与1990年河南安阳殷墟郭家庄M160出土亚址盘（M160:97）[1]相近，但纹饰不同。后者属殷墟青铜器三期第Ⅰ阶段[2]，即相当于殷墟文化三期，故该盘的时代亦应属这一时期。

[1]　中国社会科学院考古研究所：《安阳殷墟郭家庄商代墓葬》，图79：2，彩版13：1，中国大百科全书出版社，1998年。

[2]　朱凤瀚：《中国青铜器综论》（中），上海古籍出版社，2009年，第987页。

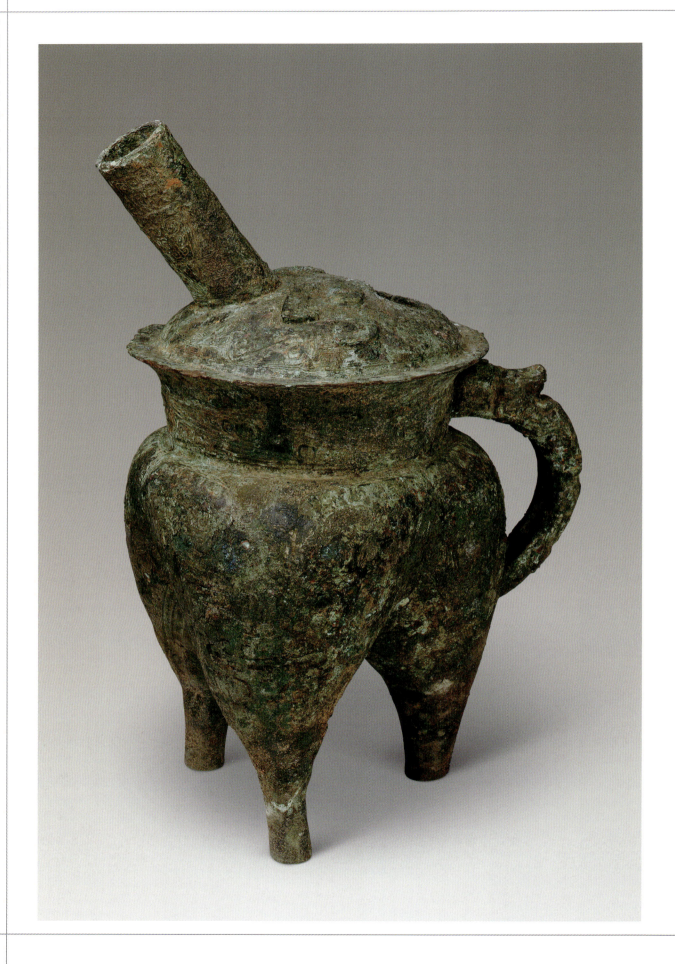

115. 妇好盉

> 馆藏编号：195
>
> 时代：商代后期
>
> 规格：通高38.7厘米，重8.5千克
>
> 来源及入藏时间：1976年河南安阳小屯M5
> （妇好墓）出土，编号M5：858。1977年中国
> 社会科学院考古研究所寄陈
>
> 著录情况：《妇好墓》图版三九：1
>
> 铭文字数：2字
>
> 铭文释文：
>
> 妇好

此盉下体作分裆鬲形，封顶，顶面隆起呈弧形。一侧有斜立的短管状流，另一侧开椭圆形口。高颈，略内收。深袋形足，高柱形足跟。自颈至足有牛首半圆形鋬。流上部饰饕餮纹，下饰三角纹。顶面饰饕餮纹，以器口为饕餮之口。颈饰斜角云纹一周。腹部饰饕餮纹。妇好墓出土铜器的时代属殷墟青铜器二期第 Ⅱ 阶段[1]，即相当于殷墟文化二期。同墓出土铜盉6件，形式不

一，封顶盉有一对2件，该盉为其中之一。

此型封顶盉由陶鬶演变而来[2]，始见于二里头文化，流行于二里冈至殷代中期，尔后即不见。如1974年湖北黄陂盘龙城李家嘴PLZ M2[3]及1974年河南中牟黄店[4]均出土了商代前期的封顶饕餮纹盉，作深袋足，下接锥形足跟，纹饰也比较简单，仅在腹部饰无地饕餮纹。本件盉足跟已作柱状，束颈，为年代较晚的造型。

该盉鋬内壁铸有铭文"妇好"2字，为墓主之名（参见本书妇好三联甗说明）。

---

[1] 朱凤瀚：《中国青铜器综论》（中），上海古籍出版社，2009年，第964页。

[2] 邹衡：《试论夏文化》，《夏商周考古学论文集》，文物出版社，1980年。

[3] 湖北省文物考古研究所：《盘龙城——1963~1994年考古发掘报告》，图一〇九：1、2，彩版一三：1，图版四七：3，文物出版社，2001年。

[4] 《河南出土商周青铜器》编辑组：《河南出土商周青铜器》（一），图版八二，文物出版社，1981年。

116. 亚眚盉

　　馆藏编号：C5.283

　　时代：商代后期

　　规格：通高27.9厘米，口径11.2厘米

　　来源及入藏时间：1960年周德蕴先生捐赠

　　著录情况：《文物》1964年4期49页图2、

3，《集成》9326，《铭图》14618

盖铭拓本

盖铭

器铭拓本

铭文字数：2字（盖、器同铭）

铭文释文：

亚盉

　　该盉腹部下垂鼓出，侈口，束颈，圜底，下有外撇的三棱锥形足，平面作"丁"字形。管状流向上斜伸，兽首半圆形鋬。隆盖，盖顶有半环形钮，通过环链与鋬相连。盖壁与腹上部均饰相对的夔纹，长鼻上卷，角直立，上部向两侧延伸内卷，"臣"字形目，张口，尾上卷，背上有列刀状纹。该盉形制与1984年河南安阳殷墟西区M1713出土铜盉（标本40）[1]、上海博物馆藏饕餮纹盉[2]相近。殷墟西区M1713属殷墟青铜器三期第Ⅱ阶段[3]，即相当于殷墟文化四期，故该盉的时代亦应属这一时期。此型盉在西周早期仍存在，如1961年河南鹤壁庞村出土0941号盉[4]。

　　该盉盖内与鋬内侧腹壁铸有相同铭文2字"亚盉"，"盉"在"亚"中，为作器者的族氏名称。《集成》收录的殷代亚盉族器尚有甗（827）、鼎（1743—1744、1848）、簋（3246、3309）、卣（5014）、尊（5685）、觚（7185—7186）、爵（8783—8784）、斝（9225）等。

[1] 中国社会科学院考古研究所安阳工作队：《安阳殷墟西区一七一三号墓的发掘》，《考古》1986年第8期。

[2] 陈佩芬：《夏商周青铜器研究》（夏商篇），图一七一，上海古籍出版社，2004年。

[3] 朱凤瀚：《中国青铜器综论》（中），上海古籍出版社，2009年，第1005页。

[4] 周到、赵新来：《河南鹤壁庞村出土的青铜器》，《文物资料丛刊》第3辑，文物出版社，1980年。

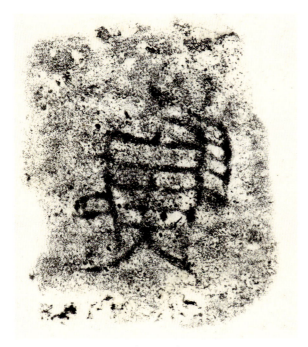

盖铭拓本　　　　　　　器铭拓本

117. 鱼盉

馆藏编号：C5.286

时代：商代后期

规格：通高18.7厘米，口径10.2厘米

来源及入藏时间：1949年霍明志先生捐赠

著录情况：《集成》9311，《铭图》14598

铭文字数：1字（盖、器同铭）

铭文释文：

鱼

该盉鼓腹下垂，侈口，方唇，束颈，圜底，三细圆柱形足。管状流向上斜伸，半圆形鋬。隆盖，盖顶有半环形钮。盖壁与腹上部均饰云雷纹。该盉形制与1931年山东益都（今青州市）苏埠屯出土亚𣄰盉[1]、1981年北京拣选的一组𢼸器中的𢼸盉[2]相近。苏埠屯出土的亚𣄰盉约属殷墟铜器三期第Ⅱ阶段末叶[3]，即相当于殷墟文化四期。𢼸盉约属殷代晚期[4]，故该盉的时代亦应属这一时期。此型盉在西周早期仍存在，如上海博物馆收藏的𣄰侯亚吴盉[5]。

该盉盖内及鋬内侧腹壁各铸有相同铭文"鱼"字，为作器者的族氏名称。"鱼"为殷代大族，《集成》收录的鱼族器约50余件，殷代器有鬲（441）、鼎（1126—1127）、卣（4740）、尊（5635）、瓠（6683）、爵（7537—7542）等。殷或西周早期器有鼎（1551）、卣（4914—4917）、觯（6243、6343）、爵（7543）等。西周早期器有簋（2982）等。西周中期器有簋（2983—2984）等。

[1] 祁延霈：《山东益都苏埠屯出土铜器调查记》，《中国考古学报》第二册，1947年3月。

[2] 程长新等：《北京拣选一组二十八件商代带铭铜器》，《文物》1982年第9期。

[3] 朱凤瀚：《中国青铜器综论》（中），上海古籍出版社，2009年，第1055页。

[4] 朱凤瀚：《中国青铜器综论》（上），上海古籍出版社，2009年，第298页。

[5] 陈佩芬：《夏商周青铜器研究》（西周篇），图二八一，上海古籍出版社，2004年。

118. 铜盉

館藏編号：131

時代：商代后期

規格：通高25.2厘米，底径9.6厘米，重2.2千克

来源及入藏时间：1976年河南安阳小屯M5（妇好墓）出土，编号M5:838。1977年由中国社会科学院考古研究所寄陈

著录情况：《妇好墓》图四九：2，图版四一：1

该盉为深腹，上腹向顶部斜收成尖顶，顶一侧有斜立的短管状流，正中有半圆形提梁式钮，作双首龙形，两端为龙首，钮上面有象征龙身躯的鳞纹。宽折肩，腹壁向下渐内收成底，腹一侧稍破裂，底微凹，外底有一块圆形补铸片。顶面饰凸弦纹一周。妇好墓出土铜器的时代属殷墟青铜器二期第 II 阶段[1]，即相当于殷墟文化二期。同墓出土铜盉6件，该盉为其中之一。

---

[1] 朱凤瀚：《中国青铜器综论》（中），上海古籍出版社，2009年，第964页。

119. 马永盉

　　藏品编号：C5.287

　　时代：商代后期

　　规格：通高24厘米，口径7.3厘米，足径
7.5厘米

　　来源及入藏时间：传河南安阳出土，1958
年由文化部文物事业管理局拨交

著录情况：《历博刊》1982年4期93页图5，《铜全》（3）图版146，《集成》4885，《铭图》11997

铭文字数：2字

铭文释文：

马永

该盉[1]由盖、器身两部分组成，以子母口相合。器身为深圆筒状腹，圆口，直颈，折肩，坡形圈足，底作高阶状。腹部上端一侧有斜立的管状流。颈部两侧接绚状提梁，提梁两端有兽首，与器身的凸榫相套接。颈部以云雷纹为地纹饰顾首鸟纹，正中以兽首相间隔。腹饰竖直条纹，流饰三角蝉纹，圈足饰云纹。盖隆顶，盖顶下部收缩作直壁，盖顶与壁间有折边，盖顶有菌状钮。盖顶饰目云纹，盖壁饰三角雷纹。与此盉器身形制相近只是无提梁的，尚有湖南桃江县文化馆所藏✿盉[2]及布伦戴奇旧藏光父盉[3]。此外，此盉形制、腹部纹饰与1930年河南安阳殷墟出土的告亚卣亦相近，但后者无管状流[4]。告亚卣属殷墟晚期器[5]，故该卣的时代亦应属这一时期。

该盉器内底铸有铭文"马永"2字。"马永"可有两种解释：其一种解释是"马永"为复合氏名，即马、永为同一宗氏的两级氏名；另一种解释是"马"为氏名，"永"为作器者名。

[1] 胡嘉麟认为马永盉是一件带流的商式筒形卣，长江流域出土的同类器可能受到二里冈文化高体折肩瓿的影响。通过提梁铸造结构的技术风格分析，指出商式筒形卣与南方青铜文化的关系比较密切，可能是这类新器型产生的一个重要来源。参见胡嘉麟：《关于商晚期筒形卣的几个问题——从中国国家博物馆收藏的马永盉谈起》，《中国国家博物馆馆刊》2017年第11期。

[2] 高志喜：《论中国南方出土的商代青铜器》，《中国考古学会第七次年会论文集》，文物出版社，1992年。图像见胡嘉麟：《关于商晚期筒形卣的几个问题——从中国国家博物馆收藏的马永盉谈起》，《中国国家博物馆馆刊》2017年第11期。

[3] 陈寿：《记布伦戴奇收藏的中国青铜器》，《考古与文物》1982年第2期。

[4] 容庚：《商周彝器通考》，图版六二六，大通书局，1973年。

[5] 岳洪彬、苗霞：《试论商周筒形卣》，《三代考古》（三），科学出版社，2009年。

120. 好盂

館藏編號：212

時代：商代後期

規格：通高43.9厘米，口徑54.5厘米，足
徑37.5厘米，重32.9千克

來源及入藏時間：1976年河南安陽小屯M5
（即婦好墓）出土，編號M5:811。1977年中
國社會科學院考古研究所寄陳

著錄情況：《婦好墓》彩版一一，《集
成》10301，《銘圖》6201

銘文字數：1字

銘文釋文：

好

该盂为深腹，腹壁近直，近底部圜缓内收成底。敞口，窄口沿，方唇。高直圈足微外撇，圈足上有四个长方形小孔。颈部有双小半环耳，上部作牛首形，腹部两侧有对称的一对绹索状附耳。颈部有突起的细棱脊两条，腹、足各有突起的细棱四条。口沿下以云雷纹为地纹饰饕餮纹和相对的二夔纹各四组。腹部以云雷纹为地纹饰饕餮纹，折角，"臣"字形目，阔口。圈足亦以云雷纹为地纹饰饕餮纹。该盂形制与1934至1935年河南安阳侯家庄M1005出土铜盂（M1005:R1091）[1]相近。侯家庄M1005及妇好墓出土铜器的时代均属殷墟青铜器二期第Ⅱ阶

段[2]，即相当于殷墟文化二期。

该盂口下内壁铸有铭文"好"字，为墓主"妇好"的省称（参见本书好簋说明）。

[1] 《侯家庄（河南安阳侯家庄殷代墓地）》第十本：小墓分述之一《1005、1062等八墓与殷代的司烜氏》，"中研院"历史语言研究所，2001年。又见李济：《殷墟出土五十三件青铜容器之研究：殷墟发掘出土五十三件青铜容器的形制和文饰之简述及概论》，图15，图12：4，《殷墟青铜器研究》，上海人民出版社，2008年。

[2] 朱凤瀚：《中国青铜器综论》（中），上海古籍出版社，2009年，第963—964页。

121. 饕餮纹双提梁盆形器

馆藏编号：Y25

时代：商代后期

规格：通高27.4厘米，口径32.4厘米

来源及入藏时间：传1946年河南安阳高楼庄出土，1955年由文化部文物事业管理局拨交

著录情况：《辞典》（青铜卷）图75

该盆形器为深腹，腹壁向底内收。敞口，厚方唇，颈略内收，平底。口沿下以云雷纹为地纹饰饕餮纹，双角直立，上端作瓶形，下部左右延伸而内卷，"臣"字形目，瞳仁突出，额头有菱形纹，鼻梁竖直，鼻准较大，阔口，尾部下卷。两侧饰卷体蛇纹。下饰一周云纹带。腹部饰蕉叶纹，内填饰雷纹及变形饕餮纹。腹内壁上部有突

起的大乳钉，上饰涡纹。口沿下两侧各有一半圆形提梁，提梁两端为环形兽首，梁身饰鳞纹，整个提梁作二首一身的龙形。口沿下两侧各有二环与提梁相连。此器形制较为别致，迄今在殷墟出土的青铜器中尚未见其他同形器。在商前期陶器中，此种口较大而微侈，深腹，腹壁上半部较直或微圆鼓，下半部皆斜收成底的陶器，多称之为盆。如郑州南关外出土陶盆（H62:15）、郑州商城C8T62夯土上覆文化层出土陶盆、河北藁城台西出土陶盆（M47:1）[1]等，与此件有提梁的铜器器身相近，故在此暂称之为"盆形器"。

---

[1] 中国社会科学院考古研究所：《中国考古学·夏商卷》，中国社会科学出版社，2003年，第166、172、251页。

铙甲　　　　　铙乙　　　　　铙丙　　　　　铙丁　　　　　铙戊

122. 亚弜铙（五件）

　　馆藏编号：122

　　时代：商代后期

　　规格：铙甲（839/1）通高14.4厘米，口长径10.3厘米，柄长5.7厘米，重0.4千克

　　　　铙乙（839/2）通高11.5厘米，口长径9.2厘米，柄长4.3厘米，重0.4千克

　　　　铙丙（839/3）通高11.7厘米，口长径8.7厘米，柄长4.8厘米，重0.4千克

　　　　铙丁（839/4）通高9.8厘米，口长径8厘米，柄长3.6厘米，重0.2千克

　　　　铙戊（839/5）通高7.7厘米，口长径5.2厘米，柄长3.4厘米，重0.15千克

　　来源及入藏时间：1976年河南安阳小屯M5（妇好墓）出土，编号M5：839。1977年中国社会科学院考古研究所寄陈

　　著录情况：《妇好墓》图版六二：1，《考古学报》1977年2期图版拾贰：1，《河南铜》（一）图版一七二，《集成》383、384，《铭图》15888、15889

铙甲铭文

铙丙铭文

铭文字数：2字（甲、丙二器各有铭文2字）

铭文释文：

亚弜

这套编铙共五件，属小型铙，排列次序由大至小依次递减，形制和纹饰基本相同。铙体上大下小，横截面呈合瓦形，口部内凹呈弧形，口沿外缘高而内缘低，形成尖唇，两铣有凸尖。体腔中空，平舞，舞中央向下直立一圆管形銎柄，上细下粗，銎柄中空与铙身相通。柄内部有朽木，原当安有木柄。铙体两面均饰“回”字形凸弦纹。妇好墓出土铜器的时代属殷墟青铜器二期第Ⅱ阶段[1]，即相当于殷墟文化二期，故该组编铙的时代亦应属这一时期。

这组编铙铙体、銎柄两侧有铸缝，应是由两块外范和一块内范铸成。这套编铙的造型为常见的宽腔型，与其形制、纹饰相近的有1968年河南温县小南张出土的3件铙[2]、1957年河南安阳高楼庄57M8出土铜铙（M8:10、M8:12）[3]。温县小南张出土铜器与高楼庄57M8均属殷墟青铜器三期第Ⅰ阶段[4]，即相当于殷墟文化三期，均晚于妇好墓出土的这组编铙。

铙甲与铙丙口内壁均铸有铭文2字“亚弜”。“亚”在商与周初族氏铭文中习见，有多种解释。朱凤瀚指出“亚”字的内涵表示的是“次也”的意思。“亚”与“某”结合，表示“某”是其所属宗族的分支，即次级族氏。“亚某”也可作为其族长之称[5]。本铭中“弜”即应是氏名。这组铜铙可能是“弜”氏献给殷王室的礼器。“妇好”死后，被用作随葬品埋入墓中。《集成》收录的有“亚弜”铭文的青铜器尚有鼎（1393—1400）、簋（3338）、觚（6956—6958）、爵（7819—7821）、斝（9228）、壶（9479）、刀（11810—11811）等。殷或西周早期器有角（8891—8892）等。

[1] 朱凤瀚：《中国青铜器综论》（中），上海古籍出版社，2009年，第964页。

[2] 《河南出土商周青铜器》编辑组：《河南出土商周青铜器》（一），图版三四四，文物出版社，1981年。

[3] 同[2]，图版二八八、二八九。

[4] 同[1]，第1031—1032、987页。

[5] 朱凤瀚：《商周金文中“亚”字形内涵的再探讨》，《甲骨文与殷商史（新六辑）——罗格斯商代与中国上古文明国际会议论文专辑）》，上海古籍出版社，2016年。

铙甲

123. 亚佣姗铙（三件）

　　馆藏编号：K1092、K1093、K1094

　　时代：商代后期

　　规格：铙甲（M312：10）　通高18厘米，口长径14.3厘米

　　　　　铙乙（M312：9）　通高15.8厘米，口长径12.3厘米

　　　　　铙丙（M312：8）　通高13.9厘米，口长径11.1厘米

　　来源及入藏时间：1953年河南安阳大司空村M312出土，编号M312：10、9、8。1959年由中国科学院考古所调拨

　　著录：《考古学报》1955年9期50页，《河南铜》（一）图版三〇八，《铜全》（3）图版一八二，《集成》405、406、407，《铭图》15909、15910、15911

　　铭文字数：3字（甲、乙、丙三器各有铭文3字）

　　铭文释文：

　　亚佣姗

铙丙

这套编铙属小型铙。铙身横宽，上大下小，横截面呈合瓦形。口部内凹呈弧形，口沿外缘高而内缘低，形成尖唇，两铙有凸尖。鼓部中央有一方形突起，应是敲击的部位。体腔中空，平舞，舞中央向下直立一圆管形柄，上细下粗，銎柄中空与铙身相通。铙体两面的梯形阳线方框内均饰一凸出器表的简省形饕餮纹，额部较宽，两侧有卷耳，"臣"字形目，两眼间有凸起的菱形

装饰，鼻子较宽，其上有两个凸起的乳钉状鼻翼。阔口，嘴角尖且向外卷曲。与这套铙形制、纹饰相近的有1983年河南安阳大司空村东南M663出土铜铙（M663:1、2、4）[1]、2000至2001年河南安阳花园庄M54出土铜铙（M54:119、108、199）[2]、1984年河南安阳戚家庄东M269出土铜铙（M269:45、46、47）[3]等。大司空村东南M663、花园庄M54属殷墟青铜器二期第Ⅱ阶段[4]，即相当

铙甲铭文

铙乙铭文

铙丙铭文

于殷墟文化二期。戚家庄东M269属殷墟青铜器三期第Ⅰ阶段[5]，即相当于殷墟文化三期。故这套编铙应属殷墟青铜器二期第Ⅱ阶段至三期第Ⅰ阶段，即相当于殷墟文化二至三期。同墓出土有铜矛、铜镞、铜铙、铜爵、铜瓿等，这套编铙为其中之一。

　　这套编铙口内壁均铸有铭文"亚仈姗"3字。铭文较为简略，有可能"姗"是女子私名，为作器者。"仈"为夫家的氏名。

[1] 中国社会科学院考古研究所安阳工作队：《安阳大司空村东南的一座殷墓》，《考古》1988年第10期。

[2] 中国社会科学院考古研究所安阳工作队：《河南安阳市花园庄54号商代墓葬》，《考古》2004年第1期。

[3] 安阳市文物工作队：《殷墟戚家庄东269号墓》，《考古学报》1991年第3期。

[4] 朱凤瀚：《中国青铜器综论》（中），上海古籍出版社，2009年，第964页。

[5] 同[4]，第987页。

124. 虎纹铙

馆藏编号：Y2031

时代：商代后期

　　该戈为直内，长条形援，中间起脊。前锋钝尖，弧刃，有上、下阑。长方形内，内偏于援本上部，中间有一圆穿。内末端一侧饰仅有首部的简省饕餮纹。另一侧饰对称的两夔纹。该戈形制与1976年河南安阳小屯M5（妇好墓）出土铜戈（M5:716）[1]相近。小屯M5属殷墟青铜器二期第Ⅱ阶段[2]，约相当于殷墟文化二期，故该戈的时代亦应属这一时期。

　　该戈内末端一面两夔纹间铸有铭文"屰"字，为作器者的族氏名称。殷、西周早期金文中尚有"亚屰"、"屰丁"、"癸屰"等，亦应属同一氏族。《集成》收录的有"屰"字铭

文的殷代器有卣（4815—4816）、觚（6546）、爵（7337—7338、7795—7796、8059、8147—8148、8158、8520、8599）、罍（9771）、方彝（9854）、戈（10632、10634）等。殷或西周早期器有爵（8027、8887）等。西周早期器有簋（3749）、爵（8964—8966）等。

[1] 中国社会科学院考古研究所：《殷墟妇好墓》，图版七〇：1，文物出版社，1980年。

[2] 朱凤瀚：《中国青铜器综论》（中），上海古籍出版社，2009年，第964页。

126. 旬戈

馆藏编号：C5.1535

时代：商代后期

规格：通长22.5厘米

来源及入藏时间：1959年文化部文物事业
管理局拨交

著录情况：《集成》10722，《铭图》
16120

铭文字数：1字

铭文释文：

旬

该戈为直内，援较短，援基部较宽，下刃
近斜直，前锋较钝，中脊突起。有上、下阑，
长方形内，内稍偏于援本上端，中间有一圆
穿。该戈形制与本书收录的苂戈（本书编号：
125）相近，后者属殷墟青铜器二期第Ⅱ阶段，
约相当于殷墟文化二期，故该戈的时代亦应属
这一时期。

该戈内末端一面铸有铭文"旬"字，为作器
者的族氏名称。殷墟甲骨卜辞中亦有此族氏活动
的记录，可参考《甲骨文合集》4090、4677等。
《集成》收录的旬族器有爵（7467、7652）等。

127. 萬戈

馆藏编号：C5.1537

时代：商代后期

规格：通长24.5厘米

来源及入藏时间：1954年购藏

著录情况：《集成》10699，《铭图》16070

铭文字数：1字（两内同铭）

铭文释文：

萬

该戈为直内，长条形援，前锋钝尖，下刃略呈斜弧，中脊突起。有上、下阑。长方形内，内偏于援本上端，中间有一圆穿。该戈形制与本书收录的屰戈（本书编号：125）相近，后者属殷墟青铜器二期第Ⅱ阶段，约相当于殷墟文化二期，故该戈的时代亦应属这一时期。

此戈内末端两面均有立刀形纹，其间铸有阴文铭文"萬"字，为作器者的族氏名称。

《集成》收录的殷代萬族器有铙（411）、鼎（1134）、觯（6070—6071、6216、6257、6291）、瓿（6680）、爵（7550—7553、8050、8373、8564—8565）、觥（9265）、戈（10697—10698、10700—10701）等。西周早期器有卣（4752、4964）等。

128. 乘戈

馆藏编号：C5.1484

时代：商代后期

规格：长21.9厘米

来源及入藏时间：1952年购藏

著录情况：《集成》10638，《铭图》16098

铭文字数：1字

铭文释文：

乘

该戈为直内，长条形援，前锋尖锐，中脊扁平呈带状，至援本前加宽。援本有二穿，有下阑。长方形内，稍靠阑处有一圆穿。援本两面均饰简省饕餮纹，角直立，上端左右延伸而内卷，"臣"字形目。该戈形制与1977年河南安阳小屯M18出土铜戈（M18:44、M18: 45）相近[1]，但后者援本无二穿。小屯M18属殷墟青铜器二期第Ⅱ阶段[2]，约相当于殷墟文化二期，故该戈的时代亦应属这一时期。

该戈内末端一面铸有铭文"乘"字，甲骨刻辞中习见，作 ✦（《粹》1109）、✦（《佚》654）等形[3]，象人乘木之形，为作器者的族氏名称。

[1] 中国社会科学院考古研究所：《殷墟青铜器》，图版一六二，图五七：5、6，文物出版社，1985年。

[2] 朱凤瀚：《中国青铜器综论》（中），上海古籍出版社，2009年，第964页。

[3] 中国科学院考古研究所：《甲骨文编》，中华书局，1965年，第257页。

131. 镶嵌绿松石夔纹戈

馆藏编号：C5.1493

时代：商代后期

规格：通长29.7厘米

来源及入藏时间：1959年购藏

该戈为曲内，长条形援，前锋较钝，有上、下阑。内与援本接于援本稍靠上部，前端有一圆穿，后端以绿松石镶嵌成夔纹。该戈形制与1959年河南安阳武官村59武官M1出土铜戈（M1:14）[1]

相近，59武官M1属殷墟青铜器二期第 I 阶段[2]，即相当于殷墟文化一期，故该戈的时代亦应属这一时期。此型戈在殷墟青铜器一期即出现，流行于二、三期[3]。

[1] 中国社会科学院考古研究所安阳工作队：《安阳武官村北的一座殷墓》，《考古》1979年第3期。

[2] 朱凤瀚：《中国青铜器综论》（中），上海古籍出版社，2009年，第953页。

[3] 同[2]，第1024页。

132. 鸟纹戈

馆藏编号：C5.1509

时代：商代后期

规格：通长25.7厘米

来源及入藏时间：1957年购藏

该戈为曲内，长条形援，前锋锐尖，中脊突起，援本有一圆穿，有上、下阑。内与援本相接于援本偏上部，前部有一圆穿，末端弯曲下垂，作圆顶。内后部饰单线勾勒鸟纹，尖喙，圆目，尾部卷曲。该戈形制与本书收录的镶嵌绿松石夔纹戈相近（本书编号：131），属殷墟青铜器二期第Ⅰ阶段，即相当于殷墟文化一期。

133. 夸戈

馆藏编号：C5.1486

时代：商代后期

规格：通长36.2厘米

来源及入藏时间：1956年购藏

著录情况：《集成》10661，《铭图》16015

铭文字数：1字

铭文释文：

夸

该戈为曲内歧冠，长条形援，中脊突起，前锋较尖，弧刃。内与援本相接于援本中部，内后部弯曲成鸟形，勾喙，顶有歧冠，"臣"字形目，尾部上卷，作站立状。该戈形制与1976年河南安阳小屯M5（妇好墓）出土铜戈（M5：1603）[1]、1977年河南安阳小屯M18出土铜戈（M18：40、M18：42）[2]相近。小屯M5与小屯M18均属殷墟青铜器二期第Ⅱ阶段[3]，即相当于殷墟文化二期，故该戈的时代亦应属这一时期。

该戈内后部鸟躯干一面铸有铭文"夸"字，为作器者的族氏名称。《集成》收录的夸族器尚有甗（790、791）、尊（5505）、爵（7432—7433）、戈（10656—10660、10662—10664）、矛（11414—11422）等。

[1] 中国社会科学院考古研究所：《殷墟妇好墓》，图版七二：4，文物出版社，1980年。

[2] 中国社会科学院考古研究所：《殷墟青铜器》，图版一六三，图五七：3、4，文物出版社，1985年。

[3] 朱凤瀚：《中国青铜器综论》（中），上海古籍出版社，2009年，第964页。

134. 🔣戈

   馆藏编号：C5.1489

   时代：商代后期

   规格：长28.8厘米

   来源及入藏时间：1954年购藏

   著录情况：《集成》10640，《铭图》
16193

   铭文字数：1字

   铭文释文：

   🔣

   该戈为曲内歧冠，长条形援稍宽，中脊突
起，前锋尖锐，有下阑，上阑残缺。内与援本相
接于援本上部，内后部弯曲成鸟形，勾喙，顶有
歧冠，"臣"字形目，尾部上卷，作站立状。该
戈形制与本书收录的夸戈（本书编号：133）相
近，属殷墟青铜器二期第Ⅱ阶段，即相当于殷
墟文化二期。该戈内后部鸟躯干一面铸有铭文
"🔣"字，为作器者的族氏名称。

135. 车敦戈

馆藏编号：C5.1521

时代：商代后期

规格：通长23.5厘米

来源及入藏时间：1961年购自韵古斋

著录情况：《集成》10866，《铭图》16371

铭文字数：2字

铭文释文：

车敦（或敦车）

该戈为銎内，长条形援较宽，前锋略钝，中脊突起。内与援本相接于援本中部，内的銎部孔横截面呈椭圆形，内后扁平。该戈形制与1976年河南安阳殷墟小屯M5（妇好墓）出土饕餮纹戈（M5:31）[1]、1934至1935年河南安阳侯家庄西北冈1001号大墓出土𠂤戈（R6825）[2]、1969—1977年河南安阳殷墟西区M727出土𠂤戈（M727:2）[3]相近。此外，1934年河南安阳侯家庄西北冈1004号大墓出土此型戈70件[4]。小屯M5与西北冈1001号大墓均属殷墟青铜器二期第Ⅱ阶段[5]，即相当于殷墟文化二期。殷墟西区M727属殷墟三期[6]。西北冈1004号大墓属殷墟青铜器三期第Ⅰ阶段[7]，即相当于殷墟文化三期。故该戈的时代应属殷墟青铜器二期第Ⅱ阶段至三期第Ⅰ阶段，即相当于殷墟文化二至三期。

该戈内一侧铸有铭文"车"字，另一侧铸有铭文"敦"字。二字虽分铸，但可能仍是复合氏名分书形式。《集成》收录的车族器有鼎（1149—1150）、簋（2988、3194）、瓿

（6749—6752）、爵（8322、8371、8506）、方彝（9838）、瓶（9944）、盘（10009）等。《集成》收录的敦族器尚有爵（7436）、戈（10756）等。

[1] 中国社会科学院考古研究所：《殷墟妇好墓》，图版七〇：6，文物出版社，1980年。

[2] 《侯家庄（河南安阳侯家庄殷代墓地）》第二本《1001号大墓》（下），图版贰肆捌：7，贰伍零：5，"中研院"历史语言研究所，1962年。

[3] 中国社会科学院考古研究所安阳工作队：《1969—1977年殷墟西区墓葬发掘报告》，《考古学报》1979年第1期。

[4] 《侯家庄（河南安阳侯家庄殷代墓地）》第五本《1004号大墓》，"中研院"历史语言研究所，1970年，第154页。

[5] 朱凤瀚：《中国青铜器综论》（中），上海古籍出版社，2009年，第961、963页。

[6] 同[3]。

[7] 同[5]，第985页。

136. 矢戈

館藏编号：C5.1519

时代：商代后期

规格：通长22.5厘米

来源及入藏时间：1954年购藏

著录情况：《集成》10648，《铭图》16043

铭文字数：1字

铭文释文：

矢

该戈为銎内，长条形援，前锋较钝，中脊突起，弧刃。内与援本相接于援本中部，内的銎部孔横截面呈椭圆形，内后扁平。该戈形制与本书收录的车教戈（本书编号：135）相近，属殷墟青铜器二期第Ⅱ阶段至三期第Ⅰ阶段，即相当于殷墟文化二至三期。

该戈内后部一面铸有阴文铭文"矢"字，为作器者的族氏名称。殷墟卜辞中多见此氏名。例如：

贞，更矢令盖三百射。（《合集》5771甲）

贞，矢不其乎（呼）来。（《合集》4444）

癸丑卜，殼贞，矢及呂方。四月。（《英藏》566）

研究表明，矢氏是商人一强宗，有自己的武装，曾受商王令征伐、作战。《集成》收录的殷代矢族器有铙（377—379）、甗（795）、簋（2941—2942）、尊（5446）、爵（7418、8676、8739、8799）等。西周早期器有鬲（474）、鼎（1516、1670）、尊（5665）等。

137. 尖戈

馆藏编号：C5.1522

时代：商代后期

规格：通长25.5厘米

来源及入藏时间：1960年孙鼎先生捐赠

著录情况：《集成》10709，《铭图》16206

铭文字数：1字（两内同铭）

铭文释文：

尖

　　该戈为銎内，长条形援，中脊突起，前锋较钝，微弧刃。内与援本相接于援本中部，内的銎部孔横截面呈椭圆形，内后扁平。该戈形制与本书收录的车敦戈（本书编号：135）相近，属殷墟青铜器二期第Ⅱ阶段至三期第Ⅰ阶段，即相当于殷墟文化二至三期。

　　该戈内后部两面均铸有阴文铭文"尖"字[1]，为作器者的氏族名称。《集成》收录的殷代尖族器有鼎（1356、1381—1384）、簋（3316）、卣（4751、4856—4857、5009）、觯（6179、6383、6389、6394）、瓿（6682、7064）、觥（9255）、方彝（9855）、戈（10707—10708）等。西周早期器有鬲（500、568）、鼎（2247）、簋（3862）、卣（5071—5072）、尊（5975）等。

[1] 此铭文释尖，从唐兰说。参见唐兰：《天壤阁甲骨文存并考释》，《唐兰全集》（六），上海古籍出版社，2015年，第245—247页。

138. 𝖞戈

馆藏编号：C5.1482

时代：商代后期

规格：长22.3厘米

来源及入藏时间：1952年购藏

铭文字数：1字（两内同铭）

铭文释文：

𝖞

该戈为銎内，长条形援，中脊突起，前锋较钝，微弧刃。内与援本相接于援本中部，内的銎部孔横截面呈椭圆形，内后扁平，顶端下角有一小歧齿。该戈形制与 1984 年河南安阳殷墟戚家庄东 M269 出土铜戈（M269:18）[1]、1985—1987 年河南安阳梯家口村 M26 出土铜戈（M26:1）[2] 相近。此外，1934 年河南安阳侯家庄西北冈 1004 号大墓出土此型戈 70 件[3]。戚家庄东 M269 属殷墟青铜器三期第 I 阶段[4]，即相当于殷墟文化三期。梯家口村 M26 属殷墟文化四期[5]。故该戈的时代应属殷墟文化第三至四期。

该戈内末端两面均铸有阴文铭文 ✦ 字，为作器者的族氏名称。《集成》收录有同铭戈 37 件（10591—10627）。上举侯家庄西北冈 1004 号大墓出土的 70 件戈[6]，《集成》收录了其中的 7 件（10604—10610）。此外，1934—1935 年河南安阳侯家庄西北冈 1001 号大墓出土铜戈（R6825）[7]、1969—1977 年河南安阳殷墟西区 M727 出土铜戈（M727:2）[8] 及 1975 年山西石楼义牒褚家峪出土铜戈[9] 亦与此戈同铭（《集成》10623、10615、10616）。

[1] 安阳市文物工作队：《殷墟戚家庄东 269 号墓》，《考古学报》1991 年第 3 期。

[2] 安阳市文物工作队、安阳市博物馆：《安阳市梯家口村殷墓的发掘》，《华夏考古》1992 年第 1 期。

[3] 《侯家庄（河南安阳侯家庄殷代墓地）》第五本《1004 号大墓》，"中研院"历史语言研究所，1970 年，第 154 页。

[4] 朱凤瀚：《商周青铜器综论》（中），上海古籍出版社，2009 年，第 987 页。

[5] 同[2]。

[6] 同[3]。

[7] 《侯家庄（河南安阳侯家庄殷代墓地）》第二本《1001 号大墓》，图版贰肆捌：7，"中研院"历史语言研究所，1962 年。

[8] 中国社会科学院考古研究所安阳工作队：《1969—1977 年殷墟西区墓葬发掘报告》，《考古学报》1979 年第 1 期。

[9] 杨绍舜：《山西石楼褚家峪、曹家垣发现商代铜器》，《文物》1981 年第 8 期。

139. 斿戈

馆藏编号：C5.1520

时代：商代后期

规格：通长24.8厘米

来源及入藏时间：1952年购藏

著录情况：《集成》10650，《铭图》16097

铭文字数：1字（两内同铭）

铭文释文：

斿

　　该戈为銎内，长条形援，前锋较钝，援两面中部有一条凸起的宽带。内与援本相接于援本中部偏上，内的銎部孔横截面呈椭圆形，内后部扁平。该戈形制与1979年河南罗山蟒张天湖村M1出土铜戈（M1:28）[1]相近。天湖村M1出土铜器属殷墟铜器三期第Ⅰ阶段偏早[2]，即相当于殷墟文化三期，故该戈的时代亦应属这一时期。该戈内后部一面铸有铭文"斿"字，为作器者的族氏名称（参见本书收录的斿方彝说明）。

[1] 河南省信阳地区文管会、河南省罗山县文化馆：《罗山天湖商周墓地》，《考古学报》1986年第2期。

[2] 朱凤瀚：《中国青铜器综论》（中），上海古籍出版社，2009年，第1033页。

140. 亚吴矛（两件）

　　馆藏编号：C5.1442、C5.1460

　　时代：商代后期

　　规格：矛甲（C5.1442）　长19.9厘米

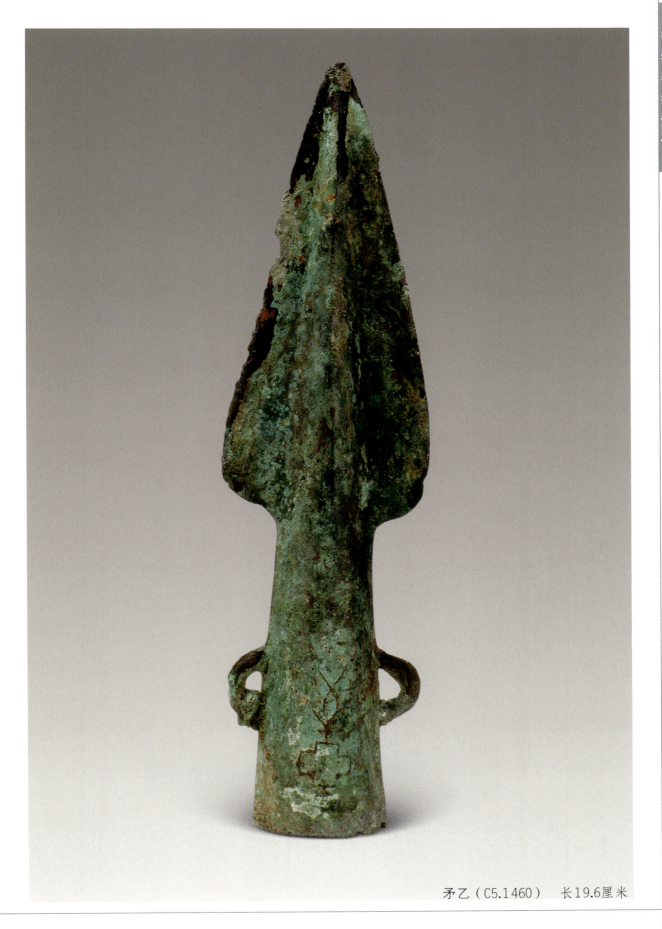

矛乙（C5.1460） 长19.6厘米

矛甲铭文

矛甲铭文拓本

矛乙铭文

矛乙铭文拓本

来源及入藏时间：1954年购藏

著录情况：矛甲（C5.1442）　《集成》11433，《铭图》17538

矛乙（C5.1460）　《集成》11434，《铭图》17539

铭文字数：2字

铭文释文：

亚吴

两件矛形制、铭文相同。三角形叶较宽，中脊突起，两翼下端近平而微上倾。两底角作圆角，两刃较斜直前收成锋。长箭，横截面为菱形，两侧有对称的钮。与这两件矛形制相近的矛在1934年河南安阳侯家庄西北冈M1004曾出土了730件[1]。西北冈M1004属殷墟青铜器三期第Ⅰ阶段[2]，约相当于殷墟文化三期，故这两件矛的时代亦应属这一时期。

这两件矛的箭末端正中均铸有阳文铭文"亚吴"2字，为作器者的族氏名称（参见本书亚吴甗说明）。

[1]《侯家庄（河南安阳侯家庄殷代墓地）》第五本《1004号大墓》，"中研院"历史语言研究所，1970年，第146—154页。

[2] 朱凤瀚：《中国青铜器综论》（中），上海古籍出版社，2009年，第985页。

141. 北单矛（两件）
馆藏编号：C5.2912、C5.2913
时代：商代后期
规格：矛甲（C5.2912） 通长20.3厘米

矛乙（C5.2913）　通长20.5厘米

矛甲铭文

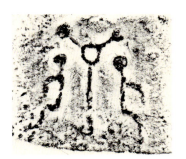

矛甲铭文拓本

矛乙铭文

矛乙铭文拓本

来源及入藏时间：1966年李汉民先生捐赠

著录情况：矛甲（C5.2912）　《集成》11445，《铭图》17550

矛乙（C5.2913）　《集成》11446，《铭图》17551

铭文字数：2字

铭文释文：

北单

此两件矛形制、铭文均相同。叶部较宽，呈三角形。中脊突起，两翼下端近平而微上倾。两底角作圆角，两刃斜直前收成锋。长骹，下端两侧有对称的半环形钮。这两件矛的形制与1969—1977年河南安阳殷墟西区M729出土铜矛（M729:6）[1]相近。殷墟西区M729:6属殷墟青铜器三期第Ⅱ阶段[2]，约相当于殷墟文化四期，故这两件矛的时代亦应属这一时期。

这两件矛骹末端两面均铸有阳文铭文2字"北单"。在殷墟甲骨卜辞中有"东单"、"西单"、"南单"、"北单"，为地名。在殷代金文中为作器者的族氏名称（参见本书北单觑簋说明）。

---

[1] 中国社会科学院考古研究所安阳工作队：《1969—1977年殷墟西区墓葬发掘报告》，《考古学报》1979年第1期。

[2] 朱凤瀚：《中国青铜器综论》（中），上海古籍出版社，2009年，第1025页。

142. 三角纹矛

馆藏编号：C5.1478

时代：商代后期

规格：长25.5厘米

来源及入藏时间：1952年购藏

　　该矛三角形叶较宽，中脊突起，两刃斜直前收成锋。两翼下端近平而微上倾，两底角作圆角。长骹，下端甚粗，中部有折棱。两侧有对称的半环形钮。骹下部饰三角纹，内饰变形饕餮纹，末端饰涡纹。该矛形制、纹饰与上海博物馆收藏的三角纹矛[1]相近，属商代后期器。

[1] 国家文物局：《中国文物精华大辞典》(青铜卷)，图
　　241，上海辞书出版社、商务印书馆(香港)有限公司，
　　1995年。

143. 饕餮纹矛

馆藏编号：C5.3142

时代：商代后期

规格：通长26.1厘米

来源及入藏时间：1952年购藏

  该矛叶较长，最宽处约在矛叶中部，向下斜收作束腰状。前锋锐尖。平底，底角作锐角形。骹伸入叶内较多，突出叶底部分较短。骹饰正长三角纹，内饰变形饕餮纹。末端饰饕餮纹，圆目，阔口。叶底原有对称的双孔，但被锈所湮。与该矛形制、纹饰相近的有1984年河南安阳殷墟戚家庄东M269出土铜矛（M269:26）[1]、1969—1977年河南安阳殷墟西区M917出土铜矛（M917:5）[2]及故宫博物院收藏的夸矛[3]等。戚家庄东M269、殷墟西区M917:5均属殷墟青铜器三期第Ⅰ阶段[4]，约相当于殷墟文化三期，故该矛的时代亦应属这一时期。

---

[1] 安阳市文物工作队：《殷墟戚家庄东269号墓》，《考古学报》1991年第3期。

[2] 中国社会科学院考古研究所安阳工作队：《1969—1977年殷墟西区墓葬发掘报告》，《考古学报》1979年第1期。

[3] 故宫博物院：《故宫青铜器》，图101，紫禁城出版社，1999年。

[4] 朱凤瀚：《中国青铜器综论》（中），上海古籍出版社，2009年，第987、1025页。

144. 铁刃铜钺

馆藏编号：Y2094

时代：商代后期

规格：残长8.7厘米

来源及入藏时间：1977年北京平谷刘家河出土，1990年首都博物馆拨交。

著录情况：北京市文物管理处：《北京市平谷县发现商代墓葬》，《文物》1977年第11期

该钺钺身宽扁呈梯形，有上、下阑。梯形内，中间有一圆孔。其刃为铁刃，经鉴定为陨铁锻制。刘家河商墓出土青铜器有小方鼎、圆鼎、鬲、甗、斝、爵、罍、瓿、卣、封口盉、提梁盉、盘、铜饰等，该钺为其中之一[1]。刘家河商墓时代约相当于殷墟文化一期，即殷代早期墓[2]，故该钺的时代亦应属这一时期。1972年河北省藁城台西M112亦出土一件铁刃铜钺（M112:1）[3]，与此钺形制相近，年代也大体相当，但钺身近阑处有两排乳钉纹，它的铁刃原是夹入青铜器身的，出土时已残断。这两件铜钺的铁刃究竟是人工冶炼而成的熟铁还是陨铁，学界仍有不同看法[4]。但至少可以表明早在公元前十四世纪，我国劳动人民已经对铁有了初步认识，同时把它加工应用到兵器上。

[1] 北京市文物管理处：《北京市平谷县发现商代墓葬》，《文物》1977年第11期。

[2] 朱凤瀚：《中国青铜器综论》（中），上海古籍出版社，2009年，第1080页。

[3] 河北省文物研究所：《藁城台西商代遗址》，图八〇：13，彩版一，文物出版社，1985年。

[4] 同[3]，第169页。

145. 半月形有銎钺

馆藏编号：C5.3009

时代：商代前期

规格：长9厘米

来源及入藏时间：1959年由上海博物馆调拨

该钺钺身呈半月形，长管状銎。钺身饰多条横向突棱，中央近銎处有圆孔，孔周起缘。銎的剖面呈椭圆形，中部有一长方形穿孔。銎外壁饰方格纹、波折纹和星点纹。銎背上有三个圆形突起。与该钺形制最为相近的是《黑豆嘴类型青铜器中的西来因素》一文著录的铜钺之一[1]。该文中著录的另一件铜钺[2]、1982年青海湟中下西河潘家梁M117出土铜钺（M117:41）[3]及1959年青海都兰县诺木洪搭里他里哈遗址采集铜钺（标本0112）[4]亦与此件钺形制相近，但钺身孔的数量不同且均

有"丁"字形饰（即孔周起缘饰外侧再附加一条突棱的一种装饰）。孔周起缘与"丁"字形饰集中见于青海地区，是卡约文化一些铜器上很有特色的装饰，应当是流行于该地区的一种地方性因素[5]，故该钺似应属卡约文化。潘家梁墓葬的年代在商代前期[6]，该钺的时代亦应属这一时期。

[1] 张文立、林沄：《黑豆嘴类型青铜器中的西来因素》，图一：14，《考古》2004年第5期。

[2] 同[1]，图一：9。

[3] 青海省文物考古研究所：《青海湟中下西河潘家梁卡约文化墓地》，《考古学集刊》第8集，科学出版社，1994年。

[4] 青海省文物管理委员会、中国科学院考古研究所青海队：《青海都兰县诺木洪搭里他里哈遗址调查与试掘》，《考古学报》1963年第1期。

[5] 同[1]。

[6] 同[1]。

146. 何钺
　　馆藏编号：C5.1771
　　时代：商代后期
　　规格：通长19.9厘米

来源及入藏时间：1952年购藏

著录情况：《集成》11722，《铭图》18205

铭文字数：1字

铭文释文：

何

该钺钺身宽扁，弧刃，一刃角上翘较高，另一刃角上翘较小。平肩，无阑，长方形内，内与钺本相接于钺本上部。肩部有长方形二穿。援本饰二相背的夔纹，"臣"字形目，角直立，上端左右延伸而内卷，尾上卷。内中部有一圆穿，末端一面饰饕餮纹。与其形制、纹饰相近的有1976年河南安阳殷墟小屯M5（妇好墓）出土亚启钺（M5:1156）[1]、荷兰万孝臣氏收藏的戈钺（《铭图》18210）、瑞典斯德哥尔摩远东古物馆收藏的寅钺（《铭图》18217）、故宫博物院收藏的龏子钺（《铭图》18240）、山午钺（《铭图》

18242）等。小屯M5属殷墟青铜器二期第Ⅱ阶段[2]，约相当于殷墟文化二期，故该钺的时代亦应属这一时期。

该钺内末端一面铸有阴文铭文"何"字，为作器者的族氏名称。"何"字在殷墟甲骨卜辞中习见。本书尚收录有何马觚（本书编号：101）。《集成》收录的有"何"字铭文的殷代器有鼎（1010、1591、1893—1894）、簋（2928、3065）、卣（4910、5091）、尊（5445、5756—5757）、觯（6424）、觚（6577、6997—6998、7250—7251）、爵（7370、8151—8152、8795、8957—8959）、斝（9116、9233）、锛（11793）等。殷或西周早期器有簋（3341）、爵（8004）等。西周早期器有罍（9800）等。

[1] 中国社会科学院考古研究所：《殷墟妇好墓》，图六六：2，图版六九：1，文物出版社，1980年。

[2] 朱凤瀚：《中国青铜器综论》（中），上海古籍出版社，2009年，第964页。

147. 镶嵌绿松石饕餮纹钺
　　馆藏编号：C5.2733
　　时代：商代后期
　　规格：通长25厘米，宽17厘米
　　来源及入藏时间：1959年由故宫博物院调
拨

　　该钺钺身宽扁，斜弧刃，两刃角外侈。平肩，无阑，长方形内。内与钺本相接于钺本靠上。肩部有二长方形穿，内中部有一圆穿。钺本饰二相背的夔纹，卷角，"臣"字形目，尾部卷曲。内末端饰由绿松石镶嵌而成的简省形饕餮纹，角直立，上端左右延伸而内卷，"臣"字形目，阔口。该钺形制与本书收录的何钺（本书编号：146）相近，但钺身更宽。何钺属殷墟青铜器二期第Ⅱ阶段，约相当于殷墟文化二期，故该钺的时代亦应属这一时期。

148. 饕餮纹钺

馆藏编号：C5.1772

时代：商代后期

规格：通长21.4厘米

来源及入藏时间：1956年文化部文物事业
管理局拨交

　　该钺钺身宽扁、斜弧刃，两刃角外侈明显，
一刃角上翘较高，另一刃角上翘较小。钺身与刃
起缘。平肩，无阑，长方形内。内与钺本相接于
钺本上部。钺身饰三角纹，内填饰变形饕餮纹。

钺本饰三个突起的乳钉。内末端饰简省形饕餮
纹。该钺形制、纹饰与1984年河南安阳殷墟戚家
庄东M269出土铜钺（M269:77）[1]相近。戚家庄东
M269属殷墟青铜器三期第 I 阶段[2]，约相当于殷
墟文化三期，故该钺的时代亦应属这一时期。

---

[1] 安阳市文物工作队：《殷墟戚家庄东269号墓》，《考古
　　学报》1991年第3期。

[2] 朱凤瀚：《中国青铜器综论》（中），上海古籍出版社，
　　2009年，第987页。

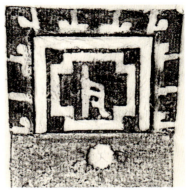

149. 亚尹钺

馆藏编号：C5.1773

时代：商代后期

规格：通长18.8厘米

来源及入藏时间：1952年购藏

著录情况：《集成》11749，《铭图》18238

铭文字数：2字（两内同铭）

铭文释文：

亚尹

该钺钺身窄长，略显束腰。弧刃，两刃角外侈。长方形直内，内与钺本相接于钺本偏上。钺身有一大圆穿，肩部有长方形二穿。内有一小圆穿。该钺形制与1986年山东益都（今青州市）苏埠屯M8出土铜钺（M8:30）[1]相近。苏埠屯M8相当于殷墟青铜器三期第Ⅱ阶段[2]，约相当于殷墟文化四期，故该钺的时代亦应属这一时期。

该钺内末端两侧方框内均铸有阴文铭文"亚尹"2字，"尹"在亚字形内，为作器者的族氏名称。《集成》收录有同铭钺（11747—11748）。

[1] 山东省文物考古研究所、青州市博物馆：《青州市苏埠屯商代墓发掘报告》，《海岱考古》第1辑，山东大学出版社，1989年。

[2] 朱凤瀚：《中国青铜器综论》（中），上海古籍出版社，2009年，第1056页。

150. 四瓣目纹钺

    馆藏编号：C5.1787

    时代：商代后期

    规格：通长16.8厘米

    来源及入藏时间：旧藏

    该钺钺身如舌状，刃部至肩部等宽，圆刃，刃角不外侈。平肩，一阑齿残断。长方形内。钺身中部有一圆穿，内中部亦有一圆穿，末端饰四瓣目纹。此型钺发现较少，与该钺形制相近的有1954至1955年河南郑州人民公园遗址C7M12出土铜钺（C7M12:1）[1]、上海博物馆收藏的饕餮纹钺[2]等。郑州人民公园遗址C7M12:1属殷代中期器[3]，故该钺的时代亦应属这一时期。

[1] 河南省文物考古研究所：《郑州商城1953—1985年考古发掘报告》，图六一五：3，图版二六八：1，文物出版社，2001年。

[2] 陈佩芬：《夏商周青铜器研究》（夏商篇），图一九〇，上海古籍出版社，2004年。

[3] 朱凤瀚：《中国青铜器综论》（上），上海古籍出版社，2009年，第414页。

151. 人面纹钺

  馆藏编号： Y2079

  时代： 商代后期

  规格： 长31.8厘米，刃宽35.8厘米

  来源及入藏时间： 1965—1966年山东省益

都（今青州市）苏埠屯M1出土，编号M1:1。1990年山东省博物馆调拨

  著录情况： 山东省博物馆：《山东益都苏埠屯第一号奴隶殉葬墓》，《文物》1972年第8期，图像见《文物》1972年第1期90页图二二

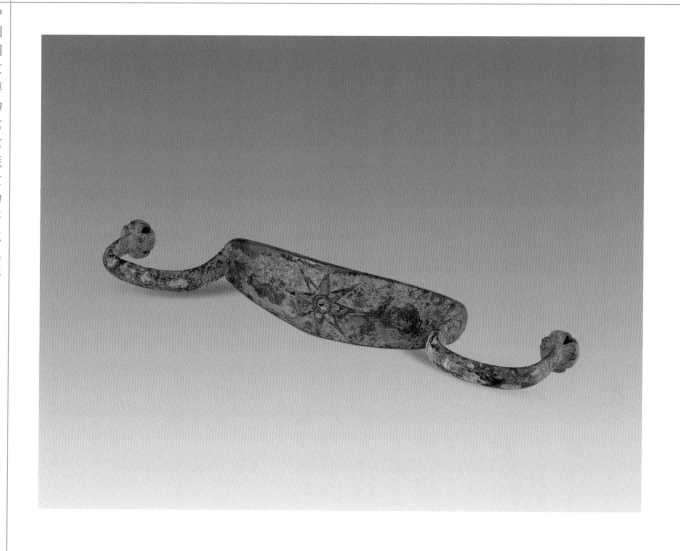

156. 八角星纹弓形器

館藏編号：C5.1740

時代：商代后期

規格：通长24.2厘米

来源及入藏时间：1959年陈大年先生捐赠

该弓形器弓身扁平，中部较宽，呈弧形。弓身两端有弯曲的弧形臂，弓臂两端各有一镂孔瓣状响铃。弓背中部以绿松石镶嵌成八角星纹。两弓臂上端亦镶嵌有排列整齐的绿松石。此件弓形器形制、纹饰与1990年河南安阳郭家庄M160出土弓形器（M160:214）[1]、1958年河南安阳大司空村58M51出土弓形器[2]、1953年河南安阳大司空村M175出土弓形器（M175:5、M175:25）[3]、2004年河南安阳大司空M303出土

弓形器（M303:154）[4]、2005年河南安阳市殷墟范家庄东北地M4出土弓形器（M4:14）[5]、1985年山西灵石旌介村出土弓形器（M1:37、M1:38、M2:17、M2:38）[6]及1995年、1998年山东滕州前掌大出土铜弓形器（M40:11、M45:32、M132:6）[7]等相近。除弓形器外，类似的八角星纹图案，亦见于殷墟出土的车马器上，例如1936年河南安阳小屯M20出土车軎（M20:R1797:1、2）、轭首饰（M20:R1791）、铜泡（M20:R2206）[8]等。郭家庄M160及大司空村58M51属殷墟青铜器三期第Ⅰ阶段[9]，即相当于殷墟文化三期。灵石旌介村M1、M2约殷墟青铜器三期第Ⅰ、Ⅱ阶段之际[10]，即相当于殷墟文化三、四期之际。故该弓形器的时代亦应属殷墟青铜器三期，约相当于殷墟文化三、四期之际。此类弓形器亦见于西周早期，例

如2012年陕西宝鸡石鼓山西周墓地M3出土弓形器（M3:65）[11]。

关于弓形器的用途，学界有不同意见：或认为是弓上的附件[12]；或认为是旌铃[13]；或认为是衣服上的挂钩，用以悬挂装饰物品的[14]；或认为是系于腰带正前方的挂缰钩[15]，近年来已有较多学者倾向于挂缰钩说。关于弓形器的确切用途仍有待进一步探讨。

[1] 中国社会科学院考古研究所：《安阳殷墟郭家庄商代墓葬》，图87：1，图版49：4，中国大百科全书出版社，1998年。

[2] 河南省文化局文物工作队：《1958年春河南安阳市大司空村殷代墓葬发掘简报》，《考古通讯》1958年第10期。

[3] 马得志等：《一九五三年安阳大司空村发掘报告》，《考古学报》1955年第1期。

[4] 中国社会科学院考古研究所安阳工作队：《殷墟大司空M303发掘报告》，《考古学报》2008年第3期。

[5] 中国社会科学院考古研究所安阳工作队：《河南安阳市殷墟范家庄东北地的两座商墓》，《考古》2009年第9期。

[6] 山西省考古研究所：《灵石旌介商墓》，图91、92、147、148，科学出版社，2006年。

[7] 中国社会科学院考古研究所：《滕州前掌大墓地》，图二四〇：1，图版一三八：1；图二四〇：2，图版一三八：2；图二四〇：3，文物出版社，2005年。

[8] 《小屯》第一本《遗址的发现与发掘·丙编·殷墟墓葬之一·北组墓葬下》，图版肆伍、肆陆、肆叁、肆肆、陆壹：1，叁玖：19，"中研院"历史语言研究所，1970年。

[9] 朱凤瀚：《中国青铜器综论》（中），上海古籍出版社，2009年，第987页。

[10] 同[9]，第1105页。

[11] 石鼓山考古队：《陕西宝鸡石鼓山西周墓葬发掘简报》，《文物》2013年第2期。

[12] 参见石璋如：《小屯殷代的成套兵器》，《历史语言研究所集刊》第二十二本，1950年；唐兰：《"弓形器"（铜弓秘）用途考》，《考古》1973年第3期。

[13] 参见秦建明：《商周"弓形器"为"旌铃"说》，《考古》1995年第3期。

[14] 参见唐嘉弘：《殷周青铜弓形器新解》，《中国文物报》1993年3月7日。

[15] 参见林沄：《关于青铜弓形器的若干问题》，《林沄学术文集》，中国大百科全书出版社，1998年；孙机：《商周的"弓形器"》，《中国古舆服论丛》（增订本），文物出版社，2001年。

157. 作册般鼋

館藏編號：C5.3761

時代：商代後期

規格：通長21.4厘米，寬16厘米，通高10厘米，重1.6千克

來源及入藏時間：2003年購藏

著錄情況：《中國歷史文物》2005年1期封面，《銘圖》19344

銘文字數：33字

銘文釋文：

丙申，王逐兕（于）洹，隻（獲）。王一射，奴射三，衛（率）亡（無）灋（廢）矢。王令（命）帚（寢）馗（馗）兄（貺）奵（于）乍（作）册般，曰："奏奵（于）庸，乍（作）女（汝）宝。"

銅鼋作爬行狀，伸頭，尾左偏，四足外露，爪下各有一方鈕作為支撐。頸側及蓋上插有四箭：左肩部1支，背甲左部2支、右后部1支，皆為箭經强力射入鼋体后露出的尾羽部分。箭杆尾部末端有溝槽一道，應即為張弓時便于箭尾扣入弓弦所設之"比"或者"括"[1]。從製造工藝看，鼋体是一次鑄成，箭為分鑄，嵌接在鼋表面的凹穴內[2]。

铜鼋背甲中部铸有铭文4行33字（一说32字，详下文），字体首尾出锋，转折处波磔明显，每横行文字不成排，具有商晚期晚叶金文特征。铭文记载了丙申这一天，商王来到洹水，捕获了此鼋。王先对此鼋射了一箭，（赞射者）佐助王连射三箭，四箭全中，完全没有浪费一箭。商王命寝馗把射获的鼋赏赐给作册般。商王说："（将此事）铭记于庸器，作为你的宝物。"

"王逐亞（于）洹"之"逐"字，从辵从必，殷墟甲骨卜辞中习见，作 、 、 等形[3]，在此含有往于某地还要归于出发地的意思[4]。"洹"即殷都附近的洹水，"获"指获得此所象之鼋。殷墟甲骨卜辞中有与此内容相近的辞条，例如：

己丑卜，贞王逐于召，往来（无灾）。在九月。兹 。隻（获）鹿一。（《合集》37429）

戊戌卜，贞王逐于召，往来（无灾）。兹 。隻（获）麋一。（《合集》37460）

"王一射，奴射三"，"一"、"三"二字都较小，裘锡圭认为可能是制铭文之模时后添的字[5]。"奴"字，读为"赞"，有佐助的意思[6]。

"衛（率）亡（无）灋（废）矢"，"衛"通"率"。灋，读作"废"。"无废矢"亦见于1993年河南平顶山应国墓地M242出土柞伯簋铭文中[7]。即谓商王先射了一箭后，商王的随从佐助商王射了三箭，箭无虚发，没有未命中的箭。

"王令（命）帚（寝）馗（馗）兄（貺）亞（于）乍（作）册般"，"寝"是管理商王寝宫之近臣的官职名。"馗"是寝官之名。"兄"在此读如"貺"，有赏赐之意。作册般是受赐者。

"曰：'奏亞（于）庸，乍（作）汝宝。'""庸"即"庸器"，见于《周礼·春官·典庸器》，郑注贾公彦疏曰："庸，功也。言功器者，伐国所获之器也。"在此当为有大功而可作纪念之器物[8]。"奏"读如"书"。"奏于庸，作汝宝"即商王命作册般将四射皆中这件事铭记在庸器上永宝之。亦有学者指出，铭文记载了同一日

商王所举行的弋射和射鼋两种射礼，而铜鼋所反映的正是由实射动物到射侯的过渡形态[9]。

"作册般"之名亦见于作册豐鼎（《集成》2711）及本书收录的作册般甗（本书编号：22）铭文中。甗铭记作册般随商王帝辛征伐人方有功绩而得到王赏贝，与此件鼋的受赏者应是同一人。由作册豐鼎与作册般甗铭文可知作册般是受到商王重用的史官。作册般甗属殷墟青铜器三期第Ⅱ阶段，即相当于殷墟文化四期，故该铜鼋亦应属这一时期。该铜鼋的珍贵之处在于，不仅为了解商晚期箭的形制提供了有价值的资料，而且整体仿生，与商代青铜器中的鸟兽形器相比较，写实性极强。

---

[1] 朱凤瀚：《作册般鼋探析》，《中国历史文物》2005年第1期。

[2] 李学勤：《作册般铜鼋考释》，《中国历史文物》2005年第1期。

[3] 裘锡圭：《释"秘"》，《裘锡圭学术文集》（第一卷），复旦大学出版社，2012年。

[4] 同[1]。

[5] 裘锡圭：《商铜鼋铭补释》，《中国历史文物》2005年第6期。李学勤、王冠英、袁俊杰、李凯均释作"王射"，即32字铭文的来历。参见李学勤：《作册般铜鼋考释》，《中国历史文物》2005年第1期。王冠英：《作册般铜鼋三考》，《中国历史文物》2005年第1期。袁俊杰：《作册般铜鼋铭文新释补论》，《中原文物》2011年第1期。李凯：《试论作册般鼋与晚商射礼》，《中原文物》2007年第3期。

[6] 同[2]。

[7] 王龙正等：《新发现的柞伯簋及其铭文考释》，《文物》1998年第9期。

[8] 林尹：《周礼今注今译》，书目文献出版社，1985年，第250页。

[9] 袁俊杰：《作册般铜鼋铭文新释补论》，《中原文物》2011年第1期。

158. 兽面具

馆藏编号：Y2066

时代：商代后期

规格：通高85.4厘米，宽78厘米

来源及入藏时间：1986年四川广汉三星堆二号祭祀坑出土，编号：K2②:144。1989年四川省文管会调拨

著录情况：《三星堆》图一〇九

长方形脸，倒八字形刀形粗眉。眼珠呈椭圆柱形突出眼眶。鼻部卷曲，鼻翼呈旋涡状，阔口微张，舌尖外露，下颌略向前伸。戈形耳向两侧展开。两耳上下各有一方形穿孔。额正中铸有夔龙形额饰，头部与鼻梁相接，身躯高高竖起，尾部内卷，刀状羽翅。身躯两侧各有一环形穿。三星堆二号祭祀埋葬年代约在殷墟文化二期偏晚至三期偏早，即殷墟中、晚期之际[1]，故该兽面具的时代亦应属这一时期。该祭祀坑出土兽面具3件，此兽面具为其中之一。该面具耳、眼采用嵌铸法铸造，夔龙形额饰采用补铸法安装。该面具可能在本地铸造，是区域性文化的产物。

---

[1] 朱凤瀚：《中国青铜器综论》（中），上海古籍出版社，2009年，第1164页。

159. 铜人头像

　　馆藏编号：K10230

　　时代：商代后期

　　规格：高37.5厘米

　　来源及入藏时间：1986年四川广汉三星堆二号祭祀坑出土，编号：K2②:69。1989年四川省文管会调拨

　　著录情况：《三星堆》第466页

　　头型瘦长，平头顶，顶盖已脱落。刀状粗眉，杏形立眼，眼睑线下垂。三角形鼻，鼻梁高直，鼻准隆起。阔口紧闭，下颌宽大。卷云纹双竖直耳，耳垂有一穿孔。粗颈中空，前后铸成倒尖角形。脑后垂发辫，发辫上端扎束。二号祭祀坑的埋葬年代约在殷墟文化二期偏晚至三期偏早，即殷墟中、晚期之际[1]，故该铜人头像的时代亦应属这一时期。该祭祀坑出土铜人头像44件，此人头像为其中之一。这类神像的性质，很像是安装于木身或木桩上，安放在殿堂类建筑内，供瞻仰的很可能有宗教意味的陈设[2]。此类铜人头像可能在本地铸造，具有区域性文化特征。

---

[1] 朱凤瀚：《中国青铜器综论》(中)，上海古籍出版社，2009年，第1164页。

[2] 同[1]，第1165页。

作册般鼋探析*

朱凤瀚

作册般鼋，是2003年中国国家博物馆征集的一件不同寻常的商晚期青铜器。器作被射入四枝箭的鳖形（图一、图二）。首至尾长21.4厘

图一　作册般鼋侧视图

图二　作册般鼋俯视图

米，最宽处16厘米，通高10厘米。鳖背甲上嵌入三箭，其颈部左侧斜上方嵌入一箭。背甲中部铸

有铭文4行33字（图三）。

嵌入鳖体的四枝箭，乍看似镞形，但细审则可知与镞有以下三点区别：一是进入鳖体的前端做成细圆杆形，不像是镞锋；二是中部有四翼，翼形虽近似镞翼，但商至西周时期的青铜镞皆是双翼，未见有四翼的镞，且此四翼末端齐平，亦与商代时镞之双翼末尾作倒刺形不同；三是翼后部也作圆杆形且末端平齐，与双翼青铜镞脊下细而尖的铤形制有异。由此几点差异，初步认为射入鳖体非箭前部之镞，而应当是箭尾（图四），四翼则可能是表示尾羽。此外，箭杆尾部末端圆形平面上切直径做沟槽一道，通透至两侧，应即为张弓时便于箭尾扣入弓弦所设之"比"。[1]此四箭在鳖体外仅剩尾部，箭杆尾羽前大部分已射入鳖体，事实上穿透程度是否如此不可确知，铸成此形当是用来显示射箭者（即商王，见下文）的孔武有力。

如果上面的分析不误，则此四支箭尾部设羽与设比的方式，为了解商晚期箭的形制提供了很有价值的资料。

本器所模拟之鳖能承受四枝箭，原体形似应较本器为大，属较大型的鳖，故可称之为鼋。

本器铭的字形具商后期晚叶的金文特征，这也指示器物铸成年代当在商后期晚叶，约在帝乙、帝辛时代。

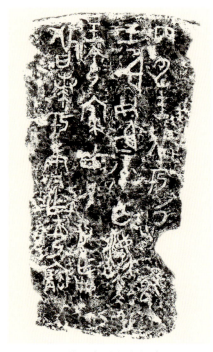

1. 作册般鼋铭文拓本

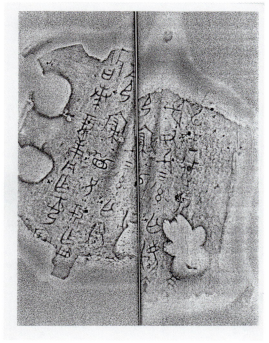

2. 作册般鼋x光照片

图三

现将背甲上的铭文作释文如下:

丙申,王逐疗(于)洹,隻(获)。王一射,鼬(殂)射三,率亡(无)灋(废)矢。王令(命)寏(寝)馗(馗)兄(贶)疗(于)乍(作)册般,曰:

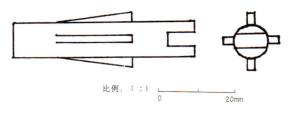

图四 作册般鼋箭尾线图

"奏疗(于)庸,乍(作)女(汝)宝。"

下面先试对铭文中部分需讨论的字、词逐句作一解释,谈点不成熟的看法,再在此基础上用现代语言作铭文的译文。

"王逐于洹"之"逐",在本铭文中作 ,从必从辵。[2]此字(卜辞中或写作)与此种句式习见于年代相同的商后期晚叶的黄组卜辞。逐字后世已无,确切字义不详。但从卜辞辞例看,显然应是出行之意。必、比上古音近,比有及、至之意。[3]值得注意的是,在黄组卜辞中,凡卜"王逐于"某地,皆要贞问是否"往来亡(无)灾",表明"逐"实际上含有往于某地还要回归于出发地的意思。

洹即洹水。从商后期晚叶的黄组卜辞看,"王逐于"某地的地方,多较洹水为远,洹水流域是王此种出行活动目标最近的区域。从卜辞中可知,商后期时洹水水量还是很大的,故商王不止一次地要占卜洹水泛滥会不会威胁附近的城邑。因此,商王在洹水流域能射获此较大的鼋,与洹水当时是一条较大的河流有关。

"王逐于洹"后言"隻(获)",是指获此鼋。

"王一射,鼬(殂)射三",此句中文字考释之难点是殂字。从上下两句话看,殂字应是承接"王一射"句并引发下句"射三"的。此鼋共中四箭,从文义看,四箭射者皆应是王,由于均中的,非常准确,故而才值得铭于器而颂扬。"殂"字尚未见于先秦文字,《集韵》有此字,言"女九切,音纽。殉殂,欲死貌。"其字义在此不适,但字音纽,即从歹,丑声,在本铭中可读作狃字。《说文解字》:"狃,犬性骄也。从犬丑声。"《尔

雅·释言》：“狙，复也。”郭璞注：“狙，忕，复为。”邢昺疏引孙炎注：“狙，忕，前事复为也。”《诗经·郑风·大叔于田》：“大叔于田……襢裼暴虎，献于公所。将叔无狙，戒其伤女。”毛传曰：“狙，习也。”郑笺云：“狙，复也。请叔无复者，爱也。”孔颖达疏云：“叔于是襢去裼衣，空手搏虎，执之而献于公之处所。公见其如是，恐其更然，谓之曰：‘请叔无习此事，戒慎之，若复为之，其必伤汝矣。’”可知狙有复义，即再也、又也。那么“王一射，殂（狙）三射”，便可以解释为：王先对此鼋射了一箭，接着又连射三箭。

“率亡瀘（废）矢”，率，《汉书·宣帝纪》：“率常在下杜”，颜师古注：“率者，总计之言也。”朱骏声《说文通训定声》：“按，犹均也。”瀘读作“废”，亦见于西周金文，如康王时大盂鼎（《集成》2837）记康王对盂曰：“勿瀘（废）朕命。”《尔雅·释诂》：“废，舍也。”“勿废朕命”即不要使我的诰命被废弃。本器“率亡废矢”直译即总言之无有未命中的矢。类似语句亦见于1993年在平顶山应国墓地发掘的M242中出土的柞伯簋，其铭文中有句曰：“柞伯十称弓，无瀘（废）矢。”[4]“无废矢”语意与本铭同。

“王令（命）�（寝）榡（馗）兄（贶）疠（于）乍（作）册般”，“寝”是王之寝宫，此处之“寝”是在寝宫内服侍王的王之近臣的官职名。寝官亦见于寝孜簋与1984年殷墟西区M1713出土之寝鱼爵铭文：

辛亥，王才（在）寝，賣（赏），寝（寝）孜□贝二朋，用乍（作）祖癸宝隦。（《集成》3941）

辛卯，王易（赐）寝（寝）鱼贝，用乍父丁彝。（《集成》9101）

“寝孜”、“寝鱼”皆是寝官名。本铭中寝官之名曰“馗”，此字应是从百，九声。《说文解字》：“百，头也，象形”，“首，百同，古文百也。”故百亦即首，百与首音亦同，所以馗即馗字。“兄”在此读如“贶”，赏赐之意。作册般是受赐者，“般”字在本铭中写作般，此种写法习见

于殷墟卜辞。作册般也是本器之制作者。

“曰：‘奏疠（于）庸，乍（作）女（汝）宝。’”“曰”下应皆是王对作册般所说的话（或是通过寝馗传达给作册般）。王在赏赐给作册般其射获的鼋后，令作册般“奏于庸”。“庸”字在殷墟卜辞中较多见。卜辞常言“奏庸”，学者认为此种情况下庸可读如镛。作为乐器的镛很可能即是指商晚期的青铜乐器铙。庸读为镛，作为乐器，言“奏庸”自然是合适的。但如像本铭这样言“奏于庸”，还将“庸”读为镛，从语法上似乎就不大讲得通。在殷墟卜辞中也确实没有见过“奏于庸”的句式。卜辞中言“奏于”某的辞例，如：

弓乎帚（妇）奏于宀宅。（《合集》13517）
于盂宙（庭）奏。
于新室奏
……庸奏又正，吉。
万隹（惟）美奏又正（《合集》31022）

以上辞例中，“奏于某”或“于某奏”之“某”皆是地点。而《合集》31022中“庸奏”前残佚的字不会是“于”，因为《合集》31014可能与31022是异版同辞，其中有句曰：

叀庸奏又正

“庸奏”，还是言“奏庸”，这里庸释为镛是讲得通的。卜辞中言“奏于某”还有一种情况，“某”是受祭的先祖神，如：

乙未卜，于匕（妣）壬奏（《合集》22050）

这里的“奏”既可能是于祭妣壬时奏乐，也可能当如《说文解字》所云训为“进”，是进献之意，在卜辞中即进献祭品于受祭的先人。

所以，在商代文字中，言“奏某”，比如“奏庸”，“庸”是奏的宾语，是奏的连带成分，而“于某奏”与“奏于某”之“于”属于介词，其后面所接“某”作为名词，表示动词“奏”所施行的地点或对象（或云目的）。因此，本铭中“奏于庸”之“于”亦当属介词，其后面的名词“庸”虽与“奏”相联系，很易被认为是镛，但仍不宜读为镛，应考虑做别的解释。比较合适的训解是《周礼·春官》中“典庸器”之“庸器”。典庸器之职

315

子龙鼎断代新议

周　亚

2006年第6期《中国历史文物》（现更名为《中国国家博物馆馆刊》）为子龙鼎入藏中国国家博物馆，发表了一组专家的笔谈，各位专家对子龙鼎的断代提出了自己的意见。

李学勤先生在将子龙鼎与1956年殷墟后冈圆形祭祀坑出土的戍嗣子鼎、1980年殷墟郭家庄160号墓出土的亚址鼎，和1997年鹿邑太清宫1号墓出土的兽面纹鼎（M1:9）比较之后，认为："郭家庄M160属殷墟三期偏晚，后冈祭祀坑属殷墟四期，太清宫M1则为周初。子龙大鼎既然最类似戍嗣子鼎，应该定作殷墟四期，约属帝乙、帝辛之世。"

吴镇烽先生认为："子龙鼎的形制与陕西博物馆所藏的商代晚期的㛃鼎基本相同，也与西周初期的德鼎较接近，从类型学排比看，他的时代应在商代晚期后段近于商末。"

郝本性先生将子龙鼎与亚址鼎、戍嗣子鼎等6个鼎比较后认为："比较以上诸鼎，形制基本相同，纹饰大同小异，时代为殷代晚期至西周初期。至于西周康王时期的大盂鼎，鼎腹下部已外垂，子龙鼎下腹不外垂，可以说是商末周初。子龙鼎应铸造于商末。"

高至喜先生认为子龙鼎的纹饰是"常见于商代晚期中后段的所谓'三层花纹'。……反映了商代晚期青铜铸造技艺的高超水平"。他也将

子龙鼎与戍嗣子鼎做了比较，认为两者造型"相同，纹饰风格相近，铭文风格也一致"，所以"戍嗣子鼎是商代帝乙、帝辛时器，子龙大鼎应与之大体同时或稍晚，即商末之物"。

朱凤瀚先生从形制学的角度，将子龙鼎与戍嗣子鼎、前掌大出土的史鼎以及大盂鼎做了比较，认为在这四件鼎里，戍嗣子鼎最早，史鼎次之，子龙鼎其后，大盂鼎最晚。他的结论是："综合以上从形制学角度所作比较分析，可以认为子龙鼎年代应该在商晚期偏晚（近于商末），其下限也可能已进入西周初年。"另外他认为有"子龙"铭的青铜器，均是商晚期（或西周初），以此支持他的断代结论。

王冠英先生在比较了子龙鼎与戍嗣子鼎、亚址鼎、长子口一号墓出土的兽面纹鼎和琉璃河西周墓出土的堇鼎之后，也认为："子龙鼎的年代应定为商末周初。"他指出："西周早期的青铜器和殷墟晚期的青铜器有很多相同的特点，有很强的继承性，也有一定的差异。……商末周初相距年代很短，在器型、纹饰继承性很强的情况下，有时哪个属商末哪个属周初确切年代很难单凭器型和纹饰来分辨。"

陈佩芬先生认为子龙鼎是西周早期的，她列举了西周时期的几件大鼎后认为：淳化史家塬出土的"龙纹鼎造型特殊，大克鼎的时代较

晚，能与子龙的器形比较接近的就是大盂鼎和媵鼎，尤其与大盂鼎的外形更为接近"，所以她将大盂鼎和子龙鼎做了具体的尺寸和纹饰的比较。虽然她没有给出具体的结论，但应该是因为大盂鼎和子龙鼎在尺寸、纹饰方面都非常接近，时代也应该是接近的。她认为："武王克商后，周人接收了商人的铸造工业和工艺奴隶，在西周早期的一段时间内铸造的青铜器，还会保留原来的模式。子龙鼎在纹饰和铭文上还留有商代遗风，这是可以理解的。"此外，她认为："以上所列举的大鼎都出土于陕西周原遗址或窖藏，时代为西周早期或中期。实际上陕西还出土过若干大鼎，如外叔鼎……勾连雷纹鼎……德鼎……旟鼎……也都是西周早期器。子龙鼎的造型和表面氧化层也具有这一带出土器物的特点，其时代属于西周早期也是合适的。"

其中李学勤、吴镇烽、高至喜、郝本性等均认为子龙鼎是商代晚期之器，朱凤瀚、王冠英则认为子龙鼎是商末周初之器，唯陈佩芬认为子龙鼎是西周早期之器。

我比较赞同朱凤瀚、王冠英和陈佩芬先生的意见，但是对朱凤瀚、王冠英先生的结论，我觉得现在可以根据更多的考古资料进一步细化，争取断代的范围更小，更具体，更明确。我虽然同意陈佩芬先生的结论，但我觉得她在研究材料的取舍上，存在范围过于狭窄的问题，以至于结论略显武断，缺乏说服力。有鉴于此，我选取了商周时期，特别是商代晚期和西周早期与子龙鼎器形类似的青铜鼎资料，用形制学的方法，将这些资料再做一排列，并且力争将其中一些考古材料的最新研究成果运用在我的这项工作中，希冀以此为子龙鼎的断代找到一个更为合适的时间点。

在我选取的资料中，有一些资料几位先生也已经采用：

1.1980年殷墟郭家庄160号墓出土的亚址鼎（N160:62）[1]。

2.1956年殷墟后冈圆形祭祀坑出土的戍嗣子鼎（HGH10:5）[2]。

3.传1940年陕西扶风法门寺出土，现藏陕西历史博物馆的媵鼎[3]。

4.1997年鹿邑太清宫1号墓出土的兽面纹鼎（M1:9）[4]。

5.道光初年陕西眉县礼邨沟岸出土，现藏中国国家博物馆的大盂鼎[5]。

6.上海博物馆藏的德鼎[6]。

7.1994年山东滕州前掌大11号墓出土的史鼎（M11:94）[7]。

8.1975年北京房山县（今房山区）琉璃河燕国墓地出土的堇鼎（M253.12）[8]。

另外我选用了一些与子龙鼎形制相仿、考古出土的立耳、圆腹、兽首足青铜鼎资料（我尽量不用传世资料，因为有些传世资料本身处在断代的两可之间，如果使用就需要先对它们作出一个科学的年代判断）。主要有：

1.1976年河南安阳小屯五号墓（妇好墓）出土的亚弜鼎（M5.808）[9]。

2.2001年2月河南安阳市花园庄殷墟宫殿宗庙区内商代墓葬出土的亚长鼎（M54.240）[10]。

3.1959年陕西武功县浮沱村出土的兽面纹鼎[11]。

4.1972年甘肃灵台县百里公社古城大队（今百里镇古城村）洞山1号西周墓出土的丼壬鼎（M1.6）[12]。

5.1995年9月陕西扶风县法门镇齐家村东壕出土的戈父己鼎[13]。

6.1979年陕西淳化史家源出土的龙纹鼎（CHSM1:1）[14]（陈佩芬先生认为这件鼎"造型特殊"，将它排除在与子龙鼎的器形对比之列。我认为龙纹鼎除了器腹设有錾之外，器形上与子龙鼎是同一类的，可以用作对比资料。）

7.1982年1月陕西西安市长安区马王镇新旺村西周铜器窖藏出土的黹冉鼎[15]。

8.2011年6月湖北随州市叶家山M1出土的师鼎（M1.09）[16]。

9.2013年湖北随州市叶家山M111出土的兽

面纹鼎[17]。

10. 2013年湖北随州市叶家山M111出土的祖辛鼎[18]。

11. 1973年陕西长安新旺村出土的兽面纹鼎[19]。

12. 1972年5月陕西眉县杨家村西周铜器窖藏出土的㿟鼎[20]。

13. 1973年辽宁喀左县北洞村出土兽面纹鼎[21]。

14. 1972年扶风刘家村西周早期墓出土兽面纹鼎[22]。

15. 1966年岐山贺家村出土的兽面凤鸟纹鼎[23]。

16. 1952年岐山王家嘴丁童家村南壕出土的外叔鼎[24]。

我们依据这些鼎的图像（我尽量使用线图，这样可以比较真实的反映器腹线条的弧度，摄影照片有可能会因为角度的问题出现偏差），按耳、器腹、器底和足的变化做一分类，可分为四式（见附表）。

Ⅰ式有两件，立耳较直、深圆腹、圜底，足底较细。

Ⅱ式六件，有方形和圆形绳索状耳，立耳出现外侈的趋势，腹部较深，腹壁较直，腹底趋平，足底逐渐扩大。

Ⅲ式十三件，基本都是方形立耳，且较Ⅱ式增厚，器腹趋浅，腹部最大直径逐渐下移，垂腹趋势渐显，腹底近平，三足较高，足底继续增大，蹄足已成为这式鼎的基本样式。

Ⅳ式四件，除师鼎外都是宽厚的立耳，器腹较深，且已形成明显的垂腹样式，蹄足。

Ⅰ式：亚弜鼎出土于殷墟妇好墓，该墓一般都认为属于殷墟二期。陕西武功浮沱村出土的兽面纹鼎，虽然发表的材料仅定为商代晚期，但器形与亚弜鼎非常接近，应该也属于同一时期。

Ⅱ式：亚长鼎出土于安阳殷墟花东54号墓，发掘报告认为亚长鼎和亚弜鼎同属殷墟二期，但

略晚于亚弜鼎，属于殷墟二期晚段。亚址鼎出土于安阳郭家庄160墓，该墓的时代为殷墟三期偏晚[25]。出土戍嗣子鼎的后冈圆形祭祀坑的年代属于殷墟四期[26]。段绍嘉先生认为娸鼎是商末之器[27]，陈佩芬先生认为是西周早期器，但没有说明理由[28]。陕西长安新旺村先后出土的菁冉鼎和兽面纹鼎，发掘者都认为是西周早期的青铜器[29]。其中，兽面纹鼎与台北"故宫博物院"收藏的佣祖丁鼎、污鼎的器形，以及颈部的兽面纹都非常接近，佣祖丁鼎、污鼎被认为是商代晚期的青铜鼎[30]，所以新旺村出土的菁冉鼎和兽面纹鼎都有可能是商末周初的青铜鼎。这样Ⅱ式鼎沿用时间应该是在殷墟二期偏晚直到西周初期。

Ⅲ式：《滕州前掌大墓地》认为该墓地M11出土的史鼎"是商代晚期的典型器物"，但该墓属于西周早期早段[31]。其实认为史鼎是典型的商代晚期器物，只是简单地把它与殷墟郭家庄160号墓出土的亚址鼎作器形比较，但忽略了两者器形上的区别，如双耳的变化，三足的增高等，特别是史鼎颈部兽面纹是所谓的列旗式兽面纹，这是典型的西周早期兽面纹特征。因此我认为史鼎应该还是属于西周早期的早段比较合适。

辽宁喀左二号窖藏出土的兽面纹鼎，发掘者认为从"此鼎耳外撇、蹄足明显、腹浅而最大腹围在下部等特点看，应定为周初器"[32]。扶风刘家村西周早期墓出土的兽面纹鼎。器形、纹饰与喀左兽面纹鼎基本相同，但三足较细，应该略晚于喀左的兽面纹鼎。

德鼎由于有德方鼎铭文记录了西周成王在成周祭祀武王，而被公认是西周成王时器[33]。

河南鹿邑长子口墓的年代是"西周初年，不晚于成王时期"[34]，发掘者认为出土的兽面纹鼎（M1:9）器形与戍嗣子鼎几乎完全相同，与德鼎器形也接近，纹饰则与德鼎几无差别，但德鼎鼓腹较甚，时代稍晚[35]。我觉得这件鼎与戍嗣子鼎在器形上还是存在一些差别的，器腹较戍嗣子鼎浅，三足则高，虽然不如德鼎垂腹明显，但较

之戍嗣子鼎已呈垂腹之势，鼎的年代与发掘者对该墓地年代的判断应该是相符的。

出土昪壬鼎的甘肃灵台县洞山墓"属西周早期，约当康王时期"[36]。

董鼎"铭文记载董奉燕侯之命，去宗周向太保奉献食物，因而受到太保的赏赐，为纪念此事而作此鼎"，并因其器形、纹饰的特点，发掘者认为其"年代可定在成康之时"[37]。

大盂鼎，郭沫若说"鼎为康王器，下小盂鼎言'用牲禘周王，武王，□王，成王'，其时代自明"[38]。陈梦家先生又从字体，形制，纹饰，赏赐物等多方面补证若干，断"此器虽接近成王而在其后，应序列于康王之世"[39]，康王说遂成不刊之论。

戈父己鼎虽然已残破，但据其器形、纹饰可以看出与大盂鼎的形制、纹饰非常接近，其年代应该也在西周成康时期。

随州叶家山111号墓出土的祖辛鼎和兽面纹鼎，器形或纹饰接近于德鼎。虽然对叶家山曾国墓地属于西周早期，学者们的意见比较一致，基本都认为这是西周成康昭时期的曾国墓地，但对M111的年代则出现一些分歧。张昌平认为在叶家山曾国墓地的曾侯墓中"M111年代应该最晚"[40]，他没有提出M111的具体年代，但按照该墓地的年代为西周成康昭时期计算，则应该排在康昭时期。笪浩波更是认为"M111的年代也不是成康时期，可能晚到昭穆时期"[41]。张天恩则认为：M111墓主的主政时期应该是西周成王中期开始直到康王前期[42]。本文无意讨论M111的年代，仅就该墓出土的这两件鼎而言，它们的器形和纹饰都与我们排列的成康时期的鼎相似，把它们的年代排在成康时期应该是可以的。

岐山贺家村出土的兽面凤鸟纹鼎，同墓出土有康王时期的史話簋，鼎的年代应该也是这一时期。

所以Ⅲ式鼎的流行时间应该是在周初到康王时期。

Ⅳ式：师鼎，出土师鼎的随州叶家山曾国墓

地M1，一般认为是该墓地最早的墓葬之一，属于成康时期[43]。该鼎的双耳做绳索状，与此式鼎中其他几件不同，应该是该式鼎中最早的一件。

淳化史家塬出土的龙纹大鼎，报告指出："史家塬一号墓出土的铜器形制浑厚，纹饰庄重，均为周初的特征。乳钉纹簋是典型的先周和周初流行的器物。大鼎的造型亦接近董鼎和大盂鼎。因此，我们认为这批青铜器的年代应为西周早期，其下限不能晚于康王时期。"[44]

外叔鼎，是当地农民取土时发现的，埋藏的性质已不清楚，也无同出器物的报道，从其装饰的回首龙纹判断，其年代应该在西周早期晚段。

旟鼎，郭沫若和史言认为是成王时器[45]。刘军社认为"其形制、纹饰都酷似大盂鼎，所以它的时代应定为康王时期"[46]。或以为铭文中的"王姜"一般认为是康王之妃，昭王之母，故诸多学者定为康王时期。唐兰和马承源则认为是昭王时器[47]，唐兰认为："此器器形、花纹与文字、书法很像康王后期的盂鼎，但已是王姜执政，疑当是在昭王前期。"我认为旟鼎器形、纹饰确实与大盂鼎比较接近，但其腹部的下垂明显要甚于大盂鼎，其年代置于康昭之际也许比较稳妥。

Ⅳ式鼎应该是成康时期到昭王时期的式样。

这样根据我们的排列，立耳、圆腹、兽首足青铜鼎的四种式样，它们的形制变化与其时代的延续基本是吻合的。按照我们的分法，子龙鼎应该排在Ⅲ式中，那么它的年代就应该属于西周初期到康王时期。

另外还有一个细节可以支持我们的观点，就是子龙鼎三足上兽面纹的双角翘出于器表。作为不同于圆雕兽首的平面兽面纹装饰，其双角翘出于器表，在商代晚期青铜器上几乎未见，在西周早期的青铜器上则已发现多例，如1975年北京房山县琉璃河村251号墓出土的伯矩鬲[48]；1981年9月陕西宝鸡市纸坊头西周墓出土的（M1:7）弮伯簋[49]；特别是淳化史家塬出土西周早期龙纹大鼎三足上兽面纹的双角也翘出于器表。此外，美国纳尔逊美术馆藏的西周成王方鼎、传为山东寿张梁山出土现藏天津博物馆的太保方鼎，以及湖北随州叶家山M111出土的曾侯方鼎足部兽面纹双角也都翘出于器表[50]。可见兽面纹的双角翘出器表，是西周早期青铜器上新出现的一种装饰方法。

　　至于"子龙"铭文，就现知的几件同铭铜器而言，除了上海博物馆藏的"子龙爵"由器形可知是商代晚期器，但"龙"字的字体显然与子龙鼎的"龙"字有区别[51]。卢芹斋旧藏的那件子龙觯，陈梦家给它的断代是"殷或西周初期"，且认为该铭文"可疑"[52]。至于据传藏于英国的子龙壶，虽然铭文字体与子龙鼎比较接近，但未见器形，难以判断其比较确切的年代[53]。所以我认为，由"子龙"铭文作为判断子龙鼎年代的依据，尚欠充足。

2017年7月3日撰于上海博物馆

[1] 中国社会科学院考古研究所：《安阳殷墟郭家庄商代墓葬——1982年~1992年考古发掘报告》，中国大百科全书出版社，1998年，第78页，图56，彩版5：2。

[2] 中国社会科学院考古研究所：《殷墟发掘报告1958—1961》，文物出版社，1987年，第270页，图198，彩版一。

[3] 段绍嘉：《对师克盨盖和𨤲鼎铭文鉴别的商榷》，《文物》1960年第8、9期合刊，第80页。

[4] 河南省文物考古研究所、周口市文化局：《鹿邑太清宫长子口墓》，中州古籍出版社，2000年，第57页，图39，彩版一六。

[5] 上海博物馆：《盂鼎克鼎》，1959年，第5、16页。

[6] 上海博物馆：《上海博物馆藏青铜器》27，上海人民美术出版社，1964年。

[7] 中国社会科学院考古研究所：《滕州前掌大墓地》，文物出版社，2005年，第209页，图147，图148，彩版三二，图版八五。

[8] 北京市文物研究所：《琉璃河西周燕国墓地1973—1977》，文物出版社，1995年，第79页，图七二，图版五拾贰。

[9] 中国社会科学院考古研究所：《殷墟妇好墓》，文物出版社，1980年，第38页，图二八，图版五。

[10] 中国社会科学院考古研究所：《安阳殷墟花园庄东地商代墓葬》，科学出版社，2007年，第97页，图八三，彩版一二。

[11] 陕西省考古研究所、陕西省文物管理委员会、陕西省博物馆：《陕西出土商周青铜器》（一）127，文物出版社，1979年。

[12] 甘肃省博物馆文物队、灵台县文化馆：《甘肃灵台县两周墓葬》，《考古》1976年第1期，第39页。

[13] 北京大学考古文博学院、北京大学古代文明研究中心：《吉金铸国史——周原出土西周青铜器精粹》，文物出版社，2002年，第224页。

[14] 淳化县文化馆：《陕西淳化史家塬出土西周大鼎》，《考古与文物》1980年第2期，第17页。

[15] 中国社会科学院考古研究所沣西发掘队：《陕西长安县新旺村新出西周铜鼎》，《考古》1983年第3期，第217页。

[16] 湖北省文物考古研究所、随州市博物馆：《湖北随州叶家山西周墓地发掘简报》，《文物》2011年第11期，第4页。

[17] 湖北省博物馆、湖北省文物考古研究所、随州市博物馆：《随州叶家山——西周早期曾国墓地》，文物出版社，2013年，第120页。

[18] 湖北省博物馆、湖北省文物考古研究所、随州市博物馆：《随州叶家山——西周早期曾国墓地》，文物出版社，2013年，第119页。

[19] 西安市文物管理处：《陕西长安新旺村、马王村出土的西周铜器》，《考古》1974年第1期，第1页。

[20] 史言：《眉县杨家村大鼎》，《文物》1972年第7期，第3页。

[21] 喀左县文化馆等北洞文物发掘小组：《辽宁喀左县北洞村出土的殷周青铜器》，《考古》1974年第6期，第364页。

[22] 曹玮：《周原出土青铜器》（六），巴蜀书社，2005年，第1153页。

[23] 曹玮：《周原出土青铜器》（六），巴蜀书社，2005年，第1092页。

[24] 曹玮：《周原出土青铜器》（十），巴蜀书社，2005年，第2052页。

[25] 中国社会科学院考古研究所：《安阳殷墟郭家庄商代墓葬——1982年~1992年考古发掘报告》，中国大百科全书出版社，1998年，第124页。

[26] 中国社会科学院考古研究所：《殷墟发掘报告1958—1961》，文物出版社，1987年，第279页。

[27] 段绍嘉：《对师克盨盖和𢎥鼎铭文鉴别的商榷》，《文物》1960年第8、9期合刊，第80页。

[28] 陈佩芬：《说子龙鼎》，《中国历史文物》2006年第5期，第6页。

[29] 中国社会科学院考古研究所沣西发掘队：《陕西长安县新旺村新出西周铜鼎》，《考古》1983年第3期，第217页；西安市文物管理处：《陕西长安新旺村、马王村出土的西周铜器》，《考古》1974年第1期，第1页。

[30] 台北"故宫博物院"、"中央博物院"联合管理处：《故宫青铜器图录》下上16，台北中华丛书委员会出版，1958年；游国庆《"天子之宝——台北故宫博物院的收藏"展品系列选介（二）——铜器》，《故宫文物月刊》第245期，第12页。

[31] 中国社会科学院考古研究所：《滕州前掌大墓地》，文物出版社，2005年，第496、551页。

[32] 喀左县文化馆等北洞文物发掘小组：《辽宁喀左县北洞村出土的殷周青铜器》，《考古》1974年第6期，第364页。

[33] 郭沫若：《由周初四德器的考释谈到殷代已在进行文字简化》，《文物》1959年第7期，第1页。陈佩芬：《夏商周青铜器研究》（西周篇上），上海古籍出版社，2004年，第7页。

[34] 河南省文物考古研究所、周口市文化局：《鹿邑太清宫长子口墓》，中州古籍出版社，2000年，第208页。

[35] 河南省文物考古研究所、周口市文化局：《鹿邑太清宫长子口墓》，中州古籍出版社，2000年，第206页。

[36] 同[12]。

[37] 北京市文物研究所：《琉璃河西周燕国墓地1973—1977》，文物出版社，1995年，第123—124页。

[38] 郭沫若：《两周金文辞大系图录考释》下，上海书店出版社影印本，1999年，第34—35页。

[39] 陈梦家：《西周铜器断代》上，中华书局，2004年，第102页。

[40] 张昌平：《叶家山墓地相关问题研究》，《随州叶家山——西周早期曾国墓地》，文物出版社，2013年，第270页。

[41] 笪浩波：《叶家山西周曾国墓地的几个相关问题》，《中原文物》2016年第5期，第23页。

[42] 张天恩：《试论随州叶家山墓地曾侯墓的年代和序列》，《文物》2016年第10期，第44页。

[43] 湖北省文物考古研究所、随州市博物馆：《湖北随州叶家山西周墓地发掘简报》，《文物》2011年第11期，第4页。

[44] 同[14]。

[45] 郭沫若：《关于眉县大鼎铭辞考释》；史言：《眉县杨家村大鼎》，《文物》1972年第7期，第2、3页。

[46] 陕西省考古研究院、宝鸡市考古研究所、眉县文化馆：《吉金铸华章——宝鸡眉县杨家村单氏青铜器窖藏》，文物出版社，2008年，第264页。

[47] 唐兰：《西周青铜器铭文分代史征》，中华书局，1986年，第226页；马承源：《商周青铜器铭文选》（三），文物出版社，1988年，第79页。

[48] 北京市文物研究所：《琉璃河西周燕国墓地1973—1977》，文物出版社，1995年，第87页，图九四,图版陆拾。

[49] 卢连成、胡智生：《宝鸡𢾅国墓地》，文物出版社，1988年，第24页,图一九,彩版三。

[50] 湖北省博物馆、湖北省文物考古研究所、随州市博物馆：《随州叶家山——西周早期曾国墓地》，文物出版社，2013年，第114页。

[51] 陈佩芬：《夏商周青铜器研究》（夏商篇下），上海古籍出版社，2004年，第195页。

[52] 中国科学院考古研究所：《美帝国主义劫掠的我国殷周铜器集录》A529、R471，科学出版社，1962年。

[53] 中国社会科学院考古研究所：《殷周金文集成》修订增补本（第六册）9485，中华书局，2007年。

附　表

I式		
安阳妇好墓出土亚弜鼎	武功浮沱村出土兽面纹鼎	
II式		
安阳花园庄出土亚长鼎	安阳郭家庄出土亚址鼎	安阳后冈圆形祭祀坑出土戍嗣子鼎
扶风法门寺出土㝬鼎	长安新旺村出土𩵥冉鼎	长安新旺村出土兽面纹鼎

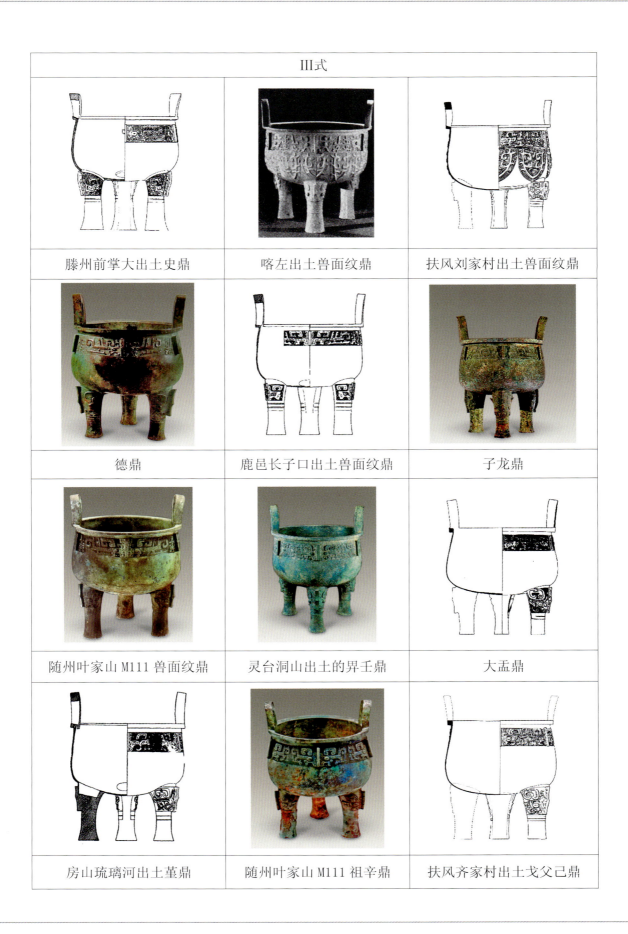

III式		
滕州前掌大出土史鼎	喀左出土兽面纹鼎	扶风刘家村出土兽面纹鼎
德鼎	鹿邑长子口出土兽面纹鼎	子龙鼎
随州叶家山 M111 兽面纹鼎	灵台洞山出土的昇壬鼎	大盂鼎
房山琉璃河出土堇鼎	随州叶家山 M111 祖辛鼎	扶风齐家村出土戈父己鼎

岐山贺家村出土兽面凤鸟纹鼎		
IV式		
随州叶家山出土师鼎	淳化史家塬出土龙纹鼎	眉县杨家村出土旗鼎
岐山丁童家村出土外叔鼎		

国家博物馆藏商代铜器铭文例述

严志斌

中国国家博物馆藏有丰富的商代青铜器，部分铜器具铭，内容有颇为值得关注者，今择数例申述之。

一、国博藏商代铜器中早于武丁时期的铜器铭文及相关问题

商代开始流行在青铜器上铸造铭文。目前发现的商代有铭青铜器绝大多数都是武丁及其以后时期的。作为中国文字早期发展过程中的一个重要阶段，武丁以前的青铜器上是否有铭文，如果有，那时的铭文又是一种怎样的状况？这一问题与探索武丁以前的甲骨文一样，始终为学界所关注。近几年的考古发现与研究认为二里岗上层偏晚阶段与殷墟一期这个阶段在商文化年代框架中可称为中商时期。国家博物馆所藏的亘鬲，束颈侈口，双立耳，高裆袋足，下承中空尖锥足。颈饰三道弦纹，腹饰双线人字纹。口内侧铭"亘（或释为耳）"，此器从形制上看，是为早于武丁的中商时期。商代中期铜器上铭文的出现，对中国文字的起源问题及铜器上铭文的性质问题的讨论具有重要的意义。与这件亘鬲铭文相同、时代相近的还有现藏保利艺术博物馆的亘（耳）斝。该斝为平底锥足形，侈口长颈，二柱立于口一侧。菌形柱帽坡度较陡。腹很深，直壁略向外鼓，平底下有三外撇的锥足，扁条兽

首鋬。口内侧铭"亘（耳）"。斝、鬲铭文相同，说明器铭确属文字。下面将笔者所见商代中期有铭文的铜器作一梳理。

月鼎

1.月鼎[1]，现藏日本东京国立博物馆。双立耳，宽折沿，深腹，三空锥足。腹上部有三组浅平雕联珠兽面纹。两耳下口沿上各铸一阳文。时代为中商时期。

眉鼎

2.眉鼎[2]，现藏保利艺术博物馆。圜底锥足形。卷沿窄方唇，双耳直立，侈口束颈。颈饰兽面纹带。器内底阳文"眉"字。通高27.5、口径20厘米。时代为中商时期，具体可到殷墟一期。

天鼎

3.天鼎[3]，现藏陕西历史博物馆。1965年出自陕西绥德县墕头村商代铜器窖藏。口稍敛，一对立耳，深腹圜底，三柱足细小。口下饰云雷纹组成的兽面纹。腹内壁铭"天"字。通高24、口径14.5、腹深14.5厘米。时代为中商时期，具体可到殷墟一期。

韦簋

4.韦簋[4]，侈口，深腹，矮圈足。腹部最大径在口沿下。口沿下饰三道凸弦纹。器内底铭"韦"字。时代为殷墟一期。

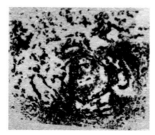

韦鼎

5.韦鼎[5]，出土自河南安阳花园庄南M115。方唇折沿，口微敛，圆鼓腹，寰底，三圆锥足。口沿下饰两周弦纹。器内底铭"韦"。时代与韦簋同。

耳鬲

6.耳鬲[6]，现藏中国国家博物馆。束颈侈口，双立耳，高裆袋足，下承中空尖锥足。颈饰三道弦纹，腹饰双线人字纹。口内侧铭"耳"。通高22、口径15.4厘米。时代为中商时期。

耳斝

7.耳斝[7]，现藏保利艺术博物馆。平底锥足形。侈口长颈，二柱立于口一侧。菌形柱帽坡度较陡。腹很深，直壁略向外鼓，平底下有三外撇的锥足，扁条兽首鋬[8]。口内侧铭"耳"。通高17、口径17厘米。时代为中商时期。

乂壶

8.乂壶[9]，现藏上海博物馆。小口有盖，长颈，圆肩，鼓腹，圈足，肩饰兽目纹，腹饰饕餮纹。圈足内铭"乂"。高25.3、口径5、腹径15.3、底径10.1厘米。时代为中商时期。

↑甗

9.↑甗[10]，现藏长治市博物馆。1972年出于山西长子县北关北高庙。敞口深腹，口沿上折，两直立小耳，折沿，束腰，内无箅，三空锥足，一足残。通体素面。内壁铭阳文"↑"。通高39、口径25、腹深19厘米。时代为中商时期。

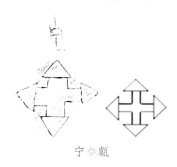

宁✿甗

10.宁✿甗[11]，现藏内蒙古赤峰市文物工作站。1981年出于内蒙古昭乌达盟翁牛特旗牌子乡敖包山前。直口深腹，口沿加厚，上有一对方形立耳，腹壁近直，鬲部较小，束腰分裆，袋形足下部有较矮的圆柱形实足。上腹饰三道弦纹。器内壁铭阳文"宁✿"。通高66、口径41厘米。时代为殷墟一期。

父甲角

11.父甲角[12]，现藏美国鲁本斯氏。两翼上翘，口弧曲，直腹平底，一侧有兽首扁环鋬，下有三条三棱锥足。腹饰单线兽面纹。鋬内腹壁铭"父甲"[13]。通高15、两翼间距11.5厘米。时代为中商时期。此铭笔道纤细，不排除是伪铭的可能。

⌒爵

12.⌒爵[14]，现藏上海博物馆。窄长流，短尖尾，长颈，宽扁形腹，平底下有三棱形锥足，流折处有矮小的丁字形双柱，扁平鋬。鋬内腹壁铭阳文"⌒"。通高15.6、流尾长14.5厘米。时代为中商时期。

臣戈一

13.臣戈一[15]，现藏岐山县文化馆。1972年出于陕西岐山县京当。直内长援，通长24.6厘米。内两侧铭"臣"。时代为中商时期。

臣戈二

14.臣戈二[16]，现藏河南博物院。1978年出于河南中牟县大庄商墓。直内长援，通长27.5厘米。内两侧各有一铭"臣"。时代为中商时期。

骨刻辞中，䖒、虘两字或从又或不从又，当为一字之异构。䖒还是一个多数时间都与商王朝处于敌对状态的方国。西周青铜器铭文中，如史墙盘、克罍、克盉，其中也出现䖒（虘）国族。关于䖒（虘）方的地望，陈梦家定在殷西。岛邦男以为位于殷东。林沄先生以为“卜辞中的这个方国名是无名组中才出现的，即始见于廪辛、康丁时代。或加又旁作䖒。在黄组卜辞中又增加草旁，而且和商王朝似乎始终处于敌对状态”。“《墨子·非攻中》：‘虽北者且，不著何，其所以亡于燕、代、胡、貊之间者，亦以攻战也。’如果将‘且’考虑为殷墟卜辞中已出现的‘虘方’，并设想虘方也在周初燕国的北面，似乎更为合理”。从甲骨刻辞来看，虘方与羌方、羞方、辔方、[illegible]方、绊方邻近，当位于殷都西北一带。商代金文中，䖒基本仅与㠱族复合，䖒与㠱族的关系有三种可能：联合之族、分支族氏、私名。而这里的“䖒”也有学者认为是作器者名。以目前材料的限制，尚难断定。

但㠱族确实存在分支族氏。亚[illegible]、亚[illegible]、亚次、亚或当是㠱族的分支族氏，而不应该是作器者的私名，因为如𥨊豊作父癸卣、亚或父己觚中已有作器者私名“𥨊豊”、“其䚯”。这四个亚某之“亚”表示的是“次”这样的含义，支族名框以“亚”形，是强调其作为㠱族的分支的性质。㠱族外嫁之女曰“㠱妇”。商代同姓不婚，婚姻的缔结当是与外族之间进行。与㠱族有婚姻关系的族氏有：齐、商、[illegible]、[illegible]。㠱族在四期时存在多个“小子”：小子罘、小子䛘、小子罍、小子省、小子畬。另也有子启。子与小子的存在，也说明当时确当有分支族氏的存在。而上举㠱族小子铜器铭中，多是记述对小子的赏赐之事，说明宗族内部的协合与利益的一致性，同时也说明各小支族之间还是有各自的利益分配的。与㠱有复合关系的族氏有：[illegible]、[illegible]、次、[illegible]、或、[illegible]（字又作[illegible]、[illegible]、[illegible]形），其中[illegible]、[illegible]为与㠱族平等的合署的族名，而次、[illegible]、或、[illegible]则是㠱族的分支族氏。笔者以前曾提出，对复合氏名的解释需要结合分支说与联合说两说，才能弥合两种解释各自存在的不足，也才能符合族内部与族外部之间的多层面的关系[25]。㠱族的情况正是体现出了这种历史实际。

（二）启族

商代启器时代为殷墟二期到四期。甲骨刻辞中，启是族氏名：

1. 乙卯卜，争贞：今日酌伐启。（《合集》975正）

2. 戊寅卜，宾贞：令訁途启于并，八月。（《合集》6056）

启与商王朝的关系大体来说是友好为主。武丁配妇好之墓中即出有启族铜器，如亚启钺，或是赙赠之器，抑或是辞1中伐启所得[26]。辞2表明启地与并地接近，并在殷都燕部山东一带。青铜器中启器出土地点有二，一是河南安阳妇好墓；二是河北磁县下七垣墓，共出2觚1爵[27]。启地当在河北磁县一带。

殷墟四期时有“子启”之器，见子启父辛尊（《集成》5965），但器铭说明是㠱族之物。不知这一“子启”与启族有没有关系。

启恒见“启”与“亚启”两种形式。亚或为其所得任的职官。与“启”复合的族氏有：[illegible]（《集成》11010）。商代[illegible]器共有39件，目前所仅只有戈一种器类。其仅与“启”复合，铭铸于戈内两面。[illegible]在甲骨刻辞中是一地名：

3.癸巳王□，贞：旬亡□，在[illegible]𠂤朿。

癸卯王卜，贞：旬亡𡆥，在齐𠂤朿。（《合集》36821）

4.乙巳王贞：启呼祝曰：盂方共人……其出，伐[illegible]𠂤高，其令东迨于……高，弗悔，不𢀛𢦏。王囚曰……（《合集》36518）

甲骨刻辞中的[illegible]或释为屯，葛英会先生认为即是铜器铭文中的[illegible]，[illegible]是族氏名[28]。今从之。从辞3的“齐𠂤朿”与辞4中的“令东迨”说明[illegible]地也在殷都东部。

（三）舟族

商代金文中的舟器时代从殷墟二期到

四期。舟族曾任职：亚、册、尹。其中亚册舟爵（《集成》8780）"亚"、"册"共见。金文中有"舟册妇"（《集成》1713），甲骨刻辞中也有"舟妇"一称，此也许仅是舟族外嫁之女。与舟族有复合关系的天（《集成》5205）、工（《集成》8254）、🔲（《集成》8782）。属舟族内私名的有：雀（《集成》3940）、🔲（《集成》5205）、孜（《集成》6474）、🔲（《花东》255）。

甲骨刻辞中，舟曾受到商王的征伐：

1. 伐舟。（《合集》2653）

其后，舟族臣服于商：

2. ……卯卜，宾贞：舟称册，商若，十一月。（《合集》7415正）

"称册"一词甲骨刻辞中习见，胡厚宣以为"称册"即称册受命也[29]，舟称册即舟族接受商王的册命成为商朝之臣属，其后，舟人听命于商王，承担贡纳之责。而商王也可到舟地巡视：

3. 贞：勿令舟比母斐。（《合集》4924）

4. ……舟入……（《合集》17012反）

5. 贞：呼往于舟。（《英藏》749）

关于舟族的地望，《荀子·君道》"秃姓，舟人"，韦昭注："舟人，国名。"有学者据此认为甲骨刻辞中的作国族讲的舟，原本是黄帝之后，陆终第三子彭祖的一个支系，即文献上的秃姓舟人。商代舟人故地，春秋时为郑国所有，其地大致在今河南新郑、新密、长葛、禹州间[30]。就舟族铜器而言，出土地点明确的除河南安阳外，只有陕西长安沣西马后炮王村[31]（《近出》846）一处。与上述地望不能密合，而商代的甲、金文中的舟是否与文献中的舟名、实相同，似都还可继续讨论。

（四）鱼族

商代鱼族铜器在45件以上，时代为殷墟四期。甲骨刻辞中用作人名、地名或族氏名的鱼不是很多，有如下几例：

1. ……申……王贞：……豪鱼羌。（《合集》19759）

2. ……卜，㛰贞：启鱼人。（《合集》21693）

3. 乙亥贞：鱼亡𡆥。（《屯南》1054）

以上为武丁时期（或稍晚）的刻辞，鱼用作人名或族氏名。辞1中的"鱼羌"也见于金文鱼羌鼎（《集成》1464）。综合甲骨刻辞与金文，说明"鱼"族氏从殷墟二期时已出现于历史舞台上，到殷墟四期时鱼族氏得到了极大的壮大。西周早期此族氏还存在。关于鱼族的地望，青铜器出土地点有：河南安阳殷墟西区M1713[32]出土4件、河南安阳后冈殉葬坑出土的戍嗣子鼎（《集成》2708）、辽宁喀左县山湾子村窖藏的鱼乙尊（《集成》5589）、陕西岐山县礼村的鱼父癸觯（《集成》6343）、陕西凤翔县董家庄的鱼爵（《集成》7538）。过于分散，难作推断。

与鱼族复合的族氏有正（《集成》408）、羌（《集成》1464）、鸟（《集成》1741）、🔲（《集成》2117）。由此可以认为与鱼复合的族氏正、羌、鸟皆非鱼族的分支族氏，鱼族也非这些族氏的分支。🔲止前所见只与鱼复合，可能是鱼族分支。

鱼族在商代晚期势力较强，常随侍商王（帝辛）左右，而商王也屡屡赐贝褒奖。目前发现几件商代重器都与其有关。亚鱼鼎（《近出》891）："壬申，王赐亚鱼贝，用作兄癸尊。在六月，唯王七祀翌日。"寝鱼簋（《近出》454）："辛卯，王赐寝鱼贝，用作父丁彝。"戍嗣鼎（《集成》2708）："丙午，王赏戍嗣贝廿朋，在阑宗，用作父癸宝鼎。唯王䈞阑太室，在九月。犬鱼。"敄方鼎[33]："乙未，王宾文武帝乙肜日，自阑俎，王返入阑，王商（赏）敄贝，用作父丁宝尊彝，在五月，唯王廿祀又二。鱼。"由这些青铜器铭文可以看出，鱼族与商王的关系密切，有担任"寝"职者，当是商王的近臣。另外，鱼族中还有任"亚"、"犬"、"戍"者。阑地在商代末期有着重要意义，戍嗣鼎和敄方鼎中，鱼族之人都与阑地有关，说明鱼族可能就在阑地附近。阑有太室，帝辛常在此地举行对帝乙的祭祀大典，估计距殷都安阳不远。而安阳殷墟西区的M1713，与此当不无关系。

（五）史族

商代史器近百件，时代为殷墟二期到四期。武丁时期的甲骨刻辞中，史除了作为职官名出现以外，还有可能作为人名或族氏名出现：

1.……寅卜，王逆入史，五月。（《合集》20064）

2.史入。（《花东》133）

3.癸卯，妇史。（《合集》21975）

"妇史"之称说明史这一族氏与商王朝有婚姻关系。金文中还有一件宋妇瓿，出于山东滕州市前掌大村的M110，其铭曰："宋妇彝。史。"[34]则说明宋与史两族氏亦有婚姻关系。

金文中还有如下器：亚史瓿（《集成》6976）、史犬爵（《集成》8188）、史册戈（《集成》10875）、史盰作彝罍（《集成》9235）、史放壶（《集成》9490）、亚薛父己史鼎（《集成》2014）。我们承认"史"在商代为一职官名。但从金文中"史"的出现情况来看，金文中的史，很可能是被用作族氏名的。近年，在山东境内陆续出土了一批铭有"史"的铜器。如1957年泗水县东南的张庄乡出土5件铜器，其中一瓿就铭有"史母癸"[35]。1990年又于邹城市北宿镇西丁村M1出土一件史爵[36]。而滕州市西南的前掌大村则是"史"铜器的集中出土地，从1981年至1999年，共发掘墓葬120多座，其时代为商末周初。所出有铭文的铜器中以"史"字最常见。前掌大西侧约一公里为薛国故城，学者多认为前掌大墓与薛国有关[37]。前掌大出土的"史"器表明这一"史"应该是作为族氏名而被使用的。前掌大墓地是"史"族（方国）的墓地。出土于陕西岐山县北寨子的亚薛父己史鼎[38]是商末周初铜器，其铭曰："亚薛父己。史。"正可说明史与薛的渊源：薛是史的支族。但"史"族之族名的起源显是来自官名。概此族人累世为史官，遂以"史"为其族氏名。那些单铭"史"的铜器，则既有"史"官之意，也有"史"族之意。上举器中，若释"史"这族氏名，则此族可能有任"亚、犬、册"之职官者。若释"史"为职官名，则盰、放二族氏中有任

"史"官者。若史与盰、放皆作族氏名解，则是复合关系。

五、国博藏商代铜器铭文中的诸子及相关问题

国博藏商代铜器铭文中所见子名有子妥、子龙。商代存在大量的子某。作为商代社会结构中重要的组成阶层，在甲骨刻辞中大量出现的"子"也常出现在商代青铜器铭文中。董作宾、胡厚宣、岛邦男、孟世凯、张秉权、饶宗颐、宋镇豪等先生都对商代甲骨刻辞或青铜器铭文中的子某作过统计分析。晚出的《甲骨学一百年》统计：甲骨文中有称"子某"者124位，称"某子"者31位，称"某子某"者5位，共160位[39]。这大体上反映了甲骨文中子某的大概。笔者核对甲骨，发现在甲骨刻辞中可能有子某126位，某子30位（其中7位可能与子某重），某子某5位（其中4位可能与子某或某子重），所以甲骨中子某（包括某子与某子某）最小个体数可达150位。据笔者统计，商代青铜器铭文中见子某（包括某子）共78位，其中青铜器铭文与甲骨刻辞互见的有20位。如此，商代的子某（包括某子与某子某）共208位。

甲骨刻辞中常见对子某是否有祸（旤）的占卜："贞：子汰惟旤。"（《合集》3063）或占卜母庚、父乙、萑、娥等是否会对子某有所祸害（蛊）："惟母庚蛊子宎。"（《合集》454正）或占卜子某是否受到祟即灾祸（希）："贞：子宎……弗希子宎。"（《合集》3163正）还常贞问子某是否身患疾病："贞：子画疾。"（《合集》3033正）甲骨刻辞中还常见对子某是否"囚"的贞问："癸未卜，殻贞：旬无旤。王固曰：往乃兹有希。六日戊子，子弹囚，一月。"（《合集》10405正）对于其中的囚，学界或以为是死字，如丁山以为："死本作囚，象人在棺椁之中。"[40]张政烺则释其为蕴，义为埋[41]。上述卜辞是关注子某是否有生命危险。为了免除子某的灾祸，商人常为子某举行被除灾祸的禦祭："贞：禦子央于

母庚。”（《合集》3010）由上举诸辞可知，商王或“子”对子某是极为关切的，注意点主要是在子某的身体健康等有关生存状况方面的内容。甲骨文中的“子”之称有已故与在世之别，以十干为名的“子”，为已故者，他们是以受祭的神而出现于卜辞的[42]。但也有学者认为是生称[43]。是生称还是死后之称，还有待继续研究。但还有一些子某，也受到商人的祭祀：“癸酉卜，侑子戠。”（《合集》22296）另外，子某也常参与祭祀：“……卜，争，子𢦏于母𡆥戠小宰㞢艮女一。”（《合集》728）而商王也常命令子某对其祖先进行祭祀活动：“翌乙酉，呼子商彡伐于父乙。”（《合集》939）商代甲骨的征集、贡纳工作多由妇某来完成，但子某有时也参与其中：“壬戌，子央示二屯。岳。”（《合集》11171臼）除参与祭祀活动之外，子某也常进行狩猎活动：“呼子汰逐鹿，隻。”（《合集》10314）在这种狩猎活动，商王与子某可能是一起行动的：“癸巳卜，㱿贞：旬无囚。王固曰：乃兹亦有祟，若偁。甲午王往逐兕，小臣㞢车马硪，𩛥王车，子央亦坠。”（《合集》10405正）子某不光参与狩猎活动，也还要在军事上发挥作用。商王常命令子某采取某种军事行动：“贞：呼子画以失新射。”（《合集》5785）而在军事行动中，子某常有缴获：“乙丑卜，㱿贞：子商弗其隻先。”（《合集》6834）缴获的主要是俘虏，如羌人、先人。这类军事活动主要是与敌对方国的战争：“乙酉卜，内贞：子商𢦏基方，四月。”（《合集》6570）有些子某当戍守在边界地区，遇到敌对方国的袭扰，子某有义务向商王报告：“……四日庚申，亦有来嬉自北，子㜪告曰：昔甲辰方征于㕚，俘人十又五人；五日戊申，方亦征，俘人十又六人。六月，在……”（《合集》137反）有时商王也让戍守一方的子某回到王畿：“癸巳卜，贞：令𩰬𩰭子㠯归，六月。”（《合集》3076）甲骨刻辞中有大量的贞娩卜辞，贞卜对象多数是妇某，有时也对子某的配偶进行贞卜：“……寅卜，宾……子商妾……盂……娩……”（《英藏》125正）甲骨文中还见有贞问子某娩的记载：“庚午卜，宾贞：子目娩，男。”（《合集》14034正）关于这其中的子目以及子𠃬、子㫚、子媚，高明先生认为其为男性，不可能怀孕分娩，并以此为一条理由，认为辞中的娩字当是冥字，是一种疾患，而非分娩之娩[44]。但“娩”字原篆为𡚸，作以双手接生之形，确是娩之原始会意字，释娩应该是可信的。而这四个子某（子目、子𠃬、子㫚、子媚）应该是女性。子的身份性别不仅只限于男性，子的初始意义应该是王之子，而不论男女。四女子中的子媚还是有相当的经济地位的，如铭有子媚的商代青铜器有鼎1、觯1、觚2、爵8；子目也见有1爵。这些青铜器有出土地点者皆出于安阳。甲骨刻辞中见有为子命名的例子：“壬辰，子卜贞：妇𠨘子曰戠。”（《合集》21727）甲骨刻辞中的子戠可能就是妇𠨘之子，而由主卜者子来看，此子戠是某一“子”之子，而非在世商王（即时王）之子。学者多认为子某包括时王之子与非时王之子，这条材料也可资作为佐证。

商代子某之名常见有与地名或族名相同者，据宋镇豪先生统计，其中人地同名者有90例，约占总数185名的49%。笔者以为还可以再补充20例。如此，人地同名者110例，约占总数217位的51%。对于如此大量的子名与地名相应的情况，宋镇豪先生曾有精辟论述，他认为这些地名出现的场合，都属于商王朝政区结构中基层地区性单位。这些子某或某子，作为商代社会生活组成的一方，已相继在特定的社会条件和社会政治经济关系中，与一定的地域相结合，受有一块土地为其生存之本。子名与地名的同一，有其内在的自然属性和社会属性，而后者是人地同名的本质所在。这批子已成家立业，以其受封的各自土田相命名，由此构成分宗立族的家族标志。他们在受封土田过程中，属地的普通平民家族当亦归之名下，形成以“子某”贵族核心家族为主干，包括若干异姓或不同族系在内的非单一血缘群体相组合的政治区域族群集团社会组织。这些子名，因受土分宗立族和世功官邑，在许多场合已与族氏名号难分难解[45]。将殷代铜器中部分子名视为族氏名号会更贴切一些。根据有的子某在武丁时期就已经开始有活动记录，而有他名号的铜器的年代又可延至商代晚期，所以这些子某之名，也可以被用作族氏之名，应当是肯定的。而且被用作族氏名的子某之名，子字又常常出现省略的情况，比如子妥、子卫、子霿、子♠等子某名就有单称为妥、卫、霿、♠的例子。

子某铜器出土地点多在商文化分布范围之内，以河南为多，尤安阳为最密集之地。如子妥、子龏、子媚、子卫、子戠、子南、子工、子橐、子渔、子𤳊、子♠、析子、子𝄽。其时代分属二、三、四期。以山东为次，如子眉工、子保、子义，以三、四期为多。陕西、河北、四川也有子某器出土，处代皆为三、四期。其分布还是以殷墟王畿为中心的，空间由殷都愈向外推移，时代也愈晚。

甲骨刻辞中常见"多子"一词。多子就是多个子某，是诸子的统称。从卜辞可知，商王常卜问多子是否有灾祸；商王也常飨食多子，还对多子进行培养教育，又让多子参与狩猎活动。在学习、狩猎活动之外，多子也可以参与祭祀等神职活动，也会受到商王的赏赐。多子死后也可以升格为神祇，成为商人攘拨灾祸的祭祀对象。对于这些多子，李学勤先生以为是对大臣或诸侯一类人物的称呼[46]。裘锡圭先生认为多子指商代统治阶级各族的宗子[47]。朱凤瀚先生以为子在卜辞中有两种用法，即表示时王之子和表示族长之子。多子是多位子某即诸王子。黄多子即黄族中的多位子某，称黄多子是将他们与王卜辞中常见的表示多位王子的"多子"相区别[48]。宋镇豪先生认为多子是与商王有血亲关系的后嗣分族之长的群称[49]。王贵民以为多子是子的集合称谓。其有两种含义：一指多个"子"族之长；一是宗族内部的兄弟们，凡甲骨文中一些未见族邑的子某当归之此类[50]。以上诸家的研究，虽有分歧，但说多子是金文与甲骨文中的子某或某子的一种集合称谓，当是商代诸宗族之子，包括诸王子，笔者以为是可取的。而这些多子，显然就是商王朝实践其统治的最重要的力量，也是其延

续统治的生力军。

商代的诸子，其在社会政治生活中的地位是有层次区别的，由上表所列诸子之器的数量差别也可看出这些子某的经济力的不平等。多数子某之器不超过3件。这类子某约占金文中子某总数的72%。子♠、子蝠、子龏、子橐、子渔、子工、子画、子刀、子臺、子卫、子媚、子龏、子妥、子商、子𤺥、子步等诸子的铜器数量则较多，如子卫器有12件之巨。这类子某约占金文子某的22%。所以，商代金文中的子某明显可以区分这两个层次。一是具有"子"这样的贵族身份，但在社会政治生活中的地位并不很突显。就甲骨材料来看，这类子某也没有太多的作为。商代诸子的大部分是这类子某。二是如上举16个诸子这类，拥有大量铜器，即拥有较大的祭祀权。由此反映出其较强的经济实力，以及与祭祀与经济力相适应的社会政治权力与地位。这些子某在甲骨材料中也有较多的影子，是当时政治、社会活动的重要参与者，具有较高的地位。这一类子某中，如子龏、子橐、子渔、子臺、子卫、子妥、子商可能都是武丁的子辈，乃是时王之亲子，与时王关系亲近。商代金文中出现与子某之某相同的族氏铭文约占58%，即可能有半数以上的子某都开宗立氏。其中，第二类子某中，约88%者都有族氏名可能取自子某之某，立氏的比例远远高于一般水平。在这16个子某之中，也存在着地位层次上的差别，如子渔，就是一个出入王命，部分代替商王行事的重量级人物[51]。从甲骨刻辞来看，子商也是类似这样的人物。联系到近年新出的花东甲骨中的身份显赫的"子"，我们甚至可以考虑，商代的子某可以划分为三个层次。第一个层次者如子渔、子商等，可能是时王之子，而受王特别垂青者。第二层次如子龏、子橐、子画、子臺、子卫、子龏、子妥、子步等，可能也是时王之子，与王关系密切者。这两者是诸子某中的高层。第三层次为其他子某，有时王之子，也可有非时王之子，是为一般的贵族。

另外，这些作为王室宗亲的子某，相互之间

还保存着相当浓厚的血缘联系。如子目与子工两个子某就在铜器上联合作器，署名为“目子工”，也就是“子目、子工”而省略了一个“子”，这样做估计是为了避免重复与节省空间的考虑。这种现象在安阳殷墟以外出土的铜器铭文中也有出现。比如子蝠、子不、子何也出现一起作铜器的现象。又如子工、子目、子眉、子刀、子糸、子单、子天之间也曾联合作铜器以祭祀其共同的祖先。这样共同作器的留给我们的一个结果就是出现一些复合族氏名号。这也说明所谓的复合氏名的成因与对它的解释都应该是多方面、多层次的。

六、国博藏商代铜器铭文中的诸妇

国博藏商代铜器铭文中的妇有妇好、妇[illegible]。商代的诸妇关涉到商代的婚姻制度、家族形态、社会结构等课题，所以一直就颇受学界的关注。对商代甲骨刻辞中诸妇刻辞的研究，学者们已做了大量的工作，并取得了丰硕的成果。经过研究与争论，甲骨刻辞中的“妇”是指商代具有一定身份地位的妇女的称号与标志，这一说基本上已成为学术界的共识。这就奠定了对商代有关“妇”的材料进行进一步分析和研究的基础。笔者在翻检青铜器铭文的过程中，觉得青铜器铭文中的妇名与当时的婚姻关系有更为直接的联系。

甲骨刻辞中的妇名，最近据徐义华先生统计有157位。同时，据其统计，商代青铜器铭文中见到的妇名也有55位，扣除重现者，商代诸妇的总数就达到了204位[52]。据笔者的统计，商代青铜器铭文中所见妇名共有43个。这43个妇名，明显可以分成两类：一类是“妇+某”的形式，如：妇[illegible]、妇、妇[illegible]、妇冬、妇亚弜、妇鸟、妇妹、妇聿、妇[illegible]、妇[illegible]、妇[illegible]、妇[illegible]、妇竹、妇好、妇旋、妇羊、妇姑、妇未、妇己、妇姃、妇士、妇戟、妇[illegible]、妇娸、妇隻、妇[illegible]、妇[illegible]。另一类是“某+妇”的形式，如：商妇、巽妇、齐妇、杞妇、山妇、守妇、[illegible]妇、甲妇、[illegible]妇、[illegible]妇、盥妇、舟妇、麇妇、姦妇、桑妇、岁妇。这种情况在甲骨刻辞中也存在，两者是一致的。如妇史（《合集》21975）、妇丙（《合集》18911反）、妇鼠（《合集》12804）、妇妥（《合集》21793）、妇龙（《合集》17544）、妇周（《合集》2816）等为“妇某”形式；王妇（《合集》1800）、中妇（《合集》2857）、雷妇（《合集》21796）、河妇（《合集》9576）、角妇（《合集》5495）等为“某妇”形式。

“妇+某”与“某+妇”的称名形式是否具有不同的含义，学界的意见还有分歧。过去学界往往将其视为同类而不加区分。近年来，开始有学者对商代甲骨刻辞中的诸妇进行区分。如有的学者认为“这些‘生妇’有的是王妃，有的是时王诸兄弟辈即‘多父’之妻，有的为各宗族大小宗子即‘多子’之妻，至于明言‘亚侯妇’、‘师般妇’、‘妇亚弜’、‘妇沚戈’、‘妇㞢伯’、‘[illegible]妻[illegible]’、‘妇伯[illegible]’、‘五束午妇’、‘冀妇’者，大抵是臣正、诸侯或方伯之贵妇”。[53]实即认为所谓妇某与某妇者有性质上的一些区别。在此基础上，另有学者以为妇某类中之妇以王妇或王之兄弟、子辈之妇为主；而某妇之妇应是臣正、诸侯或方伯之贵妇。这些女子来自该国，她们来嫁于商，显然带有政治联姻的性质[54]。有学者也认为甲骨刻辞中的“妇某”绝大多数是王妃，有的可能是王室贵族的配偶。“妇某”之某代表国名，她们是来自封国的联姻或服国的进献[55]。还有学者进行了更细致的划分，认为商代多妇的身份分为四种：一是商王及其兄弟的妻妾；二是大臣、诸侯、方伯的妻妾；三是子辈的妻妾；四是商王已婚的姐妹[56]。但此说中的第四种身份中所举的妇鼠、妇姪可能还是商王的配偶。另有学者着重指出卜辞中的“某妇”与“妇某”之称其各自所代表的含义并不相同，前者指某人之妇或某族之妇，而“妇某”之“某”所表示的是该女子所自出之国名或族氏之名号，也就是父家之族名[57]。虽然甲骨刻辞中的妇某与某妇之称的形式并不固定，两者经常有倒置现象。如：妇姘（《合集》13950）与姘妇（《合集》14010）、妇壴（《合集》2797反）与壴妇（《合集》13943），对于这些妇名，学界基本上都认为其所指当是相同的，即是同一个人。但妇某与某妇可能是有妇之所自与所嫁的区别。

"妇某"之"某"常与"女"旁结合以作性别在文字上的区分,如青铜器铭文中的子、竹、旋、羊、聿等文都是有"女"旁的。关于"妇某",沈长云先生认为卜辞中的"妇某"之"某"虽不好径解作女姓,但至少是与女姓性质相近的氏族的名称,它表明商人的婚姻也是要辨明女方出身的氏族的[58]。"妇某"的称名形式,与小臣禽、射畐、戍何等称名形式近同。关于后者,皆是职官(身份)+族名的称名形式。"妇某"之"某"大多也是族(国)名。这一观点已被大多数学者所认同。笔者统计的商代青铜器铭文妇名中的冬、鸟、聿、未、姑、妊、竹、羊、冀、齐、商、杞、山、守、舟、亚弜、旋、隽、❋、蓥等文在其它铜器铭文中都不止一见;或在铭文中单独出现;或框以亚形;或字体经艺术化处理;或与甲骨刻辞中的人名、地名、国名相合,它们都是铜器铭文中常见的族氏名。准此,商代青铜器铭文中的"妇某"与"某妇"之某的性质也当与甲骨刻辞中的"妇某"之某相同,多数是族氏名。

两周青铜器铭文中的妇女称谓一直以来都是探讨当时诸国之婚姻关系的一把钥匙。研究表明,两周时期的父为女、夫为妻、子为母作器时,妇女称谓中往往有父国与夫国的名号。根据这样的妇名,即可理清当时互通婚姻的两国。上举曹兆兰文中妇名之第三、四与六条的部分是夫家的氏族徽号[59],已提及妇名与婚姻的关系。当然,两周青铜器铭文的妇名中也常有女姓的成分,而商代青铜器铭文妇名中妇某之某的性质则是族氏名,这更利于我们从青铜器铭文中的妇名称谓这一角度讨论商代晚期的婚姻关系。在43个商代青铜器铭文妇名中,有22个妇名与其它族氏名(或人名)在同一铜器铭文中出现,我们称之为"同铭"关系,这样我们也就得到了22组族氏之间的关系。因为妇名之称是根据其所出之族即父族或所嫁之族即夫族而定的,所以妇名中的族名与和它"同铭"之族两者间的关

系,可能性最大的就是婚姻关系。陈絜先生撰文指出,妇闌罍盖的铭文:"妇闌作文姑日癸尊彝,冀。"此器当是妇闌为祭祀其文姑而铸,器当列于夫家宗庙,所以铭文后所缀之族氏铭文"冀"应该是代表夫家之族名[60]。如此,"闌"就是妇闌之父家族氏名,这与"妇某"这种称名形式中之"某"为父家族名说倒是契合的。但我们也注意到,与冀同铭的还有"岁妇"、"商妇"、"齐妇"三妇,如果按上引文中学者对"妇某"与"某妇"的区分,这三个妇名中的"岁"、"商"、"齐"应视为其夫家之族氏名,而"冀"则是其三人共同的父家之族氏名了。

由商代青铜器铭文中的妇名所推定出来的具有婚姻关系的族氏有:冀—商、齐、𧆐、岁;𩵋—杞;奄—𧊒;𪊨—聿;麇—𦙝;羊—告;𣪊—耼𧷍。商代青铜器铭文中习见两个或多个族氏名号合署于同一篇铭文中或同一器之不同部位的情况,这种现象学界往往称其为复合族徽。笔者以西周青铜器铭文中的妇名称谓中有夫国与父国之名的例子来说明商代复合族徽可能还体现着婚姻关系[61]。现在通过对商代青铜器铭文中的妇名问题的探讨,使我们认识到商代青铜器铭文中的一些妇名同样也是体现婚姻关系的。这说明商、周两代对贵族已婚妇女的称谓在形式上虽然不尽相同(如西周妇名中多有其父家姓及其排行),但其称名的用意还是具有一致性的,可以说,西周妇名的某些原则是商代妇名的继续。妇名的这种称名方式,一方面让我们可以从而推知当时互通婚姻的诸族,以此勾勒出商代晚期社会更丰富的生活图景;另一方面,也能在理解复合族徽的形成机制方面给予我们一个新的视角。

[1] 杨晓能:《早期有铭青铜器的新资料》,《考古》2004年第7期,第96页,图三。

[2] 《保利藏金》编辑委员会:《保利藏金》,岭南美术出版社,1999年,第15、16页。

[3] 陕西省考古研究所、陕西省文物管理委员会、陕西省

博物馆：《陕西出土商周青铜器（一）》，文物出版社，1979年，图版83。该文定此鼎为商代晚期。铭文又见《集成》992。

[4] 罗振玉：《梦郼草堂吉金图》续编一卷廿三号。1917年影印本。铭文又见《集成》2944。

[5] 中国社会科学院考古研究所、安阳市文物考古研究所：《殷墟新出土青铜器》3，云南人民出版社，2008年。

[6] 石志廉：《商戍嗣鼎》，《文物》1961年第1期，第24页。铭文又见《集成》447。

[7] 《保利藏金》编辑委员会：《保利藏金》，岭南美术出版社，1999年，第12页。

[8] 此器之菌形柱与鋬或认为是后加的。见《保利藏金》第12页孙华、王艺所撰亘（耳）斝说明，岭南美术出版社，1999年。

[9] 陈佩芬：《上海博物馆：中国古代青铜器》，第34页，图7，1995年。

[10] 王进先：《山西长治市拣选、征集的商代青铜器》，《文物》1982年第9期，第50页，图4。铭文又见《集成》786。

[11] 苏赫：《从昭盟发现的大型青铜器试论北方的早期青铜文明》，《内蒙古文物考古》第2期，图1：1。铭文又见《集成》792。

[12] 中国科学院考古研究所（陈梦家）：《美帝国主义劫掠的我国殷周铜器集录》R212、A397。科学出版社，1962年。铭文又见《集成》7873。

[13] 此角铭"父甲"笔道较纤细，也不能排除有后刻的可能。

[14] 陈佩芬：《夏商周青铜器研究》31，上海古籍出版社，2004年。铭文又见《集成》7755，但铭文倒置。

[15] 陕西省考古研究所、陕西省文物管理委员会、陕西省博物馆：《陕西出土商周青铜器（一）》，文物出版社，1979年，图版10。铭文又见《集成》10667。

[16] 赵新来：《中牟县黄店、大庄发现商代铜器》，《文物》1980年第12期，第89页，图1。铭文又见《集成》10666。

[17] 曹淑琴：《商代中期有铭铜器初探》，《考古》1988年第3期，图一，3。铭文又见《集成》10774。

[18] 李学勤：《考古发现与古代姓氏制度》，《考古》1987年第3期，第256页。

[19] 李伯谦：《蒍族族系考》，《考古与文物》1987年第1期，第62页。

[20] 朱凤瀚：《商周家族形态研究》，天津古籍出版社，1990年，第24页。

[21] 林沄：《从武丁时代的几种"子卜辞"试论商代的家族形态》，《古文字研究》第一辑，中华书局，1979年。又收入《林沄学术文集》，中国大百科全书出版社，1998年12月第1版，第52—54页。

[22] 朱凤瀚：《商周家族形态研究》，天津古籍出版社，1990年，第153—218页。

[23] 王宇信、杨升南：《甲骨学一百年》，社会科学文献出版社，1999年，第474页。

[24] 严志斌：《商代青铜器铭文研究》，上海古籍出版社，2013年。

[25] 严志斌：《复合氏名层级说之思考》，《中原文物》2002年第3期，第44页。

[26] 商代的钺是军事统辖权的一种体现，如果说是赗赠之器，似不太合理。

[27] 罗平：《河北磁县下七垣出土殷代青铜器》，《文物》1974年第11期，第90页。

[28] 葛英会：《"妟即匽"质疑》，《北京文博》1995年第1期，第29页。

[29] 胡厚宣：《殷代封建制度考》，《甲骨学商史论丛初集》，河北教育出版社，2002年，第36页。

[30] 彭邦炯：《甲骨文所见舟人及相关国族研究》，《殷都学刊》1995年第3期。又收入《甲骨文献集成》第28册，四川大学出版社，2001年，第306页。

[31] 王长启：《西安市文物中心收藏的青铜器》，《考古与文物》1990年第5期，第25—38页。

[32] 中国社会科学院考古研究所安阳工作队：《安阳殷墟西区一七一三号墓的发掘》，《考古》1986年第8期，第703—112页。

[33] 李学勤：《试论新发现的鼄方鼎和荣伯方鼎》，《文物》2005年第9期，第62页。

[34] 冯时：《殷代史氏考》，《黄盛璋先生八秩华诞纪念文集》，中国教育文化出版社，2005年，第28页。

[35] 解华英：《山东泗水发现一批商代铜器》，《考古》

1986年第12期，第1139页。

[36] 王军：《山东邹城市西丁村发现一座商代墓葬》，《考古》2004年第1期，第94—96页。

[37] 中国社会科学院考古研究所山东工作队：《滕州前掌大商代墓葬》，《考古学报》1992第3期，第365—392页；中国社会科学院考古研究所山东工作队：《山东滕州前掌大商周墓地1998年发掘简报》，《考古》2000年第7期，第13—28页。

[38] 岐山县博物图书馆（祁建业）：《岐山县北郭公社出土的西周青铜器》，《考古与文物》1982年第2期，第7页。

[39] 诸家之说均见于王宇信、杨升南《甲骨学一百年》，社会科学文献出版社，1999年，第451—452页。

[40] 丁山：《释广》，《中央研究院历史语言研究所集刊》第1本第2分，1929年，第243—245页。

[41] 张政烺：《释因蕴》，《古文字研究》第十二辑，第73—78页。

[42] 王宇信、杨升南：《甲骨学一百年》，社会科学文献出版社，1999年，第451页。

[43] 中国社会科学院考古研究所：《殷墟花园庄东地甲骨》，云南人民出版社，2003年，第294、420片释文说明。

[44] 高明：《武丁时代"贞☒卜辞"之再研究》，《古文字研究》第九辑，第44页。

[45] 宋镇豪：《夏商社会生活史》，中国社会科学出版社，2005年，第264—266页。

[46] 李学勤：《释多子、多君》，《甲骨文与殷商史》第一辑，上海古籍出版社，1983年，第16页。

[47] 裘锡圭：《关于商代的宗族组织与贵族和平民两个阶级的初步研究》，《文史》第十七辑，第13页。

[48] 朱凤瀚：《商周家族形态研究》，天津古籍出版社，1990年，第60页。

[49] 宋镇豪：《夏商社会生活史》，中国社会科学出版社，1994年，第319页。

[50] 王贵民：《商周贵族子弟群体的研究》，《夏商文明研究》，中州古籍出版社，1995年，第362—367页。

[51] 王宇信：《试论子渔其人》，《考古与文物》1982年第4期，第81—85页。

[52] 徐义华：《甲骨刻辞诸妇考》，《殷商文明暨纪念三星堆遗址发现七十周年国际学术研讨会论文集》，社会科学文献出版社，2003年，第292—293页。

[53] 宋镇豪：《夏商社会生活史》，中国社会科学出版社，1994年，第151页。

[54] 王宇信、杨升南：《甲骨学一百年》，社会科学文献出版社，1999年，第449页。

[55] 齐文心：《"妇"字本义试探》，《纪念殷墟甲骨文发现一百周年国际学术研讨会论文集》，社会科学文献出版社，2003年，第150页。

[56] 曹兆兰：《金文与殷周女性文化》，北京大学出版社，2004年，第26—27页。

[57] 陈絜：《关于商代妇名研究中的两个问题》，《2004年安阳殷商文明国际学术研讨会论文集》，社会科学文献出版社，2004年，第244页。

[58] 沈长云：《论殷周之际的社会变革》，《历史研究》1997年第6期，第5—22页。

[59] 曹兆兰：《金文与殷周女性文化》，北京大学出版社，2004年，第22—23页。

[60] 陈絜：《关于商代妇名研究中的两个问题》，《2004年安阳殷商文明国际学术研讨会论文集》，社会科学文献出版社，2004年，第244页。

[61] 严志斌：《复合氏名层级说之思考》，《中原文物》2002年第3期，第34—47页。

卿宁亚寏鼎探析

苏　强

卿宁亚寏鼎，是中国国家博物馆于1958年购藏的一件商后期铜鼎（图一）。该鼎浅腹微鼓，分

图一

裆。圆口微敛，方唇，平沿外折，拱形双立耳微外侈。三圆柱形实足。该鼎通高20.5厘米，口径17厘米。口沿下饰云纹带一周。腹部饰三组仅有首部的简省形饕餮纹，鼻梁与柱足上下对齐。饕餮纹两侧饰倒置的夔纹。通体纹饰均以精细的云雷纹衬地，作"三层花"状（图二）。鼎腹内壁一

图二

侧铸有铭文二字（图三），相对的一侧铸有铭文七字（图四）。

图三

图四

一、时代分析

卿宁亚寏鼎的时代可从造型、纹饰两方面分析。该鼎腹作袋足形，造型似鬲，但实足，有双

347

耳，属商代后期常见的鬲鼎形制。鼎腹的饕餮纹作有首无身的简省形，大卷角，粗眉，"臣"字形目，巨鼻，阔口，嘴角外撇，为陈公柔、张长寿先生在《殷周青铜容器上兽面纹的断代研究》一文中所分的 I 4 式，属商末至西周早期[1]。

与该鼎造型、纹饰基本相同的青铜鼎，可举出以下几例：1980 年河南罗山蟒张乡天湖村 M28 出土的息鼎（M28:11）[2]（图五）、2006 年河南安

图五

阳殷墟赛格金地基建工地 M13 出土的保父癸鼎（M13:1）[3]（图六）、台北"故宫博物院"收藏的保鼎（《铭图》132）、罍己鼎（《铭图》444）、开封市博物馆收藏的亚羌鼎[4]、现收藏于英国的叔丁鼎（《铭图》409）、日本出光美术馆收藏的又敨癸鼎（《铭图》979）及台北"中央研究院"历史语言研究所收藏的昍亚祖癸鼎（《铭图》1115）等。其中罗山蟒张天湖村 M28 所出铜容器中的多数年代相当于殷墟青铜器三期第 II 阶段，但可能

图六

1. M160:123

2. M160:135

图七　郭家庄 M160 出土分档铜鼎

在此阶段中偏早[5]，即相当于殷墟文化第四期，故该鼎的时代亦应近于这一时期。

此外，与卿宁亚窶鼎造型基本相同，纹饰相近，可归为同型的青铜鼎亦较多，例如 1990 年河南安阳郭家庄西 M160 出土的 2 件亚窶止鼎（M160：123、M160：135，图七.1、2）[6]、1999 年河南安阳刘家庄北地 M1046 出土的 2 件亚耴鼎（M1046：26、M1046：27）[7]、1984 年河南安阳殷墟西区 M1713 出土的亚鱼鼎（M1713：27）[8]、1995 年山东滕州前掌大 M38 出土的史鼎（M38：53）[9]、1991 年河北定州北庄子商墓出土铜鼎（M95:1）[10] 及 2004 年河南安阳大司空商代墓葬 M303 出土的 2 件马危鼎（M303:82、M303:104）[11]等。以上所列举诸鼎饕餮纹两侧夔龙纹的角均作弯钩形，而亚窶卿宁鼎饕餮纹两侧夔龙纹的角作所谓"瓶形角"，是二者的不同之处。郭家庄西 M160 属殷墟青铜器三期第 I 阶段[12]，即相当于殷墟文化第三

期。刘家庄北地M1046、殷墟西区M1713、前掌大M38、定州北庄子商墓M95均属殷墟青铜器三期第Ⅱ阶段[13]，即相当于殷墟文化第四期。故此型鬲鼎当主要流行于殷墟文化第三、四期。

值得注意的是，此型鬲鼎在西周早期仍可见，如1978年长安河迪村西周早期墓出土铜鼎[14]、1967年沣西张家坡M54出土铜鼎（M54:2，图八）[15]、2010年湖北随州叶家山M65出土束父己鼎（M65:51）[16]等，但鼎的袋足状腹鼓张已不明显，裆内凹甚浅。

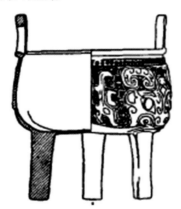

图八　沣西张家坡M54出土铜鼎

二、装饰工艺

卿宁亚橐鼎的装饰工艺亦十分有特点，即在通体纹饰及铭文的阴线部位均填髹黑漆。此种工艺在殷、西周时期即已开始使用。如1979年河南罗山蟒张天湖商代后期墓M6出土的Ⅲ式铜鼎[17]、1980年河南罗山蟒张乡天湖村商代后期墓出土铜鼎（M11:14、M28:10、M28:11、M28:12）、铜卣（M8:6）[18]、1985年河南罗山蟒张天湖商代后期墓出土铜鼎（M43:3、M44:2）[19]等。朱凤瀚先生认为："在殷墟地区出土的铜器中很少见有髹漆的，所以此种装饰工艺在当时可能有一定地域性"[20]。现所知纹饰髹漆的铜器，多见于西周早期，例如美国弗利尔美术馆收藏的饕餮纹觥[21]、首都博物馆收藏的兽面纹双耳簋、父癸簋、父丙分裆鼎、亚盉作父乙鼎、父甲甗、象纹鬲以及北京房山琉璃河M1149出土的兽面纹鼎（M1149:2）[22]等。这种工艺一方面使纹饰、铭文更加清晰美观，另一方

面也为防止金属锈蚀。对于髹漆工艺来说，前一个目的可能更为主要。

三、铭文探讨

该鼎铭文屡见著录，如《邺中片羽三集》[23]、《商周金文录遗》[24]、《集成》、《铭图》等。现将该鼎铭文作释文如下：

卿宁
亚橐竹宝姌光亃

铭文字体具有商代后期的金文风格，字形大小不统一，笔画转折处有波磔。下面对铭文中部分需讨论的字、词作一解释，谈点不成熟的看法。

1."卿宁"之"卿"字，或释作"乡"。"卿"字在本铭文中作 ，从卯从皀。"乡"、"卿"本为一字，"乡"系由"卿"字分化而来。"卿"古音为溪纽、阳部字，"乡"古音为晓纽、阳部字，二字音近。"卿"字在殷墟甲骨卜辞中习见，有以下几种用法：

（1）饗祀先祖之饗："贞其延御于大戊卿（饗）"（《合集》27174）

（2）宴饗之饗："其来王自卿（饗）"（《合集》5240，图九：1）

（3）嚮背之嚮："其北卿（嚮）"（《合集》33241，图九：2）

在殷、西周金文中，除以上与卜辞相同的几种用法外，亦可用作单一氏名（详见表一），或与"宁"组成复合氏名（详下文）。

1　　　2.《合集》33241部分

图九

349

2．"卿宁"之"宁"字，或释作"两"，读为"贾"[25]。关于"宁"字的含义，在此当从朱凤瀚先生之说"以理解为氏名为妥"[26]。"宁"为殷代大族，西周时期仍可见。在金文中除单独用为氏名外，亦与"卿"、"戈"、"册"、"告"、"茘"、"美"等组成复合氏名（详见表二）。

表一

	器物	时代	铭文	出土地点	资料来源	备注
1	爵	殷	卿		《集成》7408	
2	钺	殷	卿	1965 年陕西绥德义和乡墕头村窖藏出土	《集成》11732	
3	卣	西周早期	卿乍（作）厥考尊彝		《集成》5258	盖、器同铭
4	卣	西周早期	器：卿乍（作）厥考尊彝 盖：卿乍（作）厥考宝尊彝		《集成》5259	美国哈佛大学福格美术馆藏品
5	尊	西周早期	卿乍（作）厥考宝尊彝		《集成》5889	美国哈佛大学福格美术馆藏品
6	觚	西周早期	卿乍（作）父乙宝尊彝		《集成》7292	
7	爵	西周早期	卿乍（作）父乙		《集成》8880	故宫博物院藏品
8	盉	殷	卿乍（作）父乙尊彝		《集成》9402	

表二

	器物	时代	铭文	出土地点	资料来源	备注
1	鼎	殷	宁		《集成》1166	
2	觚	殷	宁	1983 年河南安阳郭家庄 M1 出土，编号 M1:21	《集成》6625	安阳市博物馆藏品
3	戈	殷	宁		《集成》10716	故宫博物院藏品
4	刀	殷	宁		《集成》11806	
5	鼎	殷	酉宁		《集成》1366	
6	鼎	殷	父宁		《集成》1367	故宫博物院藏品
7	鼎	西周早期	宁羊父丙	北京房山琉璃河 253 号墓出土	《集成》1836	首都博物馆藏品
8	觚	殷	亚宁父癸		《集成》7248	
9	甗	商中期	宁墉	1981 年内蒙古昭乌达盟翁牛特旗敖包村出土	《集成》792	赤峰市文物工作站藏品
10	鼎	殷	卿宁	1930 年左右河南安阳出土	《集成》1362	美国旧金山亚洲美术博物馆藏品

续表

11	鼎	殷	卿宁		《集成》1363	瑞典斯德哥尔摩远东古物馆藏品
12	鼎	殷	卿宁		《集成》1364	
13	鼎	殷	卿宁乙		《集成》1699	日本箱根美术馆藏品
14	鼎	殷	卿宁癸		《集成》1700	美国华盛顿萨克勒美术馆藏品
15	鼎	殷	卿宁癸		《集成》1701	澳大利亚墨尔本国立维多利亚博物馆藏品
16	鼎	殷	卿宁父乙	传河南安阳出土	《集成》1824	
17	簋	殷	卿宁		《集成》3111	瑞典斯德哥尔摩皇宫藏品
18	簋	殷	卿父癸宁		《集成》3337	美国旧金山亚洲美术博物馆藏品
19	尊	殷	卿宁	1930年前后河南安阳出土	《集成》5577	美国波士顿美术博物馆藏品
20	觯	殷	卿宁父乙		《集成》6382	故宫博物院藏品
21	觚	殷	卿宁	传河南安阳出土	《集成》7003	美国纳尔逊美术陈列馆藏品
22	觚	殷	卿宁		《集成》7004	日本神户白鹤美术馆藏品
23	觚	殷	己卿宁		《集成》7162	
24	觚	殷	辛卿宁	传河南安阳出土	《集成》7163	
25	爵	殷	卿宁		《集成》8175	日本东京松岗美术馆藏品
26	爵	殷	卿宁		《集成》8176	
27	爵	殷	卿宁	传河南安阳出土	《集成》8177	
28	爵	殷	卿宁辛		《集成》8797	故宫博物院藏品
29	斝	殷	卿宁		《集成》9195	美国华盛顿弗里尔美术馆藏品
30	壶	殷	卿宁		《集成》9481	
31	壶	殷	卿宁		《集成》9482	日本神户白鹤美术馆藏品
32	方彝	殷	卿宁		《集成》9856	美国旧金山亚洲艺术博物馆藏品
33	方彝	殷	卿宁		《集成》9857	美国米里阿波里斯美术馆藏品
34	方彝	殷	卿宁		《集成》9858	盖、器同铭，美国旧金山亚洲美术博物馆藏品
35	器	殷	卿宁		《集成》10502	

续表

36	器	殷	卿宁		《集成》10503	
37	爵	殷	卿宁		《铭图》7416	上海博物馆藏品
38	卣	西周早期	卿宁父辛		《铭图》12960	
39	戈	殷	卿宁	1982—1992年河南安阳郭家庄商代墓葬M135出土，编号M135:5	《安阳郭家庄商代墓葬》图27—3	
40	爵	殷	卿宁父癸		《集成》8963	
41	觚	殷	宁戈		《集成》7009	
42	盉	殷	戈宁父丁		《集成》9376	台北"故宫博物院"藏品
43	鼎	西周晚期	戈宁		《集成》1448	
44	爵	殷或西周早期	宁戈父丁		《集成》8914	
45	甗	西周早期	宁戈乙父		《集成》839	台北"故宫博物院"藏品
46	簋	西周早期	宁戈父丁		《集成》3317	
47	壶盖	西周早期	宁戈父乙		《集成》9522	
48	壶盖	西周早期	宁戈父乙		《集成》9523	故宫博物院藏品
49	鼎	西周晚期	戈宁册	1982年陕西长安县沣西新旺村窖藏出土	《集成》1761	考古研究所西安研究室藏品
50	尊	西周早期	戈宁册，竝乍（作）父乙宝尊彝		《集成》5944	
51	觥	西周早期	戈宁册，竝乍（作）父乙宝尊彝		《集成》9296	
52	匜	西周晚期	册宁竹		《集成》10178	陕西省博物馆藏品
53	爵	殷	戈孔甲宁		《集成》8787	苏州市博物馆藏品
54	觯	西周早期	庚宁册父丁		《集成》6445	
55	盉	西周早期	宁未父乙册		《集成》9388	上海博物馆藏品
56	尊	殷	鸟册宁父辛		《集成》5805	美国旧金山亚洲美术博物馆藏品
57	鼎	殷	美宁		《集成》1361	美国纳尔逊美术陈列馆藏品

续表

58	瓿	殷	美宁		《集成》7010	故宫博物院藏品
59	鼎	殷	茄宁		《集成》1365	上海博物馆藏品
60	壶	西周早期	宁茄		《集成》9483	故宫博物院藏品
61	鼎	殷	告宁	1969—1977 年河南安阳殷墟西区墓葬 M1118 出土，编号 M1118:1	《集成》1368	考古研究所安阳工作站藏品
62	瓿	殷	告宁		《集成》7005	
63	瓿	殷	告宁	1969 年河南安阳殷墟西区墓葬 M907 出土，编号 M907:1	《集成》7006	考古研究所安阳工作站藏品
64	爵	殷	告宁		《集成》8264	
65	爵	殷	告宁	1970 年河南安阳殷墟西区 M1118 出土，编号 M1118:3	《集成》8265	考古研究所安阳工作站藏品
66	觯	殷	告宁父戊		《集成》6398	
67	瓿	殷	宁朋		《集成》7011	
68	瓿	殷或西周早期	奉宁		《集成》7070	新乡市博物馆藏品
69	爵	殷	兽宁		《集成》8210	故宫博物院藏品
70	爵	殷	宁未口		《集成》8801	上海博物馆藏品
71	爵	殷	启宁享父戊		《集成》9014	
72	斝	西周早期	宁狄乍（作）父丁彝		《集成》9242	故宫博物院藏品

其中有"卿宁"铭文的青铜器有31件，约占"宁"族青铜器总数的43%，已知出土地点的器物皆出土于河南安阳，故"卿宁"当居住于安阳一带。

3."亚曩"之"亚"字，在商周金文中习见。多年来，有不少学者做过讨论，提出了多种观点[27]。朱凤瀚先生通过对商、西周青铜器铭文中"亚"字形内涵的探讨，指出"亚"字的内涵表示的是"次也"的意思。"亚"与"某"结合，表示"某"是其所属宗族的分支，即次级族氏。"亚某"也可作为其族长之称[28]。

4.亚字形框中的"曩"字，在本铭文中作，从害从夫。孙诒让释为"馘"字[29]。唐兰先生认为"馘"读作"胡"[30]。张亚初先生认为"曩"与"馘"是一个字，战国时写作"胡"字[31]。"曩"为殷代大族，目前已著录的传世与考古发掘出土的有"亚曩"铭文的青铜器可举出以下24件（详见表三）。

表三

	器物	时代	铭文	出土地点	资料来源	备注
1	铙	殷	亚窦		《集成》386	
2	鼎	殷	亚窦		《集成》1423	
3	鼎	殷	亚窦址		《集成》1424	日本京都泉屋博古馆藏品
4	方鼎	殷	亚窦闻𤔲		《集成》1944	故宫博物院藏品
5	鼎	殷	亚窦孤竹酒		《集成》2033	图十：1
6	鼎	殷	卿宁，亚窦竹宝姍光𣪘		《集成》2362	中国国家博物馆藏品
7	鼎	殷	亚窦宝父癸宅于Ⅱ册吹		《集成》2427	
8	卣	殷	亚窦皇祈	1985年江西遂川泉江镇洪门村出土	《集成》5100	
9	卣	殷	亚窦宝孤竹丁父		《集成》5271	盖、器同铭，故宫博物院藏品，图十：2、3
10	觚	殷	亚窦		《集成》6986	
11	觚	殷	亚窦宝父丁孤竹		《集成》7293	图十：4
12	角	殷	亚窦		《集成》7793	
13	角	殷	亚窦		《集成》7794	台北"故宫博物院"藏品
14	爵	殷	亚窦苐		《集成》8777	
15	罍	殷	亚窦孤竹		《集成》9793	上海博物馆藏品，图十：5
16	矛	殷	亚窦		《集成》11444	苏州市博物馆藏品
17	鼎	殷	亚窦		《铭续》28	英国牛津大学亚士莫兰博物馆藏品
18	鼎	殷	亚窦孤竹酒		《铭续》80	安徽省临泉县博物馆藏品，图十：6
19	鼎	殷	亚窦止（址）	1990年河南安阳郭家庄商代墓葬M160出土，编号M160:123	《安阳殷墟郭家庄商代墓葬》图60：4	
20	鼎	殷	亚窦止（址）	1990年河南安阳郭家庄商代墓葬M160出土，编号M160:135	《安阳殷墟郭家庄商代墓葬》图60：2	
21	方鼎	殷	亚窦址	1990年河南安阳郭家庄商代墓葬M160出土，编号M160:21	《安阳殷墟郭家庄商代墓葬》图60：5	

续表

22	簋	殷	亚叟址	1990 年河南安阳郭家庄商代墓葬 M160 出土，编号 M160：33	《安阳殷墟郭家庄商代墓葬》图 60：3	
23	斝	殷	亚叟址	1990 年河南安阳郭家庄商代墓葬 M160 出土，编号 M160：174	《安阳殷墟郭家庄商代墓葬》图 60：1	
24	编铙	殷	亚叟止（址）。中	1990 年河南安阳郭家庄商代墓葬 M160 出土，编号 M160：41、22、23	《安阳殷墟郭家庄商代墓葬》图 81：1、3、5	

1　　　　　　　2　　　　　　　3

4　　　　　　　5　　　　　　　6

图十

上举表三中器1、2、10、12、13、16、17铭文中单称为"亚叟"，在此当为"叟"氏族长之称。又表三中3、19—24之"亚叟止（址）"，则"址"是"叟"的分支或次级族氏[32]。

此外，上举表三中器6即本文所讨论之卿宁亚叟鼎，著录于《邺中片羽》一书。《邺中片羽》所收录的青铜器大多数为河南安阳殷墟出土。

又上举表三中器19—24均为河南安阳郭家庄商代墓葬M160出土。故"叟"氏很可能与"卿宁"一样，均居住于河南安阳一带。值得注意的是，上举安阳郭家庄墓地M135出土的铜戈上有"卿宁"铭文，同墓地的M160出土的铜器上有"亚叟址"铭文，反映出"卿宁"与"叟"氏有比较密切的关系。

5."竹"字一说即文献中所记北方的"孤竹",此族名在殷墟甲骨卜辞中习见。例如:

（1）竹入十。（《合集》902）

（2）庚午卜,宕贞令□竹归。（《合集》4744）

（3）庚□,□,贞令□竹□。（《合集》4745）

（4）辛□,争,贞□竹归。（《合集》4747）

（5）竹侯（《京津》2114,图十一:1）

（6）乙亥卜贞,竹来,目（以）召方,于大乙束。（《屯南》1116）

（7）□卜贞,竹来,目（以）召方…尞于大乙。（《屯南》4317）

（8）贞唐弗爵竹妾。

爵竹妾。（《合集》2863,图十一:2）

（9）丙寅卜,吴贞,卜竹曰:其屮于丁宰。（《合集》23805,图十一:3）

上引例（1）至（5）中,"竹"用作方国名或族名,服属于商王朝,受商王指令、派遣,向商王纳贡;例（6）（7）中,己亥日占卜,贞问竹贡来召方之人,是否以之为牲祭大乙。足见竹氏也与其他晚商强大的族氏一样,拥有自己的军事力量;例（8）中,"竹妾"说明竹族与商王室有婚姻关系;例（9）中,"卜竹"说明竹氏曾担任过商王朝的卜官,参与王朝宗教事宜。李学勤先生指出:殷墟甲骨卜辞中的"竹",其中有些可能是孤竹的省称[33]。

"竹"在金文中亦常见（详见表四）,其中表四中器11之"竹后（司）",应是出身于竹氏之王后;表四中器12之"妇竹",当是商王室内的诸妇之一,说明"竹"氏与商王室有比较亲密的关系。此外,1976年河南安阳小屯M5（即妇好墓）出土一件石磬（M5:316）,略呈长方形,上窄下宽,近顶端中部有一圆穿,表面磨光,其一侧上端刻有"妊竹入石"四字[34]。"妊竹"也可能当读同"竹妊",是嫁至竹氏的女子妊,此石磬是她所进献之礼器。

上举表三中器5、9、11、15、18铭文中均有"亚嬴孤竹",说明"亚嬴"常与"孤竹"连用,而本文所讨论之鼎铭中"亚嬴"与"竹"连用,

1

2　　　　　3

图十一

则"竹"当为"孤竹"的省称。再联系之前"亚"字的含义,则"亚嬴"是孤竹的分支族氏,以"嬴"为氏名,是次一级的族氏。此外,1973年辽宁喀左北洞村窖藏出土6件青铜器,有瓿一、罍五,其中2号罍上铸有铭文6字"父丁孤竹亚髟"[35],则"髟"亦为孤竹的分支族氏。

关于文献中记载的孤竹国,李学勤先生有详细论述,他指出:孤竹是商代的同姓诸侯国,其君为墨胎（目夷）氏。春秋时孤竹尚存,与令之、山戎盟好,曾为齐桓公所征伐[36]。

关于孤竹国的地望,唐兰先生认为:"今河北省迁安县附近的古孤竹城,可能是孤竹国的一个都邑,而孤竹国的国境决不止此。"[37]李学勤

表四

	器物	时代	铭文	出土地点	资料来源	备注
1	簋	殷	竹冬		《集成》3038	故宫博物院藏品
2	簋	殷	竹祖丁		《集成》3137	故宫博物院藏品
3	卣	殷	竹旅		《集成》4852	上海博物馆藏品
4	卣	殷或西周早期	刕册竹		《集成》5006	台北"故宫博物院"藏品
5	觚	殷	竹		《集成》6741	
6	觚	殷	聑竹	传河南安阳出土	《集成》6932	
7	爵	殷	聑竹		《集成》8205	
8	爵	殷	聑竹		《集成》8206	
9	爵	殷	耳竹	传河南安阳出土	《集成》8269	
10	爵	殷	丿竹		《集成》8270	故宫博物院藏品
11	爵	殷	竹司（后）		《集成》8271	
12	爵	殷	妇竹	1936 年河南安阳小屯村 M238 出土	《集成》8755	台北"中研院"历史语言研究所藏品
13	方彝	殷	竹宐父戊告永		《集成》9878	上海博物馆藏品
14	方彝	殷	竹宐父戊告永		《集成》9879	上海博物馆藏品
15	簋	西周早期	刕册竹父丁		《集成》3431	中国国家博物馆藏品
16	簋	西周早期	刕册竹父丁		《集成》3432	故宫博物院藏品
17	卣	西周早期	刕册竹父丁	1975 年陕西扶风召李村 1 号墓出土	《集成》5158	陕西扶风县博物馆藏品
18	觯	西周早期	刕册竹父丁		《集成》6444	
19	角	西周早期	刕册竹祖癸		《集成》8848	美国纽约大都会美术馆藏品

先生将孤竹与同它有密切联系的山戎、令支结合在一起考察，指出：孤竹、令支、山戎的活动范围应在今河北省东北部及辽宁省西部这一区域及其附近，恰好在考古学上的夏家店下层文化和夏家店上层文化的分布地带之内[38]。

6．"宐"字，郭沫若先生释作"休"[39]。李学勤先生释作"宁"，读为给予的予[40]。"宐"字在金文中习见，如上举表三中器 7、9、11 的铭文中即有该字，在此当读如"铸"，有"作器"之意。

7．"斖"字，从知从子，在金文中或从知从于，即"智"字。在此似当是人名[41]。

8．"光"在此读如"贶"，赏赐之意。"籔"字从"籖"，与"肆"同音。籔是受赐者。

目前传世与考古发掘出土的籔所作之器亦

表五

	器物	时代	铭文	出土地点	资料来源	备注
1	簋	西周早期	繁作文祖宝尊彝	1974年北京房山琉璃河M251出土，编号M251:10	《集成》3626	首都博物馆藏品
2	簋	西周早期	繁作文祖宝尊彝	1974年北京房山琉璃河M251出土，编号M251:11	《集成》3627	首都博物馆藏品
3	卣	西周早期	仲繁作宝尊彝		《集成》5236	盖器同铭
4	尊	西周早期	仲繁作宝尊彝		《集成》5851	日本东京根津美术馆藏品

见于西周早期[42]（详见表五）。

其中上举表五中器1、2这2件繁簋均出土于北京房山琉璃河燕国墓地M251[43]，该墓为面积较大的中型墓，墓中随葬青铜器有鼎、鬲、甗、簋、爵、觯、尊、卣、盉、盘，年代当在西周早期偏早即成康之际[44]。

综上所述，这件卿宁亚寰鼎不仅纹饰精美，而且铭文中氏名较多，对研究商人铜器上的氏名内涵有重要意义。"竹"当为孤竹的省称，是见于甲骨文、金文及古文献的商代诸侯国，在武丁时期已经存在，与商王室关系密切。"亚寰"是孤竹的分支，"卿宁"为复合氏名，可能是更高一级的族氏，即构成卿宁—竹—寰三级宗氏、分族的关系[45]。"寰"氏与"卿宁"均居住于河南安阳一带。"智"与"繁"均属于"寰"氏。该鼎即为"寰"氏所做，由智赏赐给繁。

[1] 陈公柔、张长寿：《殷周青铜容器上兽面纹的断代研究》，《考古学报》1990年第2期。

[2] 信阳地区文管会、罗山县文化馆：《罗山县蟒张后李商周墓地第二次发掘简报》，《中原文物》1981年第4期。

[3] 中国社会科学院考古研究所、安阳市文物考古研究所：《殷墟新出土青铜器》，图版103，云南人民出版社，2008年。

[4] 赵龙等：《开封市博物馆收藏的几件商周有铭青铜器》，《中原文物》2011年第5期。

[5] 朱凤瀚：《中国青铜器综论》（中），上海古籍出版社，2009年，第1034页。

[6] 中国社会科学院考古研究所：《安阳郭家庄商代墓葬》，图59：1，图版36：2；图59：2，彩版6：2，中国大百科全书出版社，1998年。

[7] 中国社会科学院考古研究所安阳工作队：《安阳殷墟刘家庄北1046号墓》，《考古学集刊》第15集，文物出版社，2004年。

[8] 中国社会科学院考古研究所安阳工作队：《安阳殷墟西区一七一三号墓的发掘》，《考古》1986年第8期。

[9] 中国社会科学院考古研究所：《滕州前掌大墓地》，图一五一：1，彩版三三：2，图版八七：1，文物出版社，2005年。

[10] 河北省文物研究所、保定地区文物管理所：《定州北庄子商墓发掘简报》，《文物春秋》1992年增刊。

[11] 中国社会科学院考古研究所安阳工作队：《殷墟大司空M303发掘报告》，《考古学报》2008年第3期。

[12] 同[5]，第987页。

[13] 同[5]，第1005、1065、1079页。

[14] 郑洪春：《长安县河迪村西周墓清理简报》，《文物资料丛刊》第5辑，文物出版社，1981年。

[15] 中国社会科学院考古研究所沣西发掘队：《1967年长安张家坡西周墓葬的发掘》，《考古学报》1980年第4期。

[16] 湖北省文物考古研究所、随州市博物馆：《湖北随州叶家山M65发掘简报》，《江汉考古》2011年第3期。

[17] 信阳地区文管会、罗山县文化馆：《河南罗山县蟒张商代墓地第一次发掘简报》，《考古》1981年第2期。

[18] 河南省信阳地区文管会、河南省罗山县文化馆：《罗山天湖商周墓地》，《考古学报》1986年第2期；信阳地区文管会、罗山县文化馆：《罗山县蟒张后李商周墓地第二次发掘简报》，《中原文物》1981年第4期。

[19] 信阳地区文管会、罗山县文管会：《罗山蟒张后李商周墓地第三次发掘简报》，《中原文物》1988年第1期。

[20] 朱凤瀚：《中国青铜器综论》（上），上海古籍出版社，2009年，第801页。

[21] 中国青铜器全集编辑委员会：《中国青铜器全集》（西周1），图版一〇五，文物出版社，1996年。

[22] 贾文熙：《商周青铜器纹饰彩饰的吸引力》，《东方收藏》2012年第4期。

[23] 黄濬：《邺中片羽三集》上12，1942年。

[24] 于省吾：《商周金文录遗》72.1—2，科学出版社，1957年。

[25] 李学勤：《兮甲盘与驹父盨——论西周末期周朝与淮夷的关系》，《新出青铜器研究》，文物出版社，1990年。参见何景成：《商周青铜器族氏铭文研究》，齐鲁书社，2009年，第65页。

[26] 朱凤瀚：《商周家族形态研究》（增订本），天津古籍出版社，2004年，第36页。

[27] 何景成：《商周青铜器族氏铭文研究》，齐鲁书社，2009年，第47—52页。

[28] 朱凤瀚：《商周金文中"亚"字形内涵的再探讨》，《甲骨文与殷商史（新六辑）——罗格斯商代与中国上古文明国际会议论文专辑》，上海古籍出版社，2016年。

[29] 孙诒让著、戴家祥点校：《名原》（卷下），齐鲁书社，1986年，第214页。

[30] 唐兰：《周王𫘝钟考》，《唐兰先生金文论集》，紫禁城出版社，1995年。

[31] 张亚初：《从古文字谈胡、胡国与东胡》，《文博》1992年第1期。

[32] 同[28]。

[33] 李学勤：《试论孤竹》，《新出青铜器研究》，文物出版社，1990年。

[34] 中国社会科学院考古研究所：《殷墟妇好墓》，图版一七〇：1、2，文物出版社，1980年。

[35] 辽宁省博物馆、朝阳地区博物馆：《辽宁喀左县北洞村发现殷代青铜器》，《考古》1973年第4期。

[36] 同[33]。

[37] 唐兰：《从河南郑州出土的商代前期青铜器谈起》，《文物》1973年第7期。

[38] 同[33]。

[39] 郭沫若：《两周金文辞大系图录考释》（第6册），科学出版社，1957年，第4—5页。

[40] 李学勤：《论史墙盘及其意义》，《新出青铜器研究》，文物出版社，1990年。

[41] 或即孤竹君之子，伯夷之弟叔齐。《史记·伯夷列传》索隐说："叔齐，名智，字公达。"《论语·公冶长》："伯夷叔齐不念旧恶，怨是用希。"邢昺疏引《春秋少阳篇》说："伯夷姓墨，名允，字公信。伯，长也；夷，谥。叔齐名智，字公达，伯夷之弟，齐亦谥也。"

[42] 𫘝疑亦即仲𫘝。

[43] 北京市文物研究所：《琉璃河西周燕国墓地1973—1977》，文物出版社，1995年，第131页。

[44] 同[5]，第1409页。

[45] 与此铭文结构类似的铭文可参见本文表三中器24所举1990年殷墟郭家庄M160出土的一组编铙，在腔内壁铸有铭文"亚橐止（址）"，在铙柄部铸有铭文"中"。墓中出土铜器以铭"亚址"的居多。朱凤瀚先生指出，"址"是"橐"氏的分支，或云次级族氏。如果铙柄铭中的"中"不是私名，则"中"也可能是更高一级的族氏，这样即构成中—橐—址三级宗氏、分族的关系。参见其《商周金文中"亚"字形内涵的再探讨》，《甲骨文与殷商史（新六辑）——罗格斯商代与中国上古文明国际会议论文专辑》，上海古籍出版社，2016年。

引书简称

（按首字拼音排序）

一、青铜器

《百年》　《中国国家博物馆百年收藏集萃》，吕章申主编，安徽美术出版社，2014年。

《辞典》　《中国文物精华大辞典》（青铜卷），国家文物局主编，上海辞书出版社、商务印书馆（香港）有限公司，2002年。

《妇好墓》　《殷墟妇好墓》，中国社会科学院考古研究所编著，文物出版社，1980年。

《河南铜》　《河南出土商周青铜器》（一），《河南出土商周青铜器》编写组编，文物出版社，1981年。

《辉县》　《辉县发掘报告》，中国科学院考古研究所编著，科学出版社，1956年。

《集成》　《殷周金文集成》（修订增补本），中国社会科学院考古研究所编著，中华书局，2007年。

《考古学报》　《考古学报》，期刊，中国社会科学院考古研究所主办。

《历博刊》　《中国历史博物馆馆刊》，期刊，原中国历史博物馆主办。

《铭图》　《商周青铜器铭文暨图像集成》，吴镇烽编著，上海古籍出版社，2012年。

《铭续》　《商周青铜器铭文暨图像集成续编》，吴镇烽编著，上海古籍出版社，2016年。

《盘龙城》　《盘龙城——1963～1994年考古发掘报告》，湖北省文物考古研究所编著，文物出版社，2001年。

《三代》　《三代吉金文存》，罗振玉编，1937年。

《三星堆》　《三星堆祭祀坑》，四川省考古研究所编，文物出版社，1999年。

《铜全》　《中国青铜器全集》，中国青铜器全集编辑委员会编，文物出版社，1998年。

《郑州商城》　《郑州商城：1953～1985年考古发掘报告》，河南省文物考古研究所编，文物出版社，2001年。

《中国历史文物》　《中国历史文物》，期刊，中国国家博物馆主办。

二、甲骨

《合集》　《甲骨文合集》，郭沫若主编，胡厚宣总编辑，中国社会科学院历史研究所编辑，中华书局，1978—1983年。

《甲编》　《殷虚文字甲编》，董作宾，商务印书馆，1948年。

《屯南》　《小屯南地甲骨》上册，中国社会科学院考古研究所，中华书局，1980年。

《英藏》　《英国所藏甲骨集》（上编），李学勤、齐文心、艾兰，中华书局，1985年。